物流实验实训教程

（第 3 版）

王成林　贾美慧　薛立立　编著

中国财富出版社有限公司

图书在版编目（CIP）数据

物流实验实训教程 / 王成林，贾美慧，薛立立编著 . --3 版 . --北京：中国财富出版社有限公司，2024. 11. --ISBN 978-7-5047-8307-3

Ⅰ. F252

中国国家版本馆 CIP 数据核字第 2025A6E139 号

策划编辑	黄正丽	**责任编辑**	贾浩然　郑泽叶	**版权编辑**	武　玥
责任印制	荀　宁	**责任校对**	杨小静	**责任发行**	敬　东

出版发行	中国财富出版社有限公司		
社　　址	北京市丰台区南四环西路 188 号 5 区 20 楼	**邮政编码**	100070
电　　话	010-52227588 转 2098（发行部）		010-52227588 转 321（总编室）
	010-52227566（24 小时读者服务）		010-52227588 转 305（质检部）
网　　址	http：//www. cfpress. com. cn	**排　　版**	宝蕾元
经　　销	新华书店	**印　　刷**	北京九州迅驰传媒文化有限公司
书　　号	ISBN 978-7-5047-8307-3/F · 3795		
开　　本	787mm×1092mm　1/16	**版　　次**	2025 年 5 月第 3 版
印　　张	17. 5	**印　　次**	2025 年 5 月第 1 次印刷
字　　数	436 千字	**定　　价**	68. 00 元

前　言

北京物资学院是我国唯一一所以物流和流通为特色的高等院校，具备国家级物流系统与技术实验教学示范中心等优势教学资源，经过近30年的持续建设，已经形成了国内较为领先的专业化学生实践教学环境。依托学校优势平台资源，作者有幸较早地开展了面向物流专业的实验实训类课程教学工作，至今已有18年。在这一过程中，不断跟随物流教学改革和社会产业发展的步伐，从最初的实验讲义到前期出版的《物流实验实训教程》，到后期的《物流实验实训教程（第2版）》，再到今天的第3版。本教材经过多次完善。本次修订历时9年，主要是按照三结合的原则进行：一是与国内外物流产业的新技术、新模式、新业态发展结合，本教材持续关注并紧跟物流产业发展变化，力求将最新的产业实践成果引入教学之中，加入了无人机等新内容，以适应技术和模式变化的需要；二是与行业、企业结合，将企业应用场景最大限度地融入教学之中，与企业深入合作，通过案例、产品应用等方式，按照“来源于企业，再现于企业，服务于企业”的设计原则，提供了原始场景、数据和设备三位一体的沉浸式教学体验环境，从而更好地与社会实际工作融合，更加贴近企业实践；三是与科学研究结合，将在实际科研中遇到的典型问题转化为实验实训题目，如特殊物品的包装设计等，给予学生创新研究的空间，提升学生对基础知识的应用能力。

在具体内容方面，本次修订一是将上一版的实验优化整合为20个，主要是合并了装卸搬运设备、仓储运作等较为分散的实验内容，突出同类的设备、技术的聚合，并按照聚焦物流技术装备、行业实践和通用操作的顺序对实验进行了重新排序；二是对不便于操作的云计算平台构建等内容进行了删减，提高了教学的实用性和适用性；三是按照国家最新的政策、标准要求，重点关注双碳等领域，并据此设计了相应的实验内容；四是按照实验教学安排，强化了实验教学环境搭建和实验步骤，便于实验操作开展、教学环节组织和学生操作。由于各高校实验环境具有较大的差异，在实际使用过程中也可以根据自身需要进行适当的改变，以更好地服务实验实训教学。

本书在编写过程中获得了北京物资学院领导及教师的大力帮助，同时获得了北京市属高校高水平教师队伍建设支持计划——长城学者培养计划（CIT&TCD20180319），以及北京市通州区运河学者支持计划（YHLB2017005）的专项资助，北京市教育委员会的专项项目和北京物资学院优秀育人团队项目、教学改革项目也给予了大力支持，同时本教材的部分内容还采用了相关企事业单位委托课题的研究成果，在此一并表示感谢。

在本教材的撰写过程中，北京伍强科技有限公司、柏中集团、北京金文天地信息咨询有限公司提供了大量的协助，在此表示衷心的感谢。

由于编者水平有限，书中如有不妥之处，敬请广大读者批评指正，愿我们共同努力促进我国物流教学事业的发展。

王成林

2025 年 3 月于北京物资学院

目　录

实验一　叉车应用与管理实验

【实验准备知识】

一、叉车的概念、类型和特点

（一）叉车的概念

叉车又称铲车、叉式取货机，是物流领域常用的具有装卸、搬运集成功能的机械设备。它以货叉作为主要的取货装置，依靠液压起升机构升降货物，由轮胎式行驶系统实现货物的水平搬运。叉车除了使用货叉作业，还可以将货叉换成其他类型的取物装置以适应多种货物的装卸、搬运和堆垛作业要求。

（二）叉车的类型

叉车种类多样，主要分类形式有如下几种。

1. 按照采用的动力方式分类

按照采用的动力方式分类，叉车主要分为内燃式叉车、电动式叉车和手动式叉车。

（1）内燃式叉车。该类叉车采用内燃机作为动力装置，其特点是机动性好、功率大、用途较广泛，一般情况下，大吨位的叉车较多采用内燃机作为动力装置。内燃式叉车不适合在室内使用。该类叉车如图 1-1 所示。

（2）电动式叉车。该类叉车以蓄电池（电瓶）或交流电作为动力来源。与内燃式叉车相比，电动式叉车具有结构简单、操作方便、起步平稳、污染小、噪声小的特点，其不足之处是受蓄电池容量的限制，动力受到制约，其驱动功率和起重量都较小，作业速度比较慢，对路面要求较高。该类叉车非常适合在室内使用。

（3）手动式叉车。该类叉车主要靠操作人员提供动力，起重量比较小，但操作灵活，维护方便。该类叉车如图 1-2 所示。

图 1-1　内燃式叉车

图 1-2　手动式叉车

2. 按照性能和功用分类

按照性能和功用进行分类，叉车可分为平衡重式叉车、前移式叉车和侧面式叉车等多种类型。

（1）平衡重式叉车。该类叉车货叉位于叉车的前部，为了平衡货物重量产生的倾翻力矩，在叉车的后部装有平衡重块，以保持叉车的稳定，因此平衡重式叉车具有自重大、轮距大、行走平稳、转弯半径大的特点。该类叉车如图 1-3 所示。

（2）前移式叉车。前移式叉车的门架或者货叉架可以前后移动，其中门架前移是指作业时门架带动货叉前移，伸到前轮之外叉取或放下货物，行走时货叉带回货物，使货物重心落在支撑面内。该类叉车如图 1-4 所示。

图 1-3　平衡重式叉车

图 1-4　前移式叉车

（3）侧面式叉车。侧面式叉车的门架、起升机构和货叉不在车体前方，而是位于叉车的中部，可以沿着横向导轨移动。该类叉车如图 1-5 所示。

图 1-5　侧面式叉车

3. 按照用途分类

按照用途进行分类，叉车可分为通用叉车和专用叉车。

（1）通用叉车。该类叉车适合用于多种类型的货物搬运或者装卸作业，主要是和托盘配合使用，使用范围广，灵活性好。

（2）专用叉车。该类叉车是根据具体操作对象的性质设计的，如堆垛式叉车、集装箱叉车、箱内作业叉车。采用专用叉车可以大幅提高作业效率。

（三）叉车的特点

叉车是目前使用比较广泛的一种物流设备，在物流作业现场使用叉车能大幅提高效率，减轻工人的劳动强度。

1. 功能多样

叉车是典型的功能集成性物流设备，同时具有装卸和搬运的双重功能，可以实现作业对象多个方向的搬运操作。

2. 灵活性强

叉车具有外形尺寸小、重量轻、转弯半径小、运行机动灵活的特点，可以在较小的作业区域内灵活调度，具有非常广阔的应用范围。

3. 通用性强

叉车可以实现“一车多用”，通过配合使用货叉、夹持器等各种属具，可以实现不同种类、不同形状、不同尺寸货物的装卸搬运作业。

4. 易于维护

叉车简单实用，相对于大型自动化立体化仓库等设备，叉车维护起来较简单。

二、叉车的主要技术参数

叉车的技术参数可以反映其结构特征和工作性能，是选用叉车的主要参考依据。

（一）额定起重量

额定起重量是指门架处于垂直位置，货物重心位于载荷中心距范围以内时，允许叉车举起的最大货物质量，单位为 t。一般来说，叉车的额定起重量都可以达到 1t 以上，在实际作业过程中，叉车的实际起重量受起升高度等因素的影响。

（二）载荷中心距

载荷中心距是指叉车在确保纵向稳定时，设计规定的额定起重量的标准货物重心到货叉垂直段前臂之间的距离，单位是 mm。一般情况下，叉车的载荷中心距为 400 ~ 600mm。当货物重心在载荷中心距范围内时，叉车能按额定起重量进行正常的装卸作业。当货物重心超出载荷中心距范围时，有可能破坏叉车的纵向稳定性，叉车就不能按额定起重量进行装卸作业，并有可能发生事故。为此驾驶员必须按所驾驶叉车的使用说明书要求的载荷中心距装载货物。若其货物重心超出载荷中心距范围，需相应减少一定的装载量，以确保驾驶操作安全。

（三）最大起升高度

最大起升高度是指叉车在平坦坚实的路面上，满载、门架直立条件下，将货物提升到最高位置时，货叉水平段的上表面距地面的垂直距离。一般来说，叉车的起升高度都可以达到 3m 以上，港口用叉车最大起升高度甚至可以达到 20m 以上。需要注意的是增加起升高度会增大叉车的整体尺寸和自重，并降低叉车的允许起重量和稳定性。

（四）起升速度

起升速度是指叉车在坚实地面上满载时，门架处于垂直位置，货叉上升的平均速度。起升速度直接影响叉车的作业效率。过大的起升速度容易发生货损和机损事故，给叉车作业带来困难。

（五）门架倾角

门架倾角是指无载叉车在平坦、坚实的地面上，门架自垂直位置向前或向后倾斜的最大角度。门架前倾是为了便于叉取和卸放货物；门架后倾是为了保证叉车带货行驶时，防止货物从货叉上滑落，增加叉车行驶时的纵向稳定性，同时在上下坡路段，门架倾角更可以辅助保证货物的正常姿态，一般叉车门架的前倾角和后倾角分别为6°和12°。

（六）最大爬坡度

最大爬坡度是指叉车在正常路面条件下，以低速挡行驶时所能爬坡的最大坡度，以度或百分数表示，分为空载和满载两种情况。叉车满载的最大爬坡度一般由原动机的最大转矩和低速挡的总传动比决定。叉车空载的最大爬坡度通常取决于驱动轮与地面的黏着力。由于港口路面场地较平坦，港口叉车最大爬坡度可在10°以内。

（七）制动性能

叉车的制动性能反映叉车的工作安全性。我国的内燃平衡重式叉车标准对制动性能作了如下规定：如果采用脚制动，叉车车速为20km/h，空载运行时，紧急制动的制动距离不大于6m；叉车在车速为10km/h，满载运行时，紧急制动的制动距离应不大于3m。叉车的制动距离与叉车的运行状态及叉车重量等自身特性有关。

（八）最小外侧转弯半径

最小外侧转弯半径是指在平坦、坚实的路面上，叉车空载低速前进并以最大转向角转弯时车体最外侧所划出轨迹的半径。叉车的最小外侧转弯半径值越小，代表叉车运行越灵活，可以适应货场多变的作业环境。

（九）叉车的外形几何尺寸

叉车的外形几何尺寸包括叉车的长度、高度和宽度，在很大程度上决定了叉车的灵活性，比如能否进入仓库、集装箱、船、车厢内部进行作业。

（十）最小离地间隙

最小离地间隙指在叉车轮压正常时，叉车车体最低点距地面的距离。叉车车体最低点可能是门架底部等部位，离地间隙越大，则通过性能越好，但离地间隙太大会使叉车的重心提高，转弯半径增大，影响叉车的稳定性和机动性。

三、叉车的构成

从总体上分析，叉车主要是由动力系统、传动系统、转向系统、制动系统、行驶系统和起重系统组成。

（一）动力系统

动力系统是叉车工作的动力提供部分，常见的叉车动力系统主要是内燃机及蓄电池等。

（二）传动系统

叉车车轮的行驶动力需由传动系统传入，可采用机械传动、液压传动等多种形式。

（三）转向系统

叉车的转向系统直接影响叉车使用的灵活性和安全性。叉车转向系统可分为机械传动式转向系统、液压助力式转向系统及全液压动力式转向系统等。

（四）制动系统

制动指行驶过程中对叉车施加阻力，用以消耗叉车动能，强制其减速以至完全停车，在停车后防止其发生自由位移，以避免产生滑溜。目前在电动叉车上主要使用干型摩擦式制动器，包括鼓式制动器、盘式制动器和带式制动器等。

（五）行驶系统

行驶系统以车轮支撑于路面并与转向系统配合完成车辆的行驶，以及完成运行方向的转变，同时能够吸收振动，确保车辆正常行驶。行驶系统由车架、悬挂装置及车轮等几部分组成。

（六）起重系统

起重系统是通过起重装置完成装卸作业的执行机构，可改变货物在垂直方向上的位置，主要由门架、叉架、货叉等组成。

【实验报告】

叉车应用与管理实验

一、实验目的

1. 熟悉不同种类叉车的基本组成机构和性能参数。
2. 了解不同类型属具的功能及选型方法。
3. 熟悉叉车在物流运作过程中的基本适用范围。
4. 掌握以叉车作为主要装卸搬运工具的仓储空间规划设计方法。
5. 掌握叉车安全使用的主要注意事项。
6. 掌握叉车选型时应考虑的因素。
7. 掌握叉车使用全过程的成本构成。

二、实验环境和设施设备要求

1. 设置1处叉车作业设施空间，布置1组层式货架和一条作业巷道，要求可以完成叉车的取货、放货作业，并可以完成货架安全防护和作业标识张贴。叉车作业设施应预留必要的防护空间。在作业巷道两侧设置1个入库作业区和1个出库作业区，且要求至少可以放置3个标准托盘（长、宽尺寸符合国家标准，为1200mm×1000mm）。叉车作业设施空间可参考图1-6，层式货架可参考图1-7。

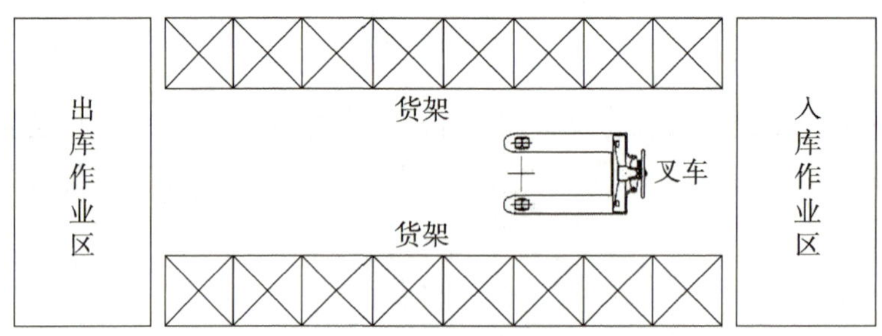

图1-6　叉车作业设施空间

图1-7　层式货架

2. 配置电动式平衡重式叉车1辆，电动式前移式叉车1辆，手动式液压叉车1辆，层式货架1组（建议配置两层货位，可存放4列托盘，数量在16个以上），塑料托盘20个（长、宽尺寸符合国家标准，为1200mm×1000mm），移动信息终端1个（可用于显示出入库作业系统信息），叉车定位装置1套，货架防护装置1套，安全作业标识1套，不同类型的叉车属具若干（可用模型代替），模拟货物若干（考虑配合属具使用要求）。

3. 叉车作业单据1套。本实验中的叉车作业单据主要包括叉车出库作业单和叉车入库作业单两类。货位编号采取排列层三段式编码方式，例如货位编号1-1-1代表第一排货架、第一列、第一层的位置。本实验采取的叉车作业单据示意如表1-1所示。

表1-1 叉车作业单据示意

作业人员	张三	作业时间	12月12日
序号	货物名称	初始位置	目标位置
1	A品牌矿泉水	1-1-1	出库作业区
2	B品牌矿泉水	入库作业区	2-1-2
3	C品牌矿泉水	1-3-2	出库作业区

4. 5m长卷尺1把，秒表1个。

三、实验步骤

1. 结合产品使用说明书等文件，观察电动式平衡重式叉车、电动式前移式叉车的组成机构，熟悉各组成部分的主要功能。

2. 在叉车静止状态下测量叉车的外形几何尺寸，在专业人员辅助下测量叉车的转弯半径等运行参数，建立叉车的性能参数评价表。

3. 由专业人员实际操作电动式平衡重式叉车、电动式前移式叉车完成层式货架第二层货物的存取作业，并记录作业时间。

4. 由学生操作手动式液压叉车完成层式货架第一层货物的存取作业，并记录作业时间。

5. 分析叉车作业中影响安全作业的因素，并采取货架防护措施，分析该措施的效果。

6. 在专业人员辅助下，进行叉车属具功能的演示。

7. 在专业人员辅助下，两辆叉车可同时在通道内作业，完成货物存取作业，采用的叉车作业单据如表1-2和表1-3所示。

表1-2 叉车作业单据一

作业人员	张三	作业时间	12月12日
序号	货物名称	初始位置	目标位置
1	A品牌矿泉水	1-2-1	出库作业区
2	B品牌矿泉水	入库作业区	2-1-2
3	C品牌矿泉水	入库作业区	1-3-2

表 1-3　　叉车作业单据二

作业人员	张三	作业时间	12 月 12 日
序号	货物名称	初始位置	目标位置
1	A 品牌矿泉水	1-1-1	出库作业区
2	B 品牌矿泉水	入库作业区	2-2-2
3	C 品牌矿泉水	2-4-1	出库作业区

8. 结合专业人员的操作，收集、记录、分析、整理安全风险点，并进行安全标识内容的设计。

9. 在专业人员辅助下完成叉车定位装置的测试，记录定位精度等性能参数。

10. 在专业人员辅助下，完成操作过程中的移动信息终端操作，并与纸质订单进行性能对比。

四、实验报告题目

1. 建立电动式平衡重式叉车的性能参数评价表，表中包括性能参数名称和具体的参数数值。

2. 建立电动式前移式叉车的性能参数评价表，表中包括性能参数名称和具体的参数数值。

3. 结合实验测得的结果，总结并说明在使用叉车完成存取作业的条件下，货架的尺寸设计、布局方式应考虑的主要因素。

4. 结合实验说明叉车作业效率的评价方法，并总结影响叉车作业效率的主要因素。

5. 结合实际作业说明叉车采用货叉作为属具的作业局限性，并举例说明实验用属具的适用范围。

6. 结合实验说明叉车定位系统的性能参数，以及可视化条件下可以提升的作业性能。

7. 总结叉车移动信息终端的功能，提出提升叉车作业信息化能力的改进措施。

8. 结合实验说明影响叉车安全作业的因素，以及应采取的防护措施。例如，叉车运行时为防止货架损伤应采用哪些具体措施？同时，应在作业现场的哪些位置安装哪一类安全作业标识（可参考图 1-8）？

图 1-8　叉车安全作业标识

9. 结合实验说明多台叉车并行作业时，调度工作应考虑的影响因素，并说明如果配置相应的优化调度系统应具备哪些功能。

10. 结合实验说明叉车选型时应考虑的主要因素。

11. 结合实验说明在进行仓储空间规划设计时应考虑的因素。

12. 对比电动式平衡重式叉车和手动式液压叉车的作业特点，说明两种叉车的适用范围，并总结说明叉车作为装卸搬运工具的优势和劣势。

13. 结合实验和调研结果分析叉车使用全过程（全生命周期内）的成本构成主要包括哪些部分。

14. 结合实验总结说明叉车技术发展的基本趋势。

【案例分析一】

比亚迪叉车应用案例之医药行业

医药产品对仓储物流的要求极高，不仅需要严格控制储存空间的温度、湿度等环境条件，对储存周期、分拣效率及准确性也有着严格要求。作为新能源叉车，比亚迪叉车在医药行业积累了丰富的经验，以专业的解决方案为众多企业提升了仓储物流搬运效率。今天与大家一起分享新能源叉车在医药仓储物流中的应用，探索新能源叉车为医药行业所带来的效益和新能源叉车发展的道路。

某企业成立于1999年，是一家集医药制造、零售、批发为一体的集团化企业。该企业在全国拥有三千多家门店，员工有两万多人，医药产品年销量突出，连续4年位居全国前列，在国内占据了举足轻重的地位。该企业刚投入使用的仓储物流基地需要高效的医药仓储搬运解决方案。该基地已投入使用的中转库房总面积达12000m^2，主要用于所在地区药品的进货储存、分拣及中转作业。该基地的物流仓库分为四层楼，一楼是卸货、储存及出货区域；二楼至四楼是医药产品的分拣区域，拥有完整的分拣线，自动化水平高。该基地刚投入使用，目标是打造区域性先进基地标准，因此在选用仓储物流搬运设备时，该基地主要瞄准新技术产品。

根据该基地的实际工况和搬运需求，比亚迪叉车通过充分准备和规划，为其制定了一套完整的解决方案。提供1.6t三支点的电动式平衡重式叉车，用于货台大件物品的装卸及搬运；配备球面镜、警示灯等配置，提高车辆在狭窄空间作业的安全性；提供1.6t前移式叉车，用于高堆垛作业，满足9m货架作业需求，并根据货架规格，定制了货叉和门架；提供2t站驾式托盘搬运车及堆高车，托盘搬运车用于室内医药产品的短距离搬运，堆高车进行货物的堆垛储存及叉取，并在相应库房配置快速智能充电器，可实现就地充电，随充随用；提供专业的操作、保养等技术培训，使客户更了解比亚迪叉车，在日常操作和保养中更轻松。比亚迪叉车为该基地量身定做的解决方案在仓储物流搬运中发挥了极大作用，带来了明显效益。

电动式平衡重式叉车满足了大物件的装卸及搬运作业；前移式叉车定制的货叉和门架，使货物在搬运过程中一步到位；站驾式托盘搬运车及堆高车则灵活轻松应对了仓库内的搬运及堆垛工作，节省仓储空间。

比亚迪叉车转弯半径小，能极大提升仓储空间利用率，且充电便捷快速。比亚迪叉车采用快充技术，可快速充电，满足了客户每天 12h 的搬运作业需求。比亚迪叉车采用锂电池，使用过程中无有害气体排放，不产生污迹，充分满足了医药行业对仓储环境的严格要求。比亚迪叉车制定了专业的培训课程，使员工掌握了操作技能、日常维护、故障排查及简单维修等方面的知识。

问题：

（1）结合案例和实验，分析医药企业在叉车选型时应该考虑哪些主要因素。

（2）结合案例和实验，并进一步收集资料，分析为了实现绿色叉车仓库建设要求，可以采取哪些措施。

【案例分析二】

改造 RFID 叉车，工作效率提高到 30%

德国永恒力叉车股份有限公司（以下简称永恒力）在其销往北美的叉车中集成 RFID（射频识别）技术，以提高叉车的工作效率。EKX 513-515 转叉式堆高机是一款狭长型叉车，主要应用在仓库或配送中心的狭窄过道上。永恒力对其现有的设计进行一些修改，以便与 RFID 读写器和天线相配合。当叉车在仓库中移动时，读写器收集嵌入地板里的 RFID 标签（64kHz 或 128kHz），并传送给一台随车计算机，计算机对标签数据进行处理，从而控制叉车操作。这套 RFID 系统可以向叉车操作系统通知任何时刻叉车所处的位置和前进的方向。

永恒力在仓库每条通道的入口处，在地板上嵌入第一枚电子标签以便对通道进行识别，再在同一条通道内的不远处嵌入第二枚标签。如果读写器连续读到通道的第一枚和第二枚标签，操作系统默认叉车进入该条通道。当叉车退出通道，读写器则依次读到第二枚和第一枚标签。标签还储存着其他的指令性编码，如某些仓库通道地板比较粗糙、不平坦，这就要求叉车不能以最快的速度前进，以保证操作的安全性，给嵌入该通道入口处的标签编入代表着安全操作速度的编码。当叉车经过标签时，读写器将该编码发送给操作系统，命令叉车减缓速度。如果叉车的前进速度已经低于该速限，那么系统会防止叉车在这条通道的前进速度高于该速限。在自动化控制叉车速度之前，永恒力的客户不得不将叉车的速度设置为在粗糙地面运行的安全速度，叉车在整个仓库的前进速度都得保持在这个速度。现在通过使用 RFID 标签，叉车可以变换速度，只需在地面粗糙的地方减缓速度，大大提高了叉车的运作效率。标签里还可以包含一些其他指令，如对高度的限制，这主要是考虑到通道里可能有永久性障碍物。如果仓库后续进行改造，用户可以对标签进行重新编写。

问题：

（1）结合实验分析说明该案例中使用 RFID 技术解决了叉车作业管理中的哪些问题。

(2) 结合实际分析说明采用 RFID 技术的可行性分析中需要考虑哪些问题。

【案例分析三】

卓一智能三向叉车批量交付新能源公司

三向叉车也称三向堆垛叉车、窄巷道叉车，该类叉车的货叉可以完成三个方向的运动，在车身固定的情况下完成托盘类货物的存取作业。三向叉车货叉运行示意如图 1-9 所示。

图 1-9 三向叉车货叉运行示意

卓一智能的 12 台三向叉车批量交付某新能源公司。该公司是国内新能源上市公司，以动力电池为核心，经营范围包括新材料技术推广服务、电子专用材料销售、电子专用材料制造、电子专用材料研发等。该公司新设的磷酸铁锂电池仓库，场地面积近 15000m^2。作为一个规模化的新能源公司，该公司全生产环节涉及场内搬运，产品原料、成品的仓储、出入库等作业。仓储规模巨大，人工作业 24h 不间断，日均搬运需求量大，因此对叉车的续航能力、密集仓储能力、搬运效率均要求很高。随着公司规模、业务的快速发展，过去的仓储堆垛手段已无法满足公司目前的高效益发展模式。根据该公司的应用场景和工况需求，卓一智能提供了能够进一步优化公司生产搬运效率的新一代三向叉车。该产品采用专利电动叉头，货叉旋转、侧移可同步进行，节约能耗，作业高效；配置无线摄像头辅助系统、高清显示屏和后视镜，操作全方位无死角；应用快速充电技术，充电便捷，使用途中无须更换电池，能够显著提高工作效率。本次交付的三向叉共计 12 台，相比该公司原先使用的传统平衡重式叉车，现可将原本至少 3000mm 的巷道宽度缩减至 1550mm，预计至少助力该公司提升 65%的仓储容积率，能够缓解用地紧张的情况，降低仓储运营成本，驱动公司业务高效率、高质量、可持续增长。

问题：

(1) 结合实验分析说明该案例中三向叉车的优势。

(2) 结合实验分析说明选用三向叉车应该考虑的主要影响因素。

实验二　自动化立体仓库运作实验

【实验准备知识】

根据《物流术语》（GB/T 18354—2021）可知，立体仓库（Stereoscopic Warehouse）是采用高层货架，可借助机械化或自动化等手段立体储存物品的仓库。本实验中自动化立体仓库主要是指采用堆垛起重机为主的自动化设备实现立体储存物品的仓库。按照《自动化立体仓库术语》（JB/T 10823—2008）的规定，自动化立体仓库包括普通自动化立体仓库、低温自动化立体仓库、高温自动化立体仓库、防爆自动化立体仓库等多种形式。自动化立体仓库目前应用广泛，具有节约用地、减轻劳动强度、减少差错、提高仓储自动化水平及管理水平、提高管理和操作人员素质、降低储运损耗、有效地减少流动资金的积压、提高物流效率等诸多优点。

一、堆垛起重机的作用、特点和结构

（一）堆垛起重机的作用

堆垛起重机简称堆垛机，主要用于立体仓库中，负责完成仓库的出库、入库和盘库等作业任务，是自动化立体仓库的典型标志。堆垛起重机一般在巷道内作业，因此要配备相应的出入库装置。堆垛起重机如图 2-1 所示。

图 2-1　堆垛起重机

（二）堆垛起重机的特点

堆垛起重机具有如下特点。

1. 作业效率高

堆垛起重机具有较快的搬运速度和货物存取速度，可在短时间内完成出入库作业，目前堆垛起重机的水平运行速度可超过 120m/min。

2. 提高仓库的空间利用率

堆垛起重机自身尺寸小，可在宽度较小的巷道内运行，同时适合高层货架作业，可提高仓库的空间利用率。

3. 自动化程度高

堆垛起重机可实现远程控制，作业过程无须人工干预，自动化程度高，便于管理。

4. 稳定性好

堆垛起重机具有很高的可靠性，工作时具有良好的稳定性。

（三）堆垛起重机的结构

堆垛起重机主要由金属结构、起升机构、运行机构、货叉、载货台、电气控制装置和安全保护装置等构成。

1. 金属结构

堆垛起重机的金属结构也称为机架，是由立柱、上横梁、下横梁等组成的长方形结构框架，是主要承载构件。机架除应满足一般起重机的强度和刚度要求，还有较高的制造与安装精度要求。机架沿导轨运行，为防止框架倾倒，在上横梁上装有导向轮。机架上安装有起升机构，其立柱内侧安装升降导轨，使载货台平稳地升降。机架下部安装主动及被动车轮、运行驱动装置及下水平导向轮、缓冲器等部件。后部和两侧安装有运行终端限位开关等部件，用于控制堆垛起重机运行。

根据机架结构的不同，将堆垛起重机分为双立柱堆垛起重机（如图 2-2 所示）和单立柱堆垛起重机（如图 2-3 所示）两种。采用双立柱结构形式的特点是强度和刚度较大，并且运行稳定，运行速度也较快，主要应用于起升高度高、起重量大的立体仓库中。单立柱堆垛起重机是由一根立柱和下横梁等结构组成的，立柱上附加导轨，采用单立柱结构形式的特点是机身的重量轻，制造成本较低，但是刚性较差，主要应用于起重量小的仓库中。

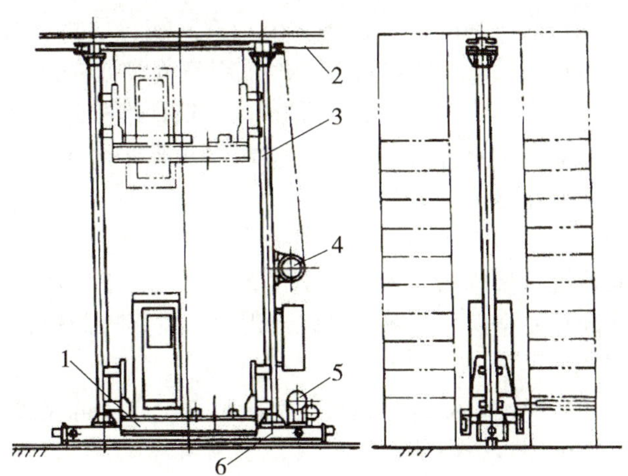

图 2-2 双立柱堆垛起重机

1—载货台；2—上横梁；3—立柱；4—起升机构；5—运行机构；6—下横梁

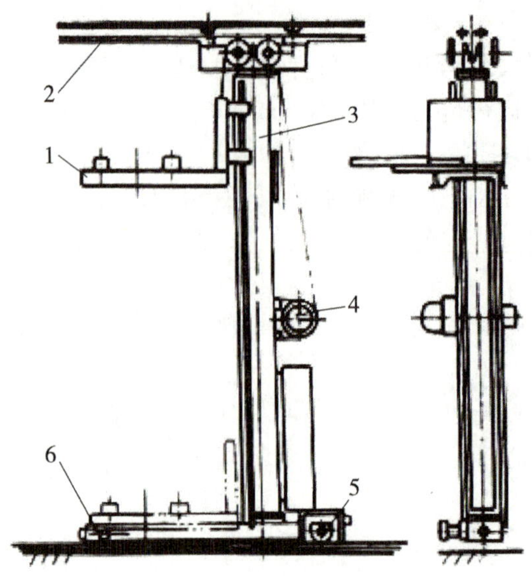

图 2-3 单立柱堆垛起重机

1—载货台；2—上横梁；3—立柱；4—起升机构；5—运行机构；6—下横梁

2. 起升机构

起升机构用以驱动载货台垂直升降。起升机构主要由驱动装置、传动装置及配重块等附属部件组成。驱动装置采用电动机，传动装置可以选用链轮传动、钢丝绳传动等多种方式。链轮传动装置具有传动功率大的特点，钢丝绳传动装置则具有质量轻、结构紧凑、工作安全、噪声小的特点。

3. 运行机构

运行机构驱动堆垛起重机沿运行轨道水平运动，由电机减速器、行走轮、导向轮等组成。常见运行机构主要采用地面行走式的地面支承型结构，一般使用 2~4 个车轮在地面轨道上运行，立柱顶部设有导向轮。

4. 货叉

货叉是堆垛起重机存取货物的执行机构。由于货叉在存取货物时，向货架两侧伸入的长度几乎等于货架本身的长度，所以货叉一般采用三节式机构，下叉固定在载货台上，中叉和上叉可以向左右伸出。为了使货叉伸缩到位，保证准确地存取货物，在货叉上应装有机械定位装置和电气定位感应开关组成的双重定位保护装置，还应装有检测货叉是否回到原位的中位感应条和接近开关。

5. 载货台

载货台是堆垛起重机承接货物并沿着起升导轨上升或下降的部件，其上装有货叉伸缩机构、松绳过载和断绳安全保护装置、升降动滑轮、升降导向轮和侧向导轮等。

6. 电气控制装置

电气控制装置主要由电动驱动装置和自动控制装置组成，可完成堆垛起重机的平移、载货台的升降及货叉的伸缩等全部动作的控制。

7. 安全保护装置

安全保护装置可以为堆垛起重机提供一定的安全保证，如各个机构的行程限制装置、下降超速保护装置、断绳保护装置、起升过载保护装置等。堆垛起重机上设置了运行端点限位及升降端点限位传感器，以防止堆垛起重机运行超过设定行程；为防止空出库、重复入库等现象的发生，堆垛机起重机上设置了针对货架上货位、出入库位置的货物检测传感器，以确认货位或出入库位置上的货物情况；为防止货物尺寸与即将入库货位的尺寸不符，堆垛机起重机上设置了货物尺寸检测传感器，以提高堆垛起重机的运行安全性。

二、堆垛起重机的型号说明和主要技术参数

（一）堆垛起重机的型号说明

堆垛起重机的型号参数内容主要包括五个部分，分别是机架形式、货叉类型、行走速度级别、起升高度和载重量，堆垛起重机的型号说明如表 2-1 所示。

表 2-1　　堆垛起重机的型号说明

型号参数内容	含义
机架形式	D：双立柱 S：单立柱
货叉类型	P：板叉型 F：指叉型
行走速度级别	H：高速水平行走 M：中速水平行走 L：低速水平行走
起升高度	额定起升高度数值（单位：m）
载重量	额定载重量数值（单位：kg）

比如 DPH-6-300 堆垛起重机属于双立柱、板叉型、高速水平行走类型的堆垛起重机，其额定起升高度为 6m，额定载重量为 300kg。

（二）堆垛起重机的主要技术参数

堆垛起重机作为自动化立体仓库中的重要设备，选用是否合理直接影响着仓库的运行效率和经济效益。一般情况下，选择堆垛起重机的主要依据是其技术参数。

1. 载荷参数

载荷参数是指堆垛起重机的额定起重量，表明堆垛起重机的承载能力。

2. 速度参数

速度参数是指堆垛起重机运行机构的运行速度指标，主要包括堆垛起重机的水平运行速度、起升速度和货叉伸缩速度。堆垛起重机各项运行速度的高低，直接影响着货物出入库速度，关系着仓库的作业效率。

3. 尺寸参数

尺寸参数包括堆垛起重机的外形尺寸（长、宽、高）、起升高度和最低货位极限深度。其中最低货位极限深度是指货叉表面最低一层货格的低位到地轨安装水平面的垂直距离，影响货架布局。

4. 货叉下挠度

货叉下挠度是指在额定载重量下，货叉上升到最大高度时，货叉最前端弯下的距离，这一参数反映货叉抵抗变形的能力，它与货叉的材料、结构形式及加工货叉的热处理工艺有关。

5. 货叉尺寸参数

货叉尺寸参数是指堆垛起重机能够进行正常作业的货叉伸出长度，直接影响相应的托盘几何尺寸参数。

6. 巷道宽度

巷道宽度是指堆垛起重机正常运行情况下所需的最小巷道宽度。

三、条码设备

（一）条码的概念、特点和种类

条码是一组规则排列的条、空组成的符号，用以表示一定的信息。

条码的制作、识别都非常简单，但所包含的信息量非常大，特别是二维条码。条码信息采集速度快，自动化程度高，可靠性好，因此广泛地应用于商品标识、货位管理等。

条码可分为一维条码和二维条码。其中一维条码按照应用领域可分为商品条码、物流条码和其他专用条码。商品条码包括 EAN 码和 UPC 码，物流条码包括 128 码、ITF 码、39 码、库德巴（Codabar）码等。二维条码可分为两大类：一类是行排式二维条码（2D Stacked Bar Code）；另一类是矩阵式二维条码（2D Matrix Bar Code）。图 2-4 所示为典型的 PDF417 二维条码示例。

图 2-4　典型的 PDF417 二维条码示例

（二）条码设备及其分类

条码设备是用来读取条码信息和打印条码标签的设备。根据不同标准，可分为多种类型。

1. 按照功能分类

按照功能分类，条码设备可分为条码生成设备和条码识读设备两种。

2. 按照适用范围分类

按照适用范围分类，条码设备可以分为通用设备和专用设备两种。

3. 按照工作原理分类

按照工作原理分类，条码设备可以分为机械式条码设备和光学式条码设备两种。

4. 按照使用范围分类

按照使用范围分类，条码设备可以分为移动式条码设备和固定式条码设备两种。

（三）条码识读设备

1. 条码识读设备的概念和技术参数

条码识读设备是指具有条码符号识读功能的设备。条码识读设备一般都配有专用的光源，光线经发射返回光电转换器，转变为电信号，并经过编码器最终转变为人可以识读的数字信息。

条码识读设备的技术参数如下。

（1）分辨率。分辨率是指条码识读设备能够分辨出的最窄条码符号单元宽度，分辨率直接影响条码的尺寸，分辨率越高条码尺寸越小，对小型商品的条码生成越有利。按照行业标准，能够分辨 0.15～0.30mm 的为高分辨率条码识读设备，能够分辨 0.30～0.45mm 的为中分辨率条码识读设备，能够分辨 0.45mm 以上的为低分辨率条码识读设备。条码扫描器的分辨率并不是越高越好，因为分辨率高会提高设备的成本，同时会提高扫描器对印刷缺陷的敏感程度，条码符号上微小的污点、脱墨等对扫描信号都会产生严重影响。

（2）正确率。正确率是指条码识读设备正确识别次数与识别总次数的比值，是衡量条码识读设备正常工作的主要参数，有时也用误码率作为该项参数的对比衡量指标。

（3）读取景深。读取景深是指条码识读设备能够读取条码的距离范围，读取景深越大，对条码的位置要求越低。

（4）首读率。首读率是指首次读出条码的数量与识读条码总数量的比值。首读率过低，必然会使操作者感到厌倦，还会影响流水线的条码自动识别作业。

（5）接口类型。条码识读设备工作时不断把采集到的信息输送给信息系统，需要相应的数据通路，一般会采用 USB 接口或者工业总线接口等作为条码识读设备的数据接口。

（6）扫描频率。扫描频率是指条码识读设备进行多重扫描时每秒的扫描次数，扫描图案的复杂程度及被识别的条码符号的运动速度都会影响条码识读设备的扫描频率。

（7）抗污染、抗皱折能力。条码识读设备工作时不能保证条码处于绝对平整状态，因为条码符号容易被水痕、手印、油污、血渍等弄脏，也可能被某种原因弄皱，导致在扫描过程中发生信号变形，条码的原有信息不能被正常识别。

（8）光源。光源是条码识读设备的重要组成部分，光源性能主要取决于光源发出光的波长范围及光斑尺寸，光源主要包括发光二极管、激光发射器等。

2. 条码识读设备分类

条码识读设备种类多样，可以按照以下标准进行分类。

（1）按照识别方式分类。按照识别方式分类，条码识读设备可分为接触式条码识读设备和非接触式条码识读设备两种。接触式条码识读设备是指工作时识别对象必须与条码识读设备保持接触，主要包括光笔与卡槽式条码扫描器等；而非接触式条码识读设备工作时和识别对象可以保持一定的距离，主要包括 CCD（电荷耦合器件）扫描器、激光扫描器。

（2）按照识别操作方式分类。按照识别操作方式分类，条码识读设备可分为手持式条码识读设备和固定式条码识读设备两种。手持式条码识读设备结构简单、灵活方便，适用于条码尺寸多样、作业环境复杂、条码形状不规整的应用场合。手持式条码识读设备主要包括光笔/激光枪/手持式全向扫描器、手持式 CCD 扫描器和手持式图像扫描器等。固定式条码识读设备不能移动，操作人员劳动强度小，无须人工干预，自动化程度高，适用于自动分拣等作业频繁的应用场合，主要包括固定式全向扫描器和固定式 CCD 扫描器。

（3）按照识别能力分类。条码识读设备从原理上可分为光笔条码扫描器、卡槽式条码扫描器、激光条码扫描器和图像式条码扫描器四种类型，其中光笔条码扫描器与卡槽式条码扫描器只能识读一维条码，而激光条码扫描器还可以识读行排式二维条码。图像式条码扫描器可以识读行排式和矩阵式的二维条码，主要采用 CCD 技术采集条码信息。

（4）按照扫描方向分类。按照扫描方向分类，条码识读设备分为单向扫描式条码识读设备和全向扫描式条码识读设备。单向扫描式条码识读设备在工作状态下必须选择适当的扫描方向，而全向扫描式条码识读设备则没有此种限制，使用更为方便。

3. 常用条码识读设备

常用条码识读设备包括激光枪、CCD 扫描器和全向扫描平台，如图 2-5 所示。

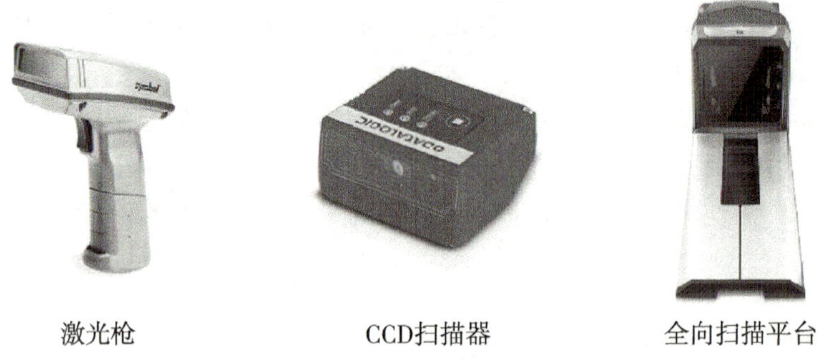

图 2-5　常用条码识读设备

（1）激光枪。激光枪是利用激光发生器产生的激光扫描线扫描条码的手持式自动扫描识读取设备，由于激光的方向性好，因此适合远距离条码识别，其读取景深较大，操作方便，首读率和精度较高，性能优越，因而被广泛应用，超市结算业务就采用此类设备。

（2）CCD 扫描器。CCD 元件是一种电子自动扫描的光电转换器，也叫 CCD 图像感应器，CCD 扫描器属于非接触式条码识读设备，读取景深和操作距离取决于照射光源的强度和成像镜头的焦距，CCD 扫描器分辨率较高，能分辨最窄单位元素为 0.1mm 的条码。

（3）全向扫描平台。全向扫描平台利用全向激光扫描器进行条码识别，标准尺寸的商品条码以任何方向通过全向激光扫描器，都会被该扫描器的某条或某两条扫描线扫过整个条码符号，以保证条码信息的快速、准确识别，因此效率非常高，适用于识读不同距离、不同方向的条码符号，比如用于传送带上货物的分拣。

4. 条码识读设备选用原则

条码识读设备的选用必须综合考虑识别对象、工作环境等多方面的影响因素。

（1）译码范围。选择条码识读设备时，必须首先考虑与条码符号的匹配度，比如条码存储密度、尺寸、分辨率等，否则可能出现无法识读的现象，因此译码范围是选择条码识读设备的重要指标，选择时应注意是否能满足要求。当条码符号高度与长度尺寸比值小时，最好不选用光笔，以避免人工扫描的困难。如果条码符号是彩色的，一定要考虑扫描器的光源，否则可能因对比度不足造成识读困难。

（2）工作空间。不同使用环境对条码识读设备的工作距离及读取景深有不同要求。对于一些日常对工作距离及读取景深要求不高的场合，可以选用光笔、CCD 扫描器满足工作要求。很多物流中心在使用时，通常对扫描条码符号有一定距离要求，此时应选择有一定工作距离的扫描器，如激光枪等。

（3）首读率。首读率是衡量条码识读设备总体性能的一个综合性指标，它与条码符号印刷质量、译码器的设计和光电扫描器的性能均有一定关系。对于可重复扫描的作业场合，对首读率要求不太严格，但会降低工作效率。而在工业生产、自动化仓库等应用领域中，由于识别对象在自动生产线或传送带上移动，正常状态下只有一次采集数据的机会，如果首读率不能达到百分之百，将会发生丢失数据的现象，造成严重后果。因此，在这些应用领域中，要选择高首读率的条码识读设备，如 CCD 扫描器等。

（4）作业环境。工作环境光线太强，感光器工作就会受到影响。如果条码表面覆盖有透明材料，反光度太高，虽然眼睛可以看到条码，但是条码识读设备识读条件严格，不能正确识别，因此在选择条码识读设备时应注意作业环境，选择适合的设备类型。

（5）接口要求。接口用于与计算机连接，要求条码识读设备的接口要符合该系统接入的整体要求，需要考虑传输速度、稳定性等技术参数。

【实验报告】

自动化立体仓库运作实验

一、实验目的

1. 了解自动化立体仓库的基本构成。
2. 了解自动化立体仓库所储存货物的编码原则。
3. 掌握自动化立体仓库货位编码方法及储位管理的基本方式。
4. 掌握条码识读设备的基本功能和使用方法。
5. 掌握堆垛起重机的基本结构、性能和使用方法。
6. 掌握自动立体仓库的作业能力评价方法和优化方法。
7. 掌握以自动化立体仓库为核心的物流系统设计方法。

二、实验环境和设施设备要求

1. 设置自动化立体仓库作业设施空间 1 处，要求可以满足堆垛起重机的运行环境，并配置巷道两侧的单深位货架，在货架一侧布局可以满足出入库作业的站台。

2. 配置自动化立体仓库系统 1 套，要求配置托盘式货架或料箱式货架，货架采用两侧布局，不少于 2 排、6 列和 3 层。

3. 学生期末试卷 50 本以上；塑料托盘 20 个，要求长宽尺寸符合国家标准，分别为 1200mm 和 1000mm；周转料箱 20 个，要求长、宽、高尺寸分别为 600mm、400mm 和 300mm；模拟货物 10 种以上。

4. 条码打印机 1 台，要求可打印二维条码；激光式条码识读设备 1 套，CCD 式条码识读设备 1 台。

5. 仓库管理系统（WMS）1 套，要求与自动化立体仓库系统可以联机使用，具备入库、出库、移库等作业能力。

6. 计时器 1 个；5m 长卷尺 1 把。

三、实验步骤

本实验以自动化立体仓库的综合管理为背景，利用学校常见的学生试卷作为自动化立体仓库的储存货物，并建立相应的货物编码规则，实现货物的数字化管理。实验中将引入条码技术对货物进行标识，分析条码的选用原则，并测试不同类型条码识读设备的性能，详细讲解自动化立体仓库的货位设定方法及堆垛机的操作。

1. 组织学生开展分组讨论，分析试卷基本特点，明确不同类型的使用人员的管理需求，确定试卷编码的基本原则和方案。

2. 分析物品标识的选用原则，参考实验所采用的 WMS 规定，设计试卷、周转料箱、塑料托盘、货架的条码标识方案。

3. 熟悉条码打印机的基本操作流程，打印不同形式的条码，对试卷、周转料箱、货架进行实际标识，并对条码标识方案进行优化。

4. 分别使用激光式条码识读设备和CCD式条码识读设备识读不同格式的条码，总结分析条码设备的性能参数。

5. 现场对制作的条码进行污染、破损操作，对存在污染、破损等问题的条码进行现场信息识读，分析产生的影响，并总结条码使用过程中可能存在的问题，提出相应的解决方案。

6. 实际了解自动化立体仓库的基本组成，熟悉自动化立体仓库的基本操作流程，并总结堆垛起重机的基本性能参数。

7. 根据设定的要求进行自动化立体仓库的出入库作业，进行自动化立体仓库的出入库能力评价。

8. 根据设定的作业任务完成作业流程优化设计，并进行小组实际操作，对比实际作业效果，验证优化结论。

四、实验报告题目

1. 列举不同角色（主要是不同类型的使用人员）对试卷管理的需求，总结货物编码所应考虑的影响因素，结合实验所采用的WMS规定，说明试卷采用的编码方法及相应的编码方案，重点解决如果一份试卷中含有多个班级或者院系的信息应如何进行编码方案设计。

2. 总结说明编码过程中有可能造成一物多码或者多物一码的原因，并分析应采取的解决措施。

3. 结合实验所采用的WMS规定，确定实验中周转料箱、塑料托盘、货架使用的编码方案。

4. 结合实验编码要求，在说明条码的基本类型及特点的基础上总结选择条码类型的依据。

5. 通过实验，总结说明条码打印机的主要性能参数。

6. 选择试卷、周转料箱、塑料托盘、货架等不同类型的货物进行条码制作和贴码操作，说明条码与被标识物料在外形、大小等方面的对应关系。

7. 利用条码识读设备进行条码扫描，总结说明条码识读设备的主要性能参数。

8. 选择污染、破损等处理方法进行识读干扰实验，分析使用条码作为存储信息介质所面临的主要影响因素，并说明应该采用的防护措施。

9. 通过实验综合对比分析，条码技术与 RFID 技术之间的主要性能区别。

10. 结合实验实际操作情况，总结说明自动化立体仓库中所储存货物的查询方法和需要具备的基础条件。

11. 分析托盘式自动化立体仓库中单个托盘储存多种类型货物时应考虑的主要问题。

12. 结合实验实际操作情况，总结说明确定自动化立体仓库储位管理方法时需要考虑的影响因素，并分析各种储位管理方法的适用性。

13. 结合实验实际操作情况，总结堆垛起重机的主要性能参数，以及参数选择应考虑的主要因素。

14. 根据实验实际操作情况，总结自动化立体仓库出入库能力的计算公式。

15. 结合实验内容分析堆垛起重机、电动式平衡重式叉车、手动式液压叉车的适用范围。

16. 选择10个以上的货位进行自动化立体仓库的存取作业，分析自动化立体仓库作业优化原则，列出任务的执行顺序，并对比优化效率。本实验建议采用排、列、层三位定码方式进行货位标识。出入库作业任务单可参考表2-2。

表2-2　出入库作业任务单

任务序号	作业类型	货位编号	补充说明
1	入库	01-01-01	
2	出库	01-04-03	
3	入库	01-06-02	
4	出库	02-03-03	
5	入库	01-03-01	
6	出库	02-02-02	
7	入库	02-06-01	
8	入库	01-09-02	
9	出库	01-03-03	
10	出库	01-02-03	

表2-2中货位编号代表货物储存位置，三个编号数据字段分别为自动化立体仓库的排编号、列编号和层编号，排编号、列编号和层编号均采用两位字符进行标识。结合本实验中的布局特点，设定为两排，分别为第一排和第二排，编号为01和02；临近出入库作业口位置的列编号为01列。货位编号01-01-01代表第一排、第一列、第一层的货位。

在完成上述实验后，针对本系统中自动化立体仓库采用的一侧输入、一侧输出的布局形式，或者同侧完成输入和输出的布局形式，进行作业优化，说明作业的优化结果会如何变化，并最终列出任务的优化顺序和作业时间。

17. 结合实际操作，说明自动化立体仓库仓储管理系统的基本功能，并列举说明主要功能模块的具体内容。

18. 从设备配置角度说明自动化立体仓库的出入库系统主要种类及对应的布局形式，并对上述形式进行特征的对比分析，说明不同形式的适用范围。

19. 结合实验说明周转箱式自动化立体仓库与托盘式自动化立体仓库的适用性。

20. 结合实验总结说明自动化立体仓库在安全管理中应注意的问题。

21. 结合实验分析单深位自动化立体仓库和双深位自动化立体仓库的性能区别和适用性。其中单深位自动化立体仓库的堆垛起重机负责两排储存货架，每侧各一排储存货架，而双深位自动化立体仓库每侧布置两排储存货架，堆垛起重机可以完成单侧两排货架上储存货物的作业。单深位自动化立体仓库布局和双深位自动化立体仓库布局如图 2-6 所示。

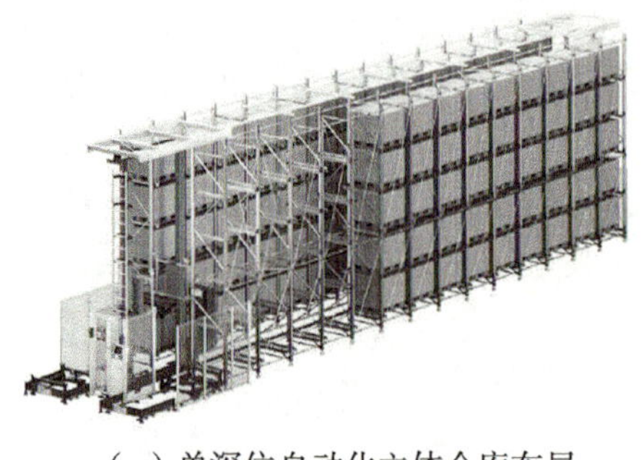

（a）单深位自动化立体仓库布局　　（b）双深位自动化立体仓库布局

图 2-6　单深位自动化立体仓库布局和双深位自动化立体仓库布局

【案例分析一】

海尔自动化立体仓库的成功应用

海尔集团分析发现，在整个生产过程中，最受制约的就是原材料和零部件的仓储和配送环节，所以海尔选择了该环节为作业优化的突破口。

海尔集团在青岛经济技术开发区建了一座全自动的立体仓库。该自动化立体仓库长120m、宽60m，仓储面积为5400m^2，仓库内有9168个标准托盘位，托盘尺寸为1.2m×1m；自动化立体仓库的建筑高度是16m，放货的高度可到12.8m，每天进出的托盘达到1200个，实际设计能力是1600个。5400m^{2}的作业空间取代了原来65000m^{2}的外租库，由于使用了计算机系统，管理人员从原来的300多人降为48人。通过减少外租库的租金、外租库到车间的来回运输费用、工人工资等，一年可节省1200万元。

该自动化立体仓库降低了物料库存量。因为海尔在计算机系统里设定了规定的库存量，该自动化立体仓库只允许放7天的料，超过7天禁止入库，使整体库存量下降。空调事业部的实践效果尤为显著，大约3个月，库存金额减少了1.4亿元。

该自动化立体仓库还深化了海尔的企业物流系统规划。因为自动化立体仓库使用后是两翼推动。一是海尔要求所有的分供方按照标准化模式送货，采用标准化托盘和标准箱。以往都是使用纸箱，纸箱的缺点在于送货过程中容易压坏产品的零部件，上线的时候还要倒箱，多次倒箱增加了人工拣选操作，保证不了产品的质量。现在采用统一的产品包装，从分供方的厂里到海尔的生产线整个过程不用倒箱。对车间的影响也是一样的，以往车间里脏、乱、差，使用标准箱之后，作业标准化，改善了车间环境。该自动化立体仓库对两方都产生了有利的作用，既有利于分供方，也对海尔内部的整个物流推进起到了重要作用。

二是自动化立体仓库具有灵活性和扩展性，刚开始设计自动化立体仓库时想的是只放空调产品，但是通过计算机系统管理以后，空调产品只占很少的库容，公司马上把冰箱、洗衣机、计算机等产品全部放进去，一下减少了这些产品的外租库需求，整体效果非常明显。

问题：

（1）结合实验分析说明采用自动化立体仓库的优势。

（2）根据业务流程说明自动化立体仓库的计算机系统需要具备哪些功能。

（3）如果你是一个项目技术主管，请思考在采购自动化立体仓库时应具体考虑哪些基本问题。

【案例分析二】

小罐茶：让智能物流与智能生产实现全面融合

北京小罐茶业有限公司创立于2014年，是互联网思维、体验经济下应运而生的一家现代茶商。小罐茶黄山超级工厂总投资为15亿元，总占地面积321亩（1亩=666.67平方米），主建筑面积近30000m^2，主要由自动化生产车间和智能化储存物流中心构成，实现生产、储存和配送的全自动化。主要满足小罐茶B2B（企业对企业）、B2C（企业对消费者）两种业务形态的配送。设计库存超50万件（箱），日均配送量8千多件，高峰时期日配送超过3万件，是一个世界级的茶叶生产与配送示范工厂。

1. 总体布局

黄山超级工厂由生产车间、智能仓库、办公楼、职工宿舍等4栋主体建筑构成，其中生产车间和智能仓库之间通过连廊连接。智能仓库分2个立体库区（其中一个为二期实施）和1个平库区，每个立体库区建筑高度为23.7m，建筑面积约为2000m^2，分常温库和低温库，设计1套5巷道的AS/RS（自动存取系统），1.4万个托盘货位；平库区占地面积为6700m^2，建筑高度为23m，分为2层，其中一层主要是发货区及冷库区，二层是拆零拣选区、生产配送区、电商配送区，设计了四向穿梭车“货到人”拣选系统，分为常温区和低温区，共有3.45万个箱储存位，5个“货到人”拣选站，3个换箱工作站，21个复核打包台，另外，生产车间配置以四向穿梭车储存的缓存区，设计了529个箱缓存位。

2. 主要作业流程

（1）入库作业流程。

该工厂入库作业分为整托盘入库和整箱入库。

①整托盘入库，主要分为收货整托入库和生产整托入库。

a. 收货整托入库：货物由人工从收货区进行码盘，验收组盘完成后，叉车将整托货物放至AS/RS入库输送机入口，完成称重、扫码、外围尺寸检查后，自动进入AS/RS储存。部分货物可在二楼AS/RS入库输送机入口完成同样的入库流程后自动进入AS/RS储存。

b. 生产整托入库：由自动生产系统生产的整箱产品在产线卸货口通过AGV（自动导引车）送到指定的箱式输送线入口，经过提升机、箱式输送线运输到达机械手码垛区，通过机械手码垛完成一个托盘后，通过环穿小车和托盘输送线进入 AS/RS 储存。

②整箱入库，主要分为拆垛整箱入库和生产整箱入库。

a. 拆垛整箱入库：当生产车间需要原料和包材时，通过 MES（制造执行系统）叫料，WMS 收到信息发出指令，货物从 AS/RS 整托出货，再通过托盘输送线和环穿小车运输到机械手拆垛区进行机械手拆垛，按需求一部分拆垛的货物通过箱式输送线到达生产车间指定卸货口，通过 AGV 的运输到达自动生产线道口。剩余的整箱货物通过箱式输送线运输进入四向穿梭车系统储存。

b. 生产整箱入库：自动生产系统生产的整箱产品在产线卸货口通过 AGV 送到指定的箱式输送线入口，经过提升机、箱式输送线的运输进入四向穿梭车系统储存。

（2）出库作业流程。

出库作业流程较多，具体流程如下。

①整托盘出库。AS/RS 整托盘出库作业是通过托盘输送线将托盘输送到一楼卸货口，叉车卸货到发货区集货。当电商产品出库量激增时，整托货物将通过输送线输送到二楼的电商发货区，然后进行拆零发货。

②整件出库。四向穿梭车系统通过箱式输送线将整件货物从二楼通过螺旋提升机送到一楼高速分拣机，通过分拣系统分配每个订单出口。电子标签拣选作业区作为将来"货到人"自动拣选系统的过渡，设有 3 组流利货架，拆零商品通过电子标签拣选后放到指定的播种车上完成不同商品的分类。工作人员将播种车推到附近的打包复核区进行打包，打包后的纸箱通过箱式输送线到一楼分拣机完成分拣作业。

本项目关于拆零作业主要分为三个作业区：换箱区、电子标签拣选区及打包复核区。换箱作业区是将不符合储存规范的物料转换为由统一周转箱存放的物料后，储存到四向穿梭车系统。补货的物料主要从 AS/RS 和生产车间通过输送系统自动输送到换箱区换箱。

3. 项目特点

（1）智能化工厂。

智能化工厂生产车间和物流中心占地面积近 30000m^2，储存能力超过 50 万箱，年产值约 200 亿元，是中国茶行业规模巨大、功能齐全、设施先进、配套完善的超级工厂。

（2）多技术融合。

该智能化工厂充分融合了目前物流行业的主流技术，如环形穿梭车、四向穿梭车系统、机械手、3D 视觉、AS/RS、自动打带机（带视觉判断）、螺旋提升机、体积测量系统、输送机、ERP（企业资源计划）、MES、WMS 和 WCS（仓储控制系统）等。该智能化工厂为茶文化的发展赋予了时代的科技感，成为行业的标杆。

（3）密集储存。

该企业需要的储存包材、辅料、铝罐、原茶等品类较多，特别设计了立体库密集储存系统，采用双深位的密集储存，可以大幅度提升储存效率；同时设计了四向穿梭车系统，通过机械手的拆码垛功能，使两个系统完美相连，解决了 AS/RS 尾箱储存问题，有效提升了 AS/RS 的满盘率和储存水平。四向穿梭车系统既能满足拆零拣选的需求，又能满足生产线的供料需求，使生产和储存无缝衔接，极大地提高了整体效率。

（4）预留接口。

随着小罐茶的高速发展，业务形态也在不断地变化和增长，企业为未来需求预留了充分的接口，包括软件和硬件的接口。软件方面，充分体现了 WMS 接口与设备无关的设计思想，为未来先进的拣选系统，如“货到人”拣选系统、自动拣选系统等留下接口。硬件方面，除了预留一套二期实施的 AS/RS，四向车穿梭车系统也预留了多个与输送线对接的接口，在业务增长下，可灵活增加四向穿梭车提高整体作业效率。目前的电子标签拣选系统可升级为“货到人”拣选系统以提高拣选作业效率。

问题：

（1）结合案例和实验，分析企业使用自动化立体仓库应该考虑哪些主要因素。

（2）结合案例和实验，并进一步收集资料，分析企业可以采取哪些措施提高自动化立体仓库效率。

实验三　包装设备应用实验

【实验准备知识】

包装设备是指完成全部或部分包装过程中使用的一类机器。包装过程包括充填、裹包、封口等主要包装工序，以及与其相关的前后工序，例如清洗、干燥、杀菌、计量、成型、标记、紧固、多件集合、集装组装、拆卸及其他辅助工序。根据包装设备的功能，可以分为充填、灌装、封口、裹包、捆扎等多种类型的机械。

一、充填机械

充填机械是将精确数量的产品充填到各种包装容器中的机械，它适用于包装粉状、颗粒状的固态物品。半自动充填机械如图 3-1 所示。

图 3-1　半自动充填机械

（一）充填机械的分类

实际生产中，由于物料的状态、性质及所要求的计量精确度等因素各不相同，所用的充填方式也各有不同。按照计量方式的不同，充填机械可以分为容积式充填机械、计数式充填机械和称重式充填机械。按物料的物理状态，充填机械可以分为料粉充填机械、颗粒物料充填机械、膏状物料充填机械和块状物料充填机械。按充填功能不同，充填机械可分为制袋充填机械、成型充填机械和仅具有充填功能的充填机械等。

（二）常用充填机械

1. 容积式充填机械

根据物料容积计量方式的不同，容积式充填机械可分为固定式量杯充填机、可调容量式充填机、气流式充填机、柱塞式充填机、螺杆式充填机、计量泵式充填机、插管式充填机、料位式充填机、定时充填机等。容积式充填机械适用于干料或稠状流体物料的充填，特点是结构简单、计量速度快、造价低，但计量精度较低，适用于价格较低的物品包装作业。

2. 称重式充填机械

称重式充填机械是将产品按预定质量充填到包装容器内的机械。按称重装置分类，称重式充填机械可分为单秤斗称重充填机、无秤斗称重充填机、多秤斗称重充填机；按工作方式分类，可分为间歇式称重充填机和连续式称重充填机；按自动化程度分类，可分为半自动称重式充填机和全自动称重式充填机，全自动称重式充填机如图 3-2 所示。

3. 计数式充填机械

计数定量的方法分为两大类，一类是被包装物品按一定规则整齐排列，可根据长度、容积、堆积等计数；另一类是从混乱的被包装物品的集合体中直接取出预定的个数。基于长度测量的长度计数式充填机如图 3-3 所示。

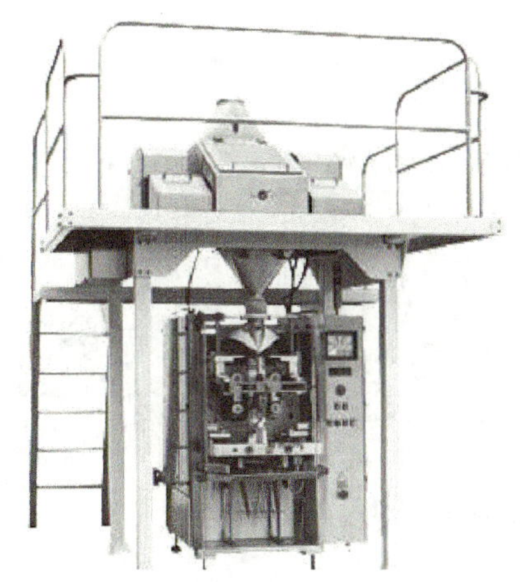

图 3-2 全自动称重式充填机

图 3-3 基于长度测量的长度计数式充填机

二、灌装机械

灌装机械的主要作用是将定量的液体物料充填进包装容器。该类型的设备不仅可以使黏度较低的物料依靠自重以一定速度流动，完成灌装作业，也可以使某些黏稠物料依靠压力以一定速度流动，完成灌装作业。

（一）灌装机械的基本组成

从结构上分析灌装机械，主要由包装容器的供送装置、灌装物料的供送装置、灌装阀三部分组成。

包装容器的供送装置的作用主要是将容器按照间隔要求送至灌装工位，待灌装后再将容器送出灌装机。

灌装物料的供送装置的作用主要是将物料提供给灌装阀，再灌装入包装容器。常压供料装置是在常压下利用物料重力向处于低位的灌装阀流送，物料装在处于高位的贮液箱中，这种供料装置主要用于低黏度、流动性好的物料，如牛奶、墨水、酱油、醋等；对于中等黏度、流动性不好的物料，如果酱、牙膏、洗发水等，在重力作用下难以自流，就必须施加机械压力使其流动，利用活塞或柱塞的往复运动压送液料。真空供料装置需先将包装容器（如瓶子）抽至真空，然后进行灌装。

（二）常见灌装机械

1. 膏状灌装机

膏状灌装机主要用于灌装膏状产品，主要由环形液室、中心进液管、进气管、灌装阀等组成。膏状灌装机如图 3-4 所示。

2. 液体灌装机

液体灌装机主要用于洗涤液、糖浆、果汁、食油、乳剂、农药等物料的定量灌装，也可灌装含颗粒的半流体等，有多种灌装量可供选择。液体灌装机如图 3-5 所示。

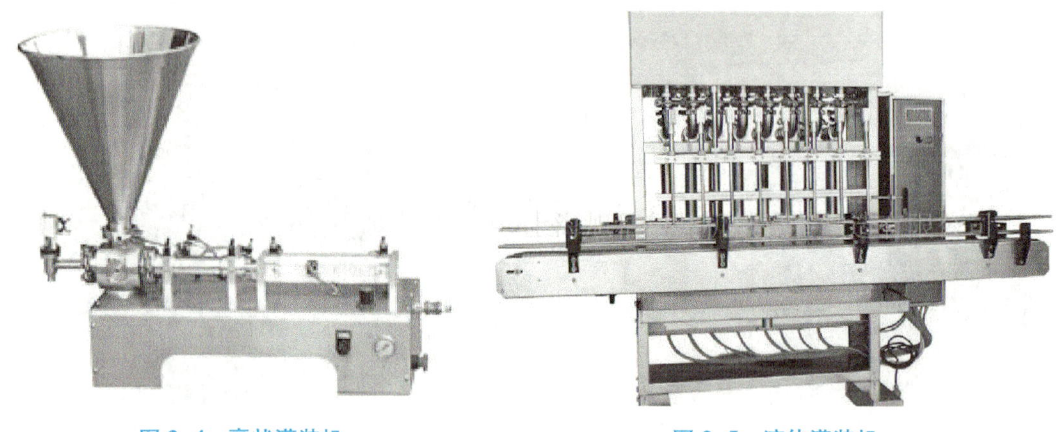

图 3-4　膏状灌装机　　图 3-5　液体灌装机

3. 颗粒灌装机

颗粒灌装机是专门进行各种颗粒物料灌装的机械，所有接触灌装品的部分均用符合食用卫生标准的不锈钢制成。颗粒灌装机适用于医药、食品、化工、农药等领域的小袋包装。

三、封口机械

封口机械在包装容器盛装产品后，为了使产品得以密封保存，保持产品质量，避免产品流失，对容器进行封口。由于包装容器的形态及物理性能各不相同，因此所采用的封口形式及封口装置也不一样。

（一）封口机械的分类和特点

按照封口方式的不同，封口机械分类如下。

1. 热压式封口机

热压式封口机是采用加热加压的方式封闭包装容器的机器，所使用的加热元件有加热板、加热环带、加热辊等。

2. 熔焊式封口机

熔焊式封口机是通过加热使包装容器封口处熔融而将包装容器封闭的机器，常用的加热方式有超声波加热、电磁感应加热和热辐射加热等。

3. 缝合式封口机

缝合式封口机是使用缝线缝合包装容器的机器，多用于麻袋、布袋、复合编织袋等包装容器的封口。

4. 卷边式封口机

卷边式封口机是用滚轮将金属盖与包装容器开口处相互卷曲勾合以封闭包装容器的机器。卷边式封口机又称封罐机，是罐头食品生产过程中的重要机械。

5. 滚压式封口机

滚压式封口机是用滚轮滚压金属盖使之变形以封闭包装容器的机器。

6. 旋合式封口机

旋合式封口机是指通过旋转封口器材封闭包装容器的机器。封口器材通常是带有螺纹的瓶盖或带有向内卷曲盖爪的罐盖，以旋拧的方式旋紧在带有螺纹的瓶口或罐口上。

7. 结扎式封口机

结扎式封口机是指使用线绳等结扎材料封闭包装容器的机器。

（二）常见封口机械

1. 手压式封口机

手压式封口机是一种常用且简单的封口机，其一般采用热板加压封口或脉冲电加热封口。这类封口机多为袖珍型，重量轻，占地小，适于放在桌上或柜台上使用。该类型设备主要由手柄、压臂、电热带、指示灯、定时旋钮等组成。使用时根据封接材料的热封性能和厚度，调节定时器旋钮，确定加热时间，然后将塑料袋口放在封接面上，电路自动控制加热时间，时间到后放开手柄，即完成塑料袋的封口。手压式封口机如图 3-6 所示。

2. 脚踏式封口机

脚踏式封口机与手压式封口机的热封原理基本相同，主要不同之处是脚踏式封口机采用脚踏方式拉下压板。操作时双手握塑料袋等包装对象，轻踩踏板，瞬间通电完成封口。该类封口机可采用双面加热，以减小热板接触面与薄膜封接面间的温差，提高封接速度和封口质量。有的还配有印字装置，在封口的同时可以同步印出生产日期、重量、价格等。有些脚踏式封口机的工作台面可以根据需要倾斜，以适应封接包装液体或粉状物料的塑料袋。脚踏式封口机如图 3-7 所示。

3. 立式自动封口机

立式自动封口机的带轮轴垂直安放，可使包装袋直立在输送带上运行并进行封口，因此这种封口机可以用于内装物不能平放的（如液体、黏稠体）包装袋的封口。立式自动封口机如图 3-8 所示。

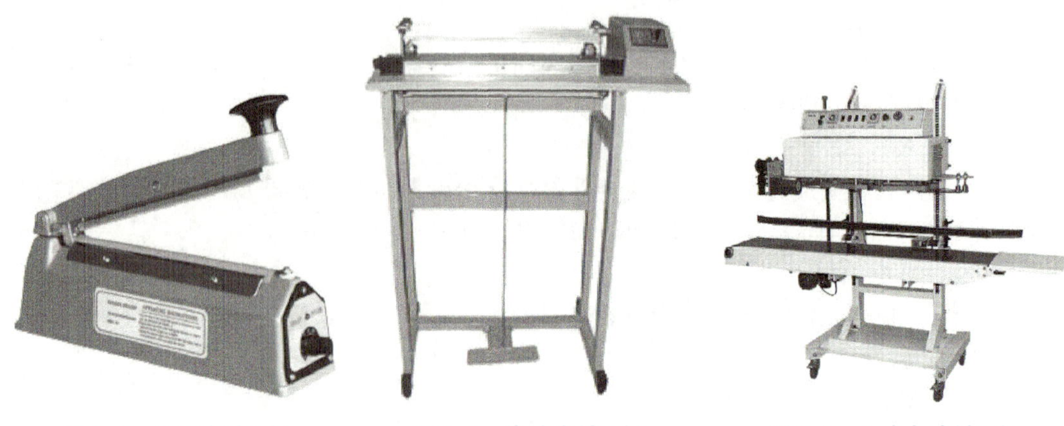

图 3-6　手压式封口机　　图 3-7　脚踏式封口机　　图 3-8　立式自动封口机

4. 超声波封口机

超声波封口机是利用超声波聚能器作用在包装容器封口部位，以封闭包装容器的机器，主要适用于薄膜类塑料的密封需要。超声波封口机如图 3-9 所示。

5. 自动缝合机

自动缝合机主要由缝纫机头、线挑、机头支架、备用支架、输送带、脚踏开关等部件组成。自动缝合机可用于缝合较重的包装袋，输送带的速度可调节，能与各种包装生产线匹配，完成封口工作。

四、裹包机械

用挠性包装材料进行全部或局部裹包产品的包装设备统称为裹包机械。裹包机械是包装机械设备行业中重要的组成部分之一。裹包机械种类繁多，功能结构各异，按包装成品的形态可分为全裹包机和半裹包机；按裹包方式则可分为折叠式裹包机、接缝式裹包机、覆盖式裹包机、扭结式裹包机、拉伸式裹包机、缠绕式裹包机、贴体包装机、收缩包装机等。

裹包机械的共同特点是用薄型挠性包装材料（如玻璃纸、塑料膜、黏膜、各类复合膜、拉伸膜、收缩膜等）将一个或多个固态物品进行裹包，广泛用于食品、烟草、药品、音像制品等产品的裹包。裹包机械如图 3-10 所示。

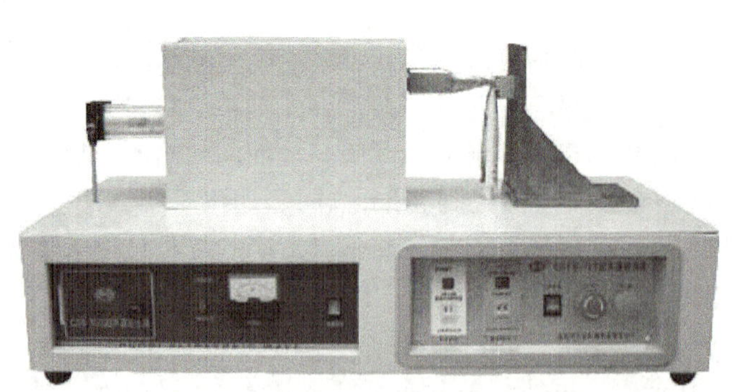

图 3-9　超声波封口机

图 3-10　裹包机械

五、捆扎机械

捆扎机械是利用带状或绳状捆扎材料将一个或多个物料紧扎在一起的机器设备，属于外包装设备。利用机器捆扎替代传统的手工捆扎，不仅可以加固包件，减少体积，便于装卸保管，确保运输安全，更重要的是可大大降低捆扎劳动强度，提高工作效率。

（一）捆扎机械的分类

按捆扎材料分类，捆扎机械可分为钢带捆扎机、聚酯带捆扎机、纸带捆扎机和塑料绳捆扎机；按自动化程度分类，捆扎机械可分为全自动捆扎机、自动捆扎机、半自动捆扎机和手提式捆扎机；按包件类型分类，捆扎机械可分为普通式捆扎机、压力式捆扎机、水产式捆扎机、建材用捆扎机、环状物捆扎机；按接头接合形式分类，捆扎机械可分为热熔搭接式捆扎机、高频振荡式捆扎机、超声波式捆扎机、热钉式捆扎机、打结式捆扎机和摩擦焊接粘式捆扎机；按接合位置分类，捆扎机械可分为底封式捆扎机、侧封式捆扎机、顶封式捆扎机、轨道开闭式捆扎机和水平轨道式捆扎机。目前我国生产的捆扎机械基本上采用塑料带作为捆扎材料，利用热熔搭接的方法使紧贴包件表面的塑料带两端加压黏合，从而达到捆紧的目的。

（二）常见捆扎机械

1. 普通型自动捆扎机

普通型自动捆扎机是应用最为广泛的通用型自动捆扎机，一般适合用于包件尺寸在800mm×800mm以下的各类包件的捆扎，多为单机使用。如需与生产线配套使用，工作平台须设计成带自动输送包件的自动传输装置，就能自动完成包件输送、捆扎等一系列动作，称为全自动捆扎机。这种机型的捆扎机结构紧凑，适应性强，送退带轨道机构置于工作平台的上部，其他工作机构和带盘都置于工作平台下部，也有考虑工作时换带方便，将带盘置于机器的侧面，机器底部装有活动滚轮，便于流动作业。

2. 低台型自动捆扎机

低台型自动捆扎机与普通型自动捆扎机不同，这种捆扎机具有较低的工作平台，便于大型包件上机捆扎，工作平台有带自动传输装置的和不带自动传输装置的，其带盘和储带箱均置于机器侧面，方便带盘装卸，该类设备适合用于大型包件的捆扎，最大捆扎尺寸（高×宽）可达2000mm×2000mm。

3. 侧封型自动捆扎机

侧封型自动捆扎机为适应带托盘包件和特大包件的捆扎，考虑到托盘结构的特点，尽可能降低工作台面，将机器的传动机构和封缄机构配置在轨道的侧面，使捆扎带的烫合接头处于包件的侧面而不是位于包件底面，从而保证捆扎的有效性。

4. 双轨道型自动捆扎机

双轨道型自动捆扎机将两套相同的轨道机构（送退带机构或封缄机构等）配置在同一台机器的工作平台上，使之在同一捆扎周期内同时捆扎两个轨道，通过同步捆扎可以达到提高工作效率、减少机器占地面积的目的。

5. 压力型自动捆扎机

压力型自动捆扎机适合用于捆扎重量较小而体积较大的包件，如棉毛纤维制品，为减少包件体积，通过轨道顶部的预压装置，将置于工作平台的包件先进行压紧，然后再进行捆扎，根据包件的不同要求，压紧力可以调节。

6. 顶封型自动捆扎机

顶封型自动捆扎机是为了适应带托盘包件和特大包件的捆扎，将机器的传动机构和封缄机构配置在轨道的顶部，当捆扎时，封缄机构连同轨道顶部一起下移，与包件顶面接触，然后退带拉紧，切烫黏合，完成捆扎动作。

7. 高台型半自动捆扎机

高台型半自动捆扎机的工作台面高度在700mm至900mm之间，工作时包件置于工作台面，塑料捆扎带端黏合位置在包件底部，即底封式捆扎，所有工作机构都置于机架上部，下部为带盘及制动机构。机架有封闭式和敞开式两种。封闭式机架的两个侧面有门，方便带盘的装换和维修。目前，国内外生产的多为封闭式机架，操作时以站立工作为宜，适合捆扎体积和重量都较大的包件。高台型半自动捆扎机如图3-11所示。

六、收缩包装机械

收缩包装机械是将产品用热收缩薄膜裹包后再进行加热，使薄膜收缩后包裹产品的机器。按机器工作原理分类，收缩包装机械可分为烘道式收缩机、烘箱式收缩机、框式收缩机和枪式收缩机。收缩过程中，不影响包装物的品质，而且快速完美，包装后的产品能密封、防潮、防撞击，适用于多件物品紧包装和托盘包装。适用范围包括玻璃瓶、发泡胶、玩具、电子、电器、文具、图书、唱片、五金工具、药品、化妆品、饮料、水果、纪念标签等物品包装。收缩包装机械如图3-12所示。

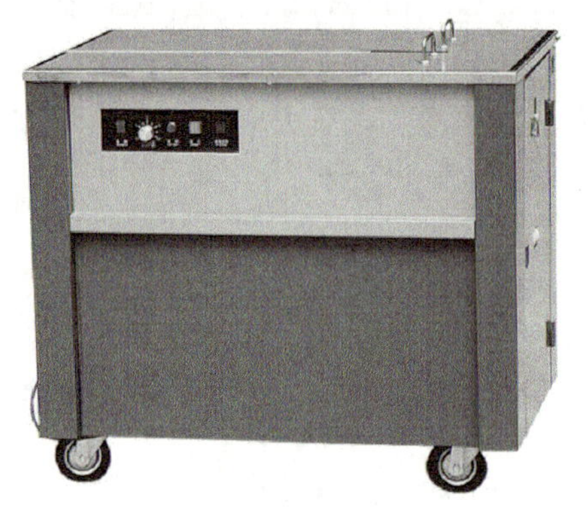

图3-11　高台型半自动捆扎机

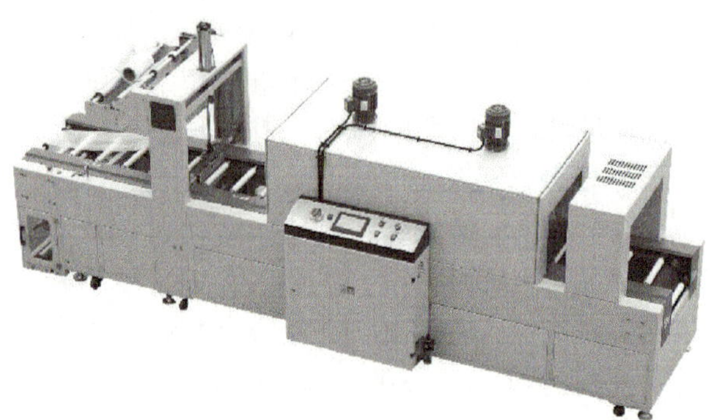

图3-12　收缩包装机械

七、真空包装机械

真空包装机械是指能够抽出包装袋内的空气，达到预定真空度后完成封口工序的机械设备。真空包装机械一般是由真空系统、抽充气密封系统、热压封合系统、电器控制系统等组成。真空包装机械常被用于食品行业，因为经过真空包装以后，食品能够抗氧化，从而达到长期保存的目的。真空包装机械如图3-13所示。

八、充气包装机械

充气包装机械是将被包装物装入塑料包装袋中，通过充气嘴等机构向塑料袋中充入相应的气体，形成空气压力环境后完成封口作业，形成预定包装的机械设备。其中气调保鲜技术就是采用充气包装机械，形成具有气体阻隔性能的包装食品，可以根据客户实际需求将保护性混合气体（通常为 CO_2、N_2 等）充入包装内，利用各种保护性气体所起的不同作用，抑制引起食品变质的大多数微生物生长繁殖，并使活性食物（果蔬等植物性食品）呼吸速度降低，从而使食品保鲜并延长保鲜期。充气包装机械如图 3-14 所示。

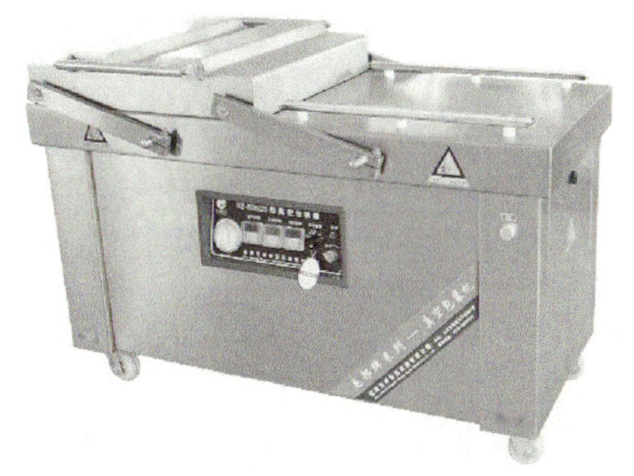

图 3-13　真空包装机械

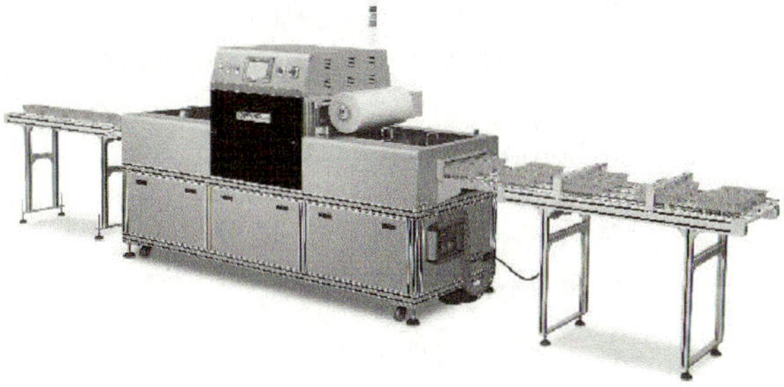

图 3-14　充气包装机械

九、自动封箱机械

自动封箱机械也叫胶带封纸箱封口机，可一次完成上下封箱动作，也可以采用印字胶带，适用于纸箱的封箱包装，既可单机作业，也可与流水线配套使用，广泛应用在家用电器、纺织、食品、医药、化工等行业。按照机器的自动化程度分类，自动封箱机械可分为全自动封箱机和半自动封箱机；按照机器的用途分类，自动封箱机械可分为纸箱自动封箱机、打包封箱机、自动折盖封箱机等。自动封箱机械如图 3-15 所示。

图 3-15　自动封箱机械

【实验报告】

包装设备应用实验

一、实验目的

1. 掌握不同种类包装机械的基本功能和性能参数。
2. 掌握根据不同种类货物需求合理选择包装的方法。
3. 掌握包装线的合理配置与布局。
4. 熟悉包装质量检测的国家标准要求。
5. 熟悉散装物料的包装方式。
6. 掌握不同种类包装材料的基本性能和回收的基本方法。

二、实验环境和设施设备要求

1. 设置1处包装设备专用操作空间，要求具备必要的通风设备，保证加热作业操作产生的废气等能够快速排出。

2. 配置自动灌装机1台、真空包装机1台、充气包装机1台、手压式封口机1台、脚踏式封口机1台、收缩包装机1台、自动封箱机1台、自动捆扎机1台、自动裹包机1台、称重式充填机1台、跌落实验机1台、振动实验机1台、压力机。

3. 模拟商品若干（需要包括薯片、手机、带有管脚的电子芯片等类型的商品）；大米等散装物料若干；流体物料1种（可以用水）；泡沫填充料3种以上。

4. 塑料托盘20个（要求长宽尺寸符合国家标准，分别为1200mm和1000mm），不同厚度的瓦楞纸箱3种，数量要求20个以上。

5. 温度计和湿度计等测试设备1套，秒表1个，称重器1个。

三、实验步骤

1. 利用实验准备的物料在自动灌装机上进行实际操作，熟悉其基本功能，并测量、记录设备性能参数。

2. 利用实验准备的物料在真空包装机上进行实际操作，熟悉其基本功能，并测量、记录设备性能参数。

3. 利用实验准备的物料（应包括薯片）在充气包装机上进行实际操作，熟悉其基本功能，并测量、记录设备性能参数。

4. 利用实验准备的物料在手压式封口机上进行实际操作，熟悉其基本功能，并测量、记录设备性能参数。

5. 利用实验准备的物料在脚踏式封口机上进行实际操作，熟悉其基本功能，并测量、记录设备性能参数。

6. 利用实验准备的物料在收缩包装机上进行实际操作，熟悉其基本功能，并测量、记录设备性能参数。

7. 利用实验准备的物料在自动封箱机上进行实际操作，熟悉其基本功能，并测量、记录设备性能参数。

8. 利用实验准备的物料在自动捆扎机上进行实际操作，熟悉其基本功能，并测量、记录设备性能参数。

9. 利用实验准备的物料在自动裹包机上进行实际操作，熟悉其基本功能，并测量、记录设备性能参数。

10. 利用实验准备的物料在称重式充填机上进行实际操作，熟悉其基本功能，并测量、记录设备性能参数。

11. 分析手机的存储和运输需求，设计合理的包装方案。

12. 结合实验操作，以瓦楞纸箱作业为例，分析自动封箱机、自动捆扎机、自动裹包机进行包装线基本设计的影响要素。

13. 分析电子芯片类货物在不同物流作业阶段的包装要求，并根据实际情况对该类产品的包装进行设计。

14. 对不同种类的包装材料性能进行体积、硬度等方面的测试，建立性能参数表，同时分析各种包装材料的回收利用方法。

15. 对包装的全过程进行分析，对其涉及的碳排放量进行测算。

四、实验报告题目

1. 结合实际操作说明自动灌装机的基本功能、性能参数。

2. 结合实际操作说明真空包装机的基本功能、性能参数。

3. 结合实际操作说明充气包装机的基本功能、性能参数。

4. 结合实际操作说明脚踏式封口机的基本功能、性能参数。

5. 结合实际操作说明手压式封口机的基本功能、性能参数。

6. 结合实际操作说明称重式充填机的基本功能、性能参数。

7. 结合实际操作说明收缩包装机的基本功能、性能参数。

8. 结合实际操作说明自动封箱机的基本功能、性能参数。

9. 结合实际操作说明自动捆扎机的基本功能、性能参数。

10. 结合实际操作说明自动裹包机的基本功能、性能参数。

11. 请思考为提高薯片的存储和运输质量，应采用哪种包装形式较为合理，应选用哪些种类的包装设备完成作业。

12. 请思考为提高手机的存储和运输质量，在包装设计时应考虑哪些因素；如果是二手手机采用快递形式传输，应采用哪种包装形式较为合理，应选用哪些种类的包装设备完成作业。

13. 分析带有管脚的电子芯片对包装的基本需求，并分别设计大规模流通用包装（20 个以上为一组）和零散单品配送用包装形式，带有管脚的电子芯片示意如图 3–16 所示。

14. 以玻璃制品为例，如图 3–17 所示，通过快递形式，采用普通的公路运输将玻璃制品从北京运往广州，说明包装设计应考虑的主要影响因素和可以采取的技术方案。

图 3-16 带有管脚的电子芯片示意

图 3-17 玻璃制品

15. 将封箱机、捆扎机以及裹包机进行串联布局，进行箱式货物的连续包装操作作业，分析该类包装线对设备配置的基本要求。

16. 结合实验数据建立所用包装材料的性能参数表。

17. 结合实际调研情况，详细说明包装用材料的回收应如何做好分类，制约因素主要包含哪些。

18. 查阅相关国家标准，总结说明不同种类的包装应采取哪些检测方法评价其性能。

19. 结合实验过程，并对包装的全过程进行分析，对其涉及的碳排放量进行测算，并给出减少碳排放量的建议。

20. 查阅相关国家标准，总结化学危险品、易碎品等用瓦楞纸箱进行包装时应采用的标识方法。

21. 结合实验及调研结果，说明包装用的填充材料种类及其适用性。

22. 建立不同类型瓦楞纸箱的性能评价表。

23. 结合实验说明仓储环境（如湿度等）对包装质量的影响，并说明应采取的基本应对措施。

24. 利用周转箱作为包装容器（如电子商务包装），分析其优势及适用的物流运作环境。

25. 结合实验及调研结果，说明包装用的减震结构及其适用性。

26. 结合实验总结说明设计货物包装应考虑的主要因素。

【案例分析一】

发泡包装应用

施托罗湃科包装科技（上海）有限公司提供量身定制、经济高效的轻量化防护包装方案。该公司生产的即时发泡产品可以按需生产，几乎任何大小、重量及形状的产品都可以在瞬间得到量身定制的绝佳防护。泡沫衬垫所具有的出色缓冲性能可以让产品在运输和仓储过程中轻松应对冲击、振动和承压的挑战。极其轻量化的泡沫包装同时也确保被包装物运输成本控制在最低的水平。发泡包装系统包括两种设备：制袋式发泡包装机（自动落袋）和手持式发泡包装机（人工喷注）。发泡包装的优势在于以下几个方面。

（1）绝佳防护：有效定位产品，并具备出色缓冲减震性能。

（2）卓越性能：达到同样缓冲效果，相比其他系统节省45%的原料。

（3）灵活性：可以用于选择性位置防护或产品的全方位包裹。

（4）多样性：能为几乎任何尺寸、形状和重量的产品提供防护。

（5）通用型发泡泡沫：最少原料生成最大强度泡沫，轻重产品都适用。通用型发泡泡沫包装如图3-18所示。

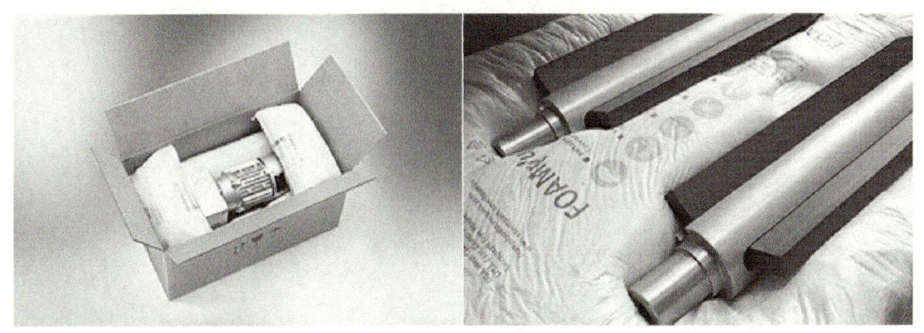

图 3-18 通用型发泡泡沫包装

问题：

(1) 结合案例分析说明发泡包装的适用性。

(2) 结合实际调研情况，说明发泡包装技术的局限性。

【案例分析二】

亿德隆助淘宝卖家选择优质纸箱

网购的崛起改变了人们的购物方式，对于卖家来说，物流环节也是很重要的一环，如果商品在路途中损坏，会给买家造成不愉快的购物体验。

快递用的纸箱需要尺寸大小合适，对货物有保护作用。针对需求，在选择纸箱时应注意以下几点。第一，选取合适尺寸，尺寸能大不能小，小了产品放不进去等于纸箱报废，纸箱稍大可以加填充物，纸箱尺寸尽量与自己的商品实际尺寸贴近，越是合适的尺寸，越能最大限度地保护货物。第二，准确定位销售的产品属于什么类型，易碎品应选择加硬纸箱，普通的产品一般选用普通纸箱，其硬度不是很高，一般发货常用的就是普通纸箱。第三，了解纸箱中纸的材质，有些纸箱价格比较便宜，但是采用的面纸比较差，面纸差的纸箱经常会在运输途中出现破损裂开等现象，影响外观，也使产品形象也大打折扣。

亿德隆针对快递用纸箱，有专门的解决方案。第一，针对不同客户，有一系列专门的纸箱规格尺寸，对于出货率高的衣服、食品、相册等，都有固定的纸箱尺寸，提前制定好模版，客户要用的时候，可以以最快的速度提供。第二，同时仓库中备有经常使用的纸箱，现货供应给客户。比如邮政纸箱、飞机箱及特殊规格纸箱都属于常备库存，方便现货供应。第三，团队加工生产不带印刷图文的纸箱，而且没有数量限制，少量的纸箱也接受定做，量大还会给予客户优惠。

问题：

(1) 结合案例分析说明电子商务包装设计应考虑的主要因素。

(2) 结合调研案例说明目前可以采用哪些绿色包装技术。

实验四　托盘应用实验

【实验准备知识】

国家标准《物流术语》（GB/T 18354—2021）将托盘定义为在运输、搬运和存储过程中，将物品规整为物品单元时，作为承载面并包括承载面上辅助结构件的装置。托盘是典型的集装单元设备，通过使用托盘，物品以集装单元的形式进行装卸、搬运、存储、运输等物流活动，极大地提高了作业效率。使用托盘还可以和叉车等物流设备配合形成功能强大的物流单元化作业系统，被物流界誉为“活动的地面”“移动的货台”。托盘如图 4-1 所示。

图 4-1　托盘

托盘是物流运作中最基本的集装单元之一。随着产品在生产企业、物流企业、零售企业和用户之间流通，托盘的使用贯穿着从原材料生产到产品销售的全过程，甚至出现在大型超市的货架上，实现产品陈列功能。

托盘需与叉车及堆垛起重机等装卸搬运设备配合使用，托盘的下部有供货叉插入和托起的入口，形成集装单元化的装卸系统，有效提高了全作业流程的效能。同时，采用托盘可以减少产品的物流操作损耗，减少对产品的污染。

一、托盘堆垛方式

在托盘上堆放各种形状的物品时，为保证作业的安全性、稳定性，必须采用各种不同的组合码垛方式，主要包括简单重叠式堆码、交错式堆码、纵横式堆码及旋转式堆码四种。各种托盘堆垛方式如图 4-2 所示。

可以根据物品的物理及几何属性，结合托盘的使用要求，选取合理的托盘堆码形式，最大限度地提高托盘利用率和存储稳定性。

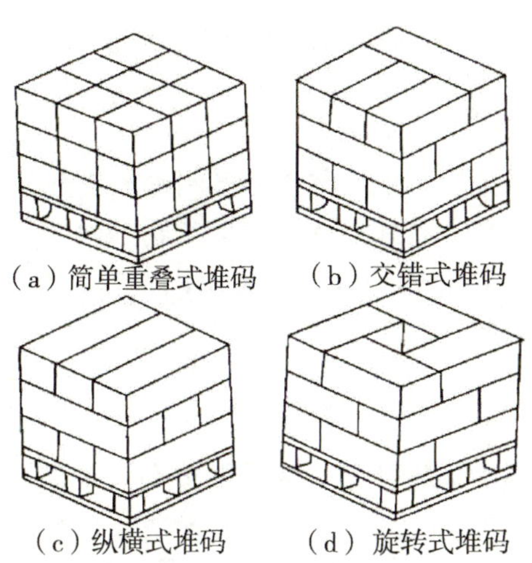

图 4-2 各种托盘堆垛方式

按照结构特点不同，托盘可以分为平托盘、柱式托盘、箱式托盘、轮式托盘和专用托盘等；按照制造材质不同，托盘可以分为木质托盘、塑料托盘、金属托盘等。

二、托盘物品紧固措施

一般条件下，需要采用合理的措施提高托盘的使用性能，首先应做到托盘物品的紧固。为防止物品在装卸、搬运和运输过程中的损坏、散垛，常采用的托盘物品紧固措施有下列几种。

1. 捆扎

可以用绳索对物品进行紧固捆扎，主要有水平捆扎、垂直捆扎和对角捆扎等方式。多种物品的托盘集合包装可使用捆扎方法。

2. 用绳网包裹

为了保持物品的稳定性，可以使用网罩套在托盘物品上，再对网罩进行加固锁定，防止物品在运输过程中倒塌，用绳网包裹的预防措施主要用于航空运输领域。

3. 加抗滑夹层

对于托盘上的物品，如果能防止各层之间的相对滑动，就不会影响托盘堆垛的稳定性，因此可以在物品的上下层之间衬垫抗滑介质，降低物品水平滑移的可能性。

4. 框架紧固

托盘物品的相对移动可以利用端面的固定加以限制，框架紧固就是采用这种方法来防止托盘上物品的滑移。框架紧固是将框架加在托盘物品相对的两面或四面以至顶部，再用打包带或绳索捆紧。

5. 楔入加固

物品之间的相对滑动可以通过改变物品接触面的性质完成，在托盘物品的边角楔入一些专用的块或夹，每层物品通过金属卡具起到加固作用。

6. 黏合

为了限制托盘上物品相对移动，可以通过各种方式将物品形成一个整体，黏合的方法就是利用黏合剂和粘胶带将托盘物品的上下两层黏合在一起，以防止托盘上的物品滑落。

7. 薄膜紧固

薄膜紧固的方法：一种是利用聚乙烯热缩塑料薄膜加热后收缩原理，用热缩塑料薄膜包裹托盘货物并加热，材料热收缩后达到紧固货物的效果；另一种是利用塑料薄膜的力学拉伸性，通过外力将塑料薄膜拉伸，并缠绕固定在托盘物品外部，当外力撤除后，薄膜收缩紧固形成集合包装体。

三、活性指数

活性指数是指物流过程中货物被搬运的难易程度。通常将各种存放状态下物料的搬运活性用活性指数表示。活性指数为自然数，指数越大，其搬运活性越高，即物料越容易搬运；指数越小，其搬运活性越低，即物料搬运越难。

根据货物被搬运过程中产生的动作多少，将货物被搬运的难易划分为5种程度，即0、1、2、3、4。货物散堆在地坪上时，活性指数为0；将其用包装物盛纳后活性指数为1；将带包装的件货通过集装器具（托盘、集装箱等）集装后活性指数为2；将货物放在无动力车厢中（如挂车）活性指数为3；传送带上或动力搬运车上的货物活性指数为4。

从理论上讲，活性指数越高，所需进行的搬运活动就越少，所以我们应该尽可能提升活性指数，但也必须考虑实施的可能性。为了说明和分析物料搬运的灵活程度，通常采用平均活性指数的方法。这一方法是对某一物流过程物料所具备的活性情况，累加后计算其平均值，用 a 表示，其值的大小是改变搬运方式的重要参考。当 a 小于0.5时，所分析的搬运系统半数以上处于活性指数为0的状态，即大部分处于散放状态，这时可以采用料箱、推车等存放物料的方式来改善当前的状态；当 a 大于0.5小于1.3时，表示大部分物料处于集装状态，可采用叉车或动力搬运车对其改进；当 a 大于1.3小于2.3时，装卸、搬运系统多数处于活性指数为2的状态，可采用单元化的连续装卸和搬运加以改善；当 a 大于2.3时，说明大部分物料处于活性指数为3的状态，可以选用拖车或机车车头拖挂的装卸搬运方式改进。

【实验报告】

托盘应用实验

一、实验目的

1. 掌握托盘的基本类型及其基本结构。
2. 熟悉托盘堆垛、紧固等操作的基本方法。
3. 掌握托盘应用效果的评价方法。
4. 掌握物流模数的设计原则。
5. 掌握托盘的基本使用方法。
6. 掌握托盘的标识方法。

二、实验环境和设施设备要求

1. 设置一处叉车作业设施空间，布置一组层式货架和一条作业巷道，层式货架布局如图 4-3 所示，要求可以完成叉车的取货、放货作业，并可以完成货架安全防护和作业标识张贴。叉车作业设施应预留必要的防护空间。在作业巷道两侧设置一个入库作业区和一个出库作业区，且要求至少可以放置三个标准托盘（要求长宽尺寸符合国家标准，分别为 1200mm 和 1000mm）。配置一辆平衡重式叉车，一辆液力叉车。

图 4-3　层式货架布局

2. 两种不同尺寸规格的金属托盘各一个，其中一种托盘的长宽尺寸符合国家标准，分别为 1200mm 和 1000mm；两种不同尺寸规格的木质托盘各一个，其中一种托盘的长宽尺寸符合国家标准，分别为 1200mm 和 1000mm；两种不同尺寸规格的塑料托盘各两个，其中一种托盘的长宽尺寸符合国家标准，分别为 1200mm×1000mm，塑料托盘的底部结构如图 4-4 所示。

3. 三种不同尺寸的纸质箱二十个以上（其中一种纸质箱的长宽尺寸应为 600mm×400mm）；三种不同尺寸的塑料箱二十个以上（其中一种塑料箱的长宽尺寸应为 600mm×400mm）；笼式托盘一个、柱式托盘一个、移动式托盘一个。

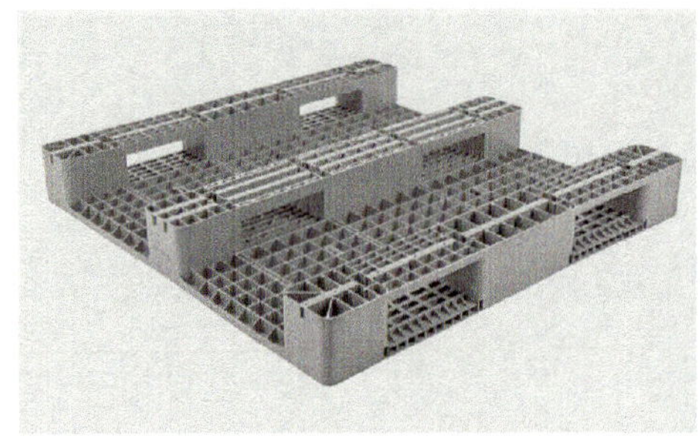
（a）“川”字结构

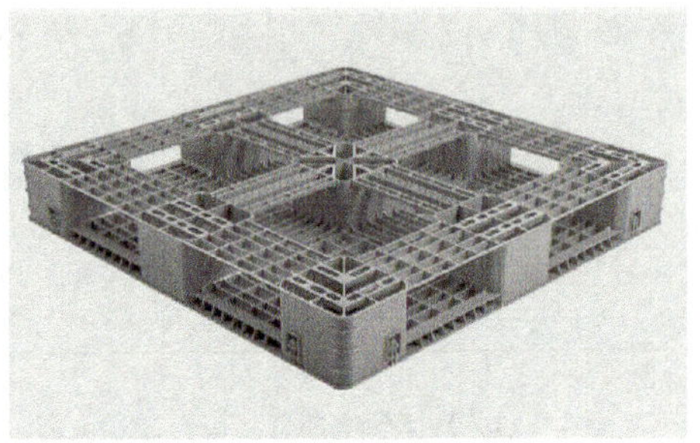
（b）“田”字结构

图 4-4　塑料托盘的底部结构

4. 塑料薄膜一捆；防滑垫一个；称重设备一个；固定用绳网一套；重物若干。

5. 需提前调研货车性能参数、托盘购置价格、托盘共用体系构建等方面的情况。

三、实验步骤

1. 观察不同托盘的结构特点，通过叉车操作了解结构等对托盘性能的实际影响，测量木质托盘、塑料托盘、金属托盘的外形尺寸和重量并记录。

2. 选择不同规格的纸质箱和塑料箱，利用不同的方式进行堆垛操作，观察不同的堆垛方式对托盘空间尺寸利用率的影响。将不同种类的箱子放在一个托盘上完成堆垛操作，对采用不同堆垛形式的托盘空间尺寸利用率进行分析。

3. 通过使用塑料薄膜裹包，在纸质箱、塑料箱接触面添加防滑垫并利用绳网包裹等提高托盘堆垛的稳定性，并进行稳定性测试实验，完成效果的对比分析。

4. 在堆垛过程中将箱子放置重物，观察分析箱子自身质量对堆垛稳定性的影响。

5. 在保持箱体稳定的情况下，增加重物的质量，观察重物质量对底层箱子外形和堆垛稳定性的影响。

6. 将堆垛好的托盘放置在货架一层，利用不同的箱子作为堆垛对象，考虑堆垛高度和货架的高度之间的对应关系，并分析箱子高度对其的影响关系。

7. 以完成二十个纸质箱的入库作业为例，对比分析采用托盘单元化作业和非单元化作业之间的差异。

8. 利用条码、RFID 标识托盘、纸质箱、塑料箱，并进行信息读取，分析采取单元化作业后带来的效率改变。

9. 通过测试碰撞效果，总结托盘可能发生损坏的影响因素，并分析修复的可能性。

10. 分别采用笼式托盘、柱式托盘、移动式托盘进行出入库操作，对比分析其性能特征。

四、实验报告题目

1. 对比说明不同结构托盘的性能特点，并分析其适用性及操作的特点。

____

____

____

____

2. 对比不同材质托盘的性能特点，并分析其适用性。

3. 根据实际测量数据绘制各种不同组合形式的堆垛方案图，并说明不同堆垛方案的适用性。

4. 结合实验操作，总结说明影响托盘堆垛稳定性的各种因素。

5. 结合实验操作，总结说明可以提高托盘堆垛稳定性的具体措施及适用性。

6. 建立托盘堆垛方式选择的评价指标体系。

7. 使用液力叉车进行托盘搬运操作，说明此类仓库巷道宽度值的设计依据。

8. 根据实验测试的托盘、物品的尺寸，说明采用标准物流模数的优势。

9. 收集箱式运输车辆尺寸参数，分析在与托盘配合使用的条件下，可以采用哪些方式固定托盘。

10. 收集托盘使用案例，并结合实验内容，说明在仓库中使用托盘后，还需要配置哪些设备完成物流作业。

11. 结合实际操作说明针对托盘采用标识应注意哪些方面的基本问题。

12. 结合实验测试数据，对比说明采用托盘提高物流活性后取得的效果，结合实验说明“带盘运输”“带盘入库”等带来的作业优势。

13. 结合实验说明在仓库中可能造成托盘损坏的主要原因，并列举可采取的主要防护措施。

14. 结合实验说明采用笼式托盘、柱式托盘、移动式托盘的优势。

15. 通过收集资料，总结说明针对不同材质的托盘应如何解决污染问题。

16. 结合实际调研的托盘价格，总结选购托盘应考虑的主要因素。

17. 结合实际操作和调研结果，说明托盘共用在选型上应考虑哪些因素。

18. 说明托盘标准化应规范的主要性能参数，以及标准化带来的优势。

19. 飞翼车是能开启车厢两侧翼板的专用车辆，如图 4-5 所示，说明采用该类车型带来的优势。

图 4-5　飞翼车

【案例分析一】

银川新华百货的供应链标准化体系建设

银川新华百货商业集团股份有限公司（以下简称银川新华百货）是由银川新华百货商店经股份制改组，于 1997 年 1 月创立的宁夏第一家商业上市公司。在 20 多年的发展历程当中，物流是银川新华百货商业发展的支柱，2004 年之前，银川新华百货所有卖场均实行“前店后仓”，各店各有一套库房，都有自己的仓库管理团队，存在大量资源浪费情况；2004 年成立了家电配送中心，改为集中配送模式，实现了库存共享、信息共享、配送资源共享；2012 年成立宁夏新华百货现代物流有限公司（以下简称新百现代物流）；2013 年集团将电器、超市、百货资源整合，自建物流园区，即新百现代物流园区。

近两年，新百现代物流在供应链体系建设方面逐步标准化，实施了托盘、物流箱等单元化物流载具的循环共用，以及带板运输等多种提升供应链效率的措施，在高效供应链建设及运作方面开展了大量探索，积累了丰富经验。为提升整体供应链效率，打通物流各环节，新百现代物流将上游供应商、下游门店纳入运营管理体系，将托盘、物流箱等标准化物流载具的运用及带板运输贯穿整个供应链，并为供应商免费规划仓库，进行库存管理等培训工作，加快整体商品流通速度，满足集团业务发展的同时，由企业物流向物流企业转型。不但能够提升自身的物流运营水平，同时还带动整个宁夏物流行业的发展。

1. 需求驱动供应链亟待升级

新百现代物流的最终目标是价值链的实现，目前所处的是供应链优化升级阶段。新百物流园区总占地面积约 27 万 m^2，有常温仓库、冷冻冷藏库近 6 万 m^2，可同时办理仓储、公路货运、配送业务，能够全方位满足客户需求，日均处理订单能力高达 750 万元，完全能满足当前业务发展。

随着银川新华百货下属新百连超、新百百货、新百电器的迅速发展，销售急剧上升，春节等节假日高峰期，日处理订单能力常常会达到 2800 万元，虽然能够满足业务发展需求，但员工经常需要加班到凌晨，这让负责人意识到供应链升级和改善十分必要，负责人对供应链现状做了详细分析，发现在需求驱动下供应链面临以下问题。

（1）收货效率低。目前银川新华百货的供应商多为代理商，多数在物流方面的规划、建设及管理能力较差；并不使用单元化包装器具进行装卸、搬运，导致在收货过程当中的重复装卸工作过多。

（2）货损大。反复的人工拣选、装卸、搬运、复检等环节，使商品经过太多的工序到达门店，最终导致货损率高。

（3）误差大。供应商按照门店分拣完成之后，将货品装车，送到新百现代物流卸货，按照门店码放入库。但是往往在一装一卸的过程当中，会将货品再次打乱，需再次分拣，同时商品误差往往较大。

（4）运费高。供应商送到银川新华百货的货品，往往满箱率、满托率、满载率都很低，较低的运载率加上较长的运送时间，导致供应商的运费也居高不下。

2. 标准化助力全链条优化

企业意识到想要打通整个供应链条，提升整体运作效率，标准化物流设备应用是基础，供应商、门店、新百现代物流需采用统一、专业化的物流标准化包装器具。在供应链升级过程当中，新百现代物流与单元化物流载具循环共用服务商招商路凯合作，租赁招商路凯标准木质托盘、物流箱，并率先在内部实现了托盘和物流箱的循环共用，随后，与上游供应商合作，将带板运输模式向上游企业进行延伸，推进零供（零售商与供应商）企业间带板运输，最终实现全供应链带板运输。

（1）托盘循环共用及全供应链带板运输。

从供应商到新百现代物流再到门店的正向物流，以及从门店到新百现代物流再到供应商的逆向物流，全部实现带板运输。目前，新百现代物流 75%的供应商均租用招商路凯标准木质托盘，并在此基础上加入了新百现代物流的带板运输行列。零供企业间带板运输有效缩短供应商交货时间及集货时间，减少商品二次搬运的人力成本及人为残损，同时大幅提高工作效率。

以某牛奶供应商为例，通过数据对比说明带板运输的实施效果。某牛奶供应商带板运输前后对比如表 4-1 所示。

表 4-1　某牛奶供应商带板运输前后对比

项目	装货时长（min）	来回时长（min）	卸货时长（min）	收货时长（min）	合计时长	运费（元）	托盘费用（元）	缠绕费用（元）	装卸费（元）	合计费用（元）
带板运输	20	120	20	10	2h50min	413440	10950	17719	—	442109
人工装卸（4人）	120	120	120	10	6h10min	516800	—	—	163824	680624

仅托盘费用、缠绕费用、装卸费和运费，一年就能省下 24 万元左右的成本；货损率降低 0.5%，每年可节省成本大约 25 万元；再加上运送效率提升、库存周转率提升等，节省其他成本大约 25 万元。也就是说，该牛奶供应商通过带板运输，可实现成本节约共计 74 万元左右。

为大力推动零供企业间带板运输，吸引更多供应商加入带板运输的行列，新百现代物流采用了一系列有效措施并取得了显著效果，对供应商车辆进行尾板改造便是其中之一。由于很多供应商仓库没有设置装卸月台，因此在带板运输过程当中，用液压升降尾板，能快捷、安全、高效、轻松地实现货物在地面与车厢之间的转移。此举大幅减少了供应商装卸时间，提升了装卸效率。以某供应商车辆尾板改造前后对比为例说明，如表 4-2 所示。

表 4-2　某供应商车辆尾板改造前后对比

状态	车型（m）	装车（min）	运输（min）	卸货（min）	分拨（min）	收货（min）	集货（min）	合计时长
现状	4.2（无尾板）	90	120	120	—	90	30	7h30min
改进	4.2（有尾板）	30	120	20	50	—	—	3h40min

该供应商每周送 6 次货，每天平均发 4 车，两辆 4.2m 的车，司机与配送员共计 5 人，平均每人每年的人事费用 5 万元，应用尾板车缩短了装卸货时间，减少了运输车辆，降低了随车配送员的人事费用开支。

（2）物流箱的应用及在应用过程中的创新。

为解决拆零商品多的问题，新百现代物流租用了招商路凯的标准物流箱。招商路凯标准物流箱不仅有助于拆零商品整理，还能配合托盘使用，进行带板运输，实现供应链的降本增效。

实施带板运输初期，新百现代物流往往在意的是托盘是否满载，刚开始发现很多车辆车厢满载，内部不满载，空档多，因此实施惩罚措施进行管理。后来发现，最为严重的是物流箱的满载率低，一般装载率在1/3~1/2，满箱的很少；商品随意丢进箱子，货品乱；从供应商到门店需要5次拆箱复检工作，最终造成商品残损率上升。

因此，新百现代物流对物流箱的商品整理进行了严格规定：要求一眼可以看到品项，便于下游清点数量，避免数错货、过错账。

(3) 多方案助力供应商物流改善。

供应商是新百现代物流打造顺畅、高效供应链所需优化的前端环节。目前银川新华百货的供应商多为代理商，自身物流体系比较薄弱，新百现代物流作为链主企业，将供应商当作亲密伙伴，十分看重供应商的物流管理及运作水平，免费帮助供应商进行改善，最终实现双赢。

新百现代物流采用了德国SAP系统（SAP是德国开发的企业管理软件），系统提供灵活的模块化系统流程控制，库存及过程高度透明，支持仓库的现代增值服务，有效改善仓库生产效率和库存精准度，射频手持终端广泛应用在货物收发调存每个环节；为供应商提供增值服务，供应商可直接将所需表格导入自己的系统，避免了手动输入的冗长过程。

3. 未来规划

随着银川新华百货业务需求的日益增长，以及新百现代物流由企业物流向物流企业的逐步转型，新百现代物流的订单处理量会越来越大，除了供应链进一步优化，在标准化物流设备、自动化物流装备、信息系统、平台软件等方面的投入也是未来规划的重点。

(1) 继续探索、尝试标准化物流载具的运用。在托盘、物流箱、托盘笼等物流载具之外，新百现代物流还将结合实际情况，探索、尝试新的标准化物流载具，实现物流运作的降本增效。

(2) 加速推进与上游供应商的带板运输。在现有基础上，新百现代物流将进一步扩大零供带板运输的范围，并采取相关措施，引导、激励更多的供应商加入带板运输的行列，进一步实现供应链的协同优化。

(3) 上线站台预约系统。经过供应商评估报表分析，新百现代物流发现影响收货效率的关键出在预约环节，供应商在预约时间内并未到达，导致时间浪费，影响后面车辆收货。上线站台预约系统，如果错过系统预约时间，就需要立即重新预约。

此外，计划上线停车场管理系统、渠道APP（应用），并进行应用平台建设，进一步提升整个供应链各环节的信息共享与对接。

问题：

(1) 结合实验及案例说明托盘共享服务给企业带来的优势。

(2) 结合实验及案例说明为了提高托盘共享服务效果，企业应该做好哪些准备工作。

【案例分析二】

新加坡托盘标准化案例

标准托盘是行业标准化重点工作之一，是提高行业供应链效率的重要方法，新加坡等发达的地区和国家都有其规定的标准托盘。GLS是一家物流配送公司，负责配送货物至某连锁平价商场。GLS希望通过建立良好的库存结构，理顺订单管理流程，增加商品的配送速度来提高公司的运作效率。GLS希望通过生产率提高的结果说服更多的供应商采用ECR的标准托盘送货到GLS。当所有的或大部分的供应商采用ECR标准托盘时，GLS可以提高内部的生产率和运作效率。

通过这个项目，GLS不需要把产品堆放在标准的托盘上，因此人力成本和时间可以节省下来。GLS节省了20%的人力成本（绝对数为每年24000元左右）。项目实施前后，使用托盘数的减少（从20800个减到16240个）直接使租赁成本下降。节省的租赁成本占到总节省成本的23%。标准化托盘简化了运作流程，增加了商业机会，并提高了效率。生产率的提高带来了更好的消费者服务。从非标准托盘到标准托盘，节省了更多的时间和人力。缩短供应商的卸货时间，提高垛口的使用率，可以更好地利用资金和人力。

Yeo Hiap Seng（YHS）是这家商场的一个供应商。通过该项目YHS提高了17%的生产率，因为减少运输次数每车每次多装载4个托盘，减少29%的资产拥有成本。YHS的物品接收后不必重新堆放到标准托盘上，也节省了20%的人力成本。

问题：

（1）结合实验及案例说明托盘标准化带来的优势。

（2）结合实验及案例说明托盘标准化应包括哪些基本的内容。

实验五　自动导引车应用实验

【实验准备知识】

一、自动导引车的定义和分类

（一）自动导引车的定义

自动导引车简称 AGV，是英文 Automated Guided Vehicle 的缩写，是物流系统中一种重要的搬运设备。根据国家标准《物流术语》（GB/T 18354—2021），自动导引车定义为在车体上装备有电磁学或光学等导引装置、计算机装置、安全保护装置，能够沿设定的路径自动行驶，具有物品移载功能的搬运车辆。自动导引车是指具有电磁或光学导引装置，能够按照预定的导引路线行走，具有运行和停车装置、安全保护装置及各种移载功能的运输小车。

从功能上讲，AGV 是一种以电力为动力，装有非接触导向装置的无人驾驶自动化车辆。它的主要功能表现为能在计算机监控下，按路径规划和作业要求，使小车较为精确地行走并停靠到指定地点，完成一系列作业功能。人们形象地把以巷道堆垛机装备的自动化仓库称作现代物流系统的枢纽，把 AGV 称为其动脉。

AGV 以轮式移动为特征，较步行、爬行或其他非轮式的移动机器人具有行动快捷、工作效率高、结构简单、可控性强、安全性好等优势。与常用的堆垛机、单轨小车、传动链、传送辊道和固定式机器人相比，AGV 的活动区域无须铺设轨道、支座等固定装置，不受场地、道路和空间的限制。因此，在自动化物流系统中，AGV 能充分体现其自动化和柔性化，可实现高效、经济、灵活的无人化生产。随着物流系统的柔性化、智能化、无人化发展，自动导引车得到了广泛应用。

（二）自动导引车的分类

1. 按照导引方式分类

（1）直接坐标导引车。用定位块将 AGV 的行驶区域分成若干坐标小区域，通过对小区域的计数实现导引，一般有光电式和电磁式两种形式，其优点是可以实现路径的修改，导引的可靠性好，对环境无特别要求。缺点是地面测量安装复杂，工作量大，导引精度和定位精度较低，且无法满足复杂路径的要求。

（2）电磁导引车。电磁导引是较为传统的导引方式之一，目前仍被许多系统采用，它是在 AGV 的行驶路径上埋设金属线，并在金属线上加载导引频率信号，通过对导引频率信号的识别实现对 AGV 的导引。其主要优点是引线隐蔽，不易污染和破损，导引原理简单而可靠，便于控制和通信，对声光无干扰，制造成本较低。缺点是路径难以更改扩展，复杂路径条件下使用的局限性大。

（3）磁带导引车。与电磁导引相近，在路面上贴磁带替代在地面下埋设金属线，通过磁感应信号实现导引，其特点是灵活性比较好，改变或扩充路径较容易，磁带铺设简单易行，但此导引方式易受环路周围金属物质的干扰，从而对磁带造成机械损伤，因此导引的可靠性受外界影响较大。

（4）光学导引车。在AGV的行驶路径上涂漆或粘贴色带，通过对摄像机采入的色带图像信号进行简单处理而实现导引，其灵活性比较好，地面路线设置简单易行，但对色带的污染和机械磨损十分敏感，对环境要求过高，导引可靠性较差，且很难实现精确定位。

（5）激光导引车。激光导引是在AGV行驶路径的周围安装位置精确的激光反射板，AGV通过发射激光束，同时采集由反射板反射的激光束，确定其当前的位置和方向，并通过连续的三角几何运算来实现AGV的导引。此项技术最大的优点是定位精确，地面无须其他定位设施，行驶路径灵活多变，能够适应多种现场环境。

（6）惯性导航车。惯性导航是在AGV上安装陀螺仪，在行驶区域的地面上安装定位块，AGV可通过对陀螺仪偏差信号的计算及地面定位块信号的采集确定自身的位置和方向，从而实现导引。该方式的主要优点是定位准确性高，灵活性强，便于组合和兼容，适用领域广。其缺点是制造成本较高，导引的精度和可靠性与陀螺仪的制造精度及使用寿命密切相关。

（7）图像识别导引车。图像识别导引是通过车载视觉摄像头采集运行区域的图像信息，通过图像信息的处理进行定位和导航，实现智能行驶。图像识别导航具有灵活性高、适用范围广等优点。

（8）卫星导航车。通过卫星对非固定路面系统中的控制对象进行跟踪和指引，通常用于室外远距离的跟踪和指导，其精度取决于卫星在空中的固定精度和数量，以及控制对象周围环境等因素。

（9）二维码导航车。AGV通过摄像头扫描地面铺设的二维码，通过解析二维码信息获取当前的位置信息，也涉及陀螺仪的使用。该方式的主要优点是定位精确，方便灵活，铺设、改变路径较容易，便于控制通信，对声光无干扰。主要缺点是路径需要定期维护，如果场地复杂，则需要频繁更换二维码，对陀螺仪的精度及使用寿命要求严格，对场地平整度有一定要求。

（10）SLAM导航车。SLAM（Simultaneous Localization and Mapping）即同步定位与建图，指在未知的环境中，AGV通过自身所携带的内部传感器［编码器、IMU（惯性测量单元）等］和外部传感器（激光传感器或视觉传感器）对自身进行定位，并在定位的基础上利用外部传感器获取的环境信息增量式地构建环境地图。该方式定位准确，行驶路径灵活多变，施工较为方便，能够适应各种实用环境。在实验手段上，该方式包含激光SLAM导航与视觉SLAM导航两种。

2. 按照移载方式分类

按照移载方式不同，AGV可分为侧叉式移载车、叉车式移载车、推挽式移载车、辊道输送机式移载车、链式输送机移载车、升降台移载车和机械手移载车等多种形式。

3. 按照充电方式分类

按照充电方式进行分类，AGV可分为交换电池式AGV和自动充电式AGV两种。

4. 按照转向方式分类

按照转向方式进行分类，AGV 可分为前轮转向 AGV、差速转向 AGV 和独立多轮转向 AGV 三种。

二、自动导引车的结构和工作原理

（一）自动导引车的结构

自动导引车由机械系统、动力系统和控制系统组成。AGV 总体结构如图 5-1 所示。

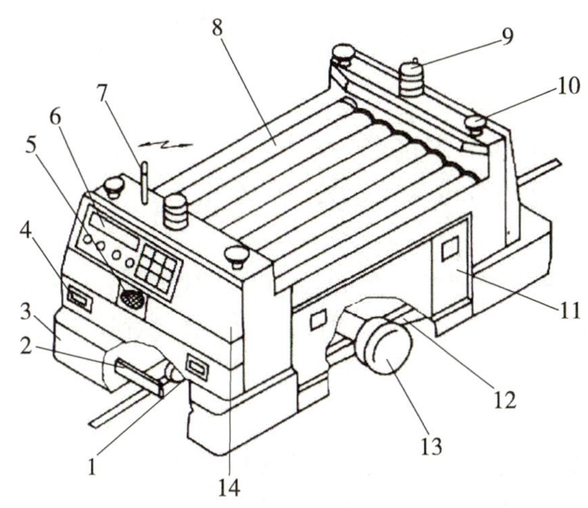

图 5-1 AGV 总体结构

1—随动轮；2—导向传感器；3—接触缓冲器；4—接近探知器；5—警示音响；6—操作盘；7—外部通信装置；8—自动移载机构；9—警示灯；10—急停按钮；11—蓄电池组；12—车体；13—速差驱动轮；14—电控装置箱

1. 车体

车体即自动导引车的基本骨架，要求有足够的强度和刚度，以满足车体运行和加速的需要。车体可安装移载装置、液压装置、电控系统、按键和显示屏，板下空间安装驱动装置、转向装置和蓄电池，以降低车体的重心。

2. 车轮

根据自动导引车结构的不同，车轮包括卧式结构的驱动轮和立式结构的驱动轮。

3. 移载装置

移载装置是与所搬运货物接触的装置，根据搬运货物的不同，所采用的移载装置也不同。

4. 安全装置

安全装置的主要作用是为自动导引车运行或故障急停提供一定的安全保障，主要包括缓冲器、接近检测装置和急停按钮。

5. 蓄电池和充电系统

自动导引车采用直流工业蓄电池作为动力，电压一般为 24V 或 48V。蓄电池在额定的电流下，一般应保证 8h 以上的工作需要，对于两班制工作环境，要求蓄电池有 17h 以上的工作能力。

6. 驱动装置

驱动装置的功能是驱动 AGV 运行并对其进行速度控制和制动控制。它由车轮、减速器、制动器、电机和速度控制器组成。驱动装置的控制命令由计算机或人工控制器发出。

7. 转向装置

AGV 的方向控制是接受导引系统的方向信息，并通过转向装置实现的。

8. 信息传输及处理装置

信息传输及处理装置主要的功能是对 AGV 进行监控，监控 AGV 所处的地面状态，包括手动控制、安全装置启动、蓄电池状态、转向和驱动电机的控制情况，然后将车上控制器的监控信息与地面控制器所发出的信息进行传递，以达到控制 AGV 运行的目的。

（二）AGV 地面控制系统

AGV 地面控制系统即 AGV 上位控制系统，是 AGV 系统的核心，其主要功能是对 AGV 系统中的多台 AGV 进行任务分配，具体内容如下。

1. 任务管理

任务管理类似于计算机操作系统的进程管理，负责对 AGV 地面控制程序的解释执行；提供根据任务优先级和启动时间的调度运行；提供对任务的各种操作，如启动、停止、取消等。

2. 车辆管理

车辆管理是 AGV 管理的核心模块，它根据物料搬运任务的请求，分配调度 AGV 执行任务，根据预定的优化原则，计算 AGV 的最短行走路径，并控制指挥 AGV 的行走过程，及时下达装卸货和充电命令。

3. 交通管理

交通管理是根据 AGV 的物理尺寸大小、运行状态和路径状况，提供 AGV 自动避让的措施。

4. 通信管理

通信管理提供 AGV 地面控制系统与 AGV 单机、地面监控系统、地面 I/O 设备（输入/输出设备）、车辆仿真系统及上位计算机的通信功能。

5. 车辆驱动

车辆驱动负责 AGV 状态采集，并向交通管理部门发出行走段的允许请求，同时把确认段信息下发 AGV。

（三）AGV 地面监控系统

AGV 地面监控系统对于 AGV 用户来说是非常重要的。它直观地向用户反映了下位 AGV 实时的状态信息、位置信息等。用户可以通过 AGV 地面监控系统向 AGV 单机发出一系列任务命令。AGV 地面监控系统采用分布式处理结构，可以和地面控制系统部署在一台机器上，也可以部署在不同机器上。

AGV 地面监控系统由图形通信接口、车辆仿真管理、任务管理代理、车辆管理代理、I/O 管理代理、车辆仿真代理及图形交互界面组成。

三、自动导引车的技术参数

自动导引车的技术参数是指反映自动导引车技术性能的基本参数，是选择自动导引车的主要依据。自动导引车的主要技术参数如下。

1. 额定载重量

额定载重量是指自动导引车所能承载的最大重量。

2. 载重对象尺寸

载重对象尺寸是指搬运对象的最大几何尺寸。

3. 自重

自重是指自动导引车与电池的总重量。

4. 车体尺寸

车体尺寸即车体的外形尺寸，该参数应该与所承载货物的尺寸和作业场地相适应。

5. 停位精度

停位精度是指自动导引车作业结束时所处的位置与程序设定位置之间所差的距离。

6. 最小转弯半径

最小转弯半径是指自动导引车在空载低速行驶、偏转程度最大时，瞬时转向中心距自动导引车纵向中心线的距离。

7. 运行速度

运行速度是指自动导引车在额定载重量下行驶的最大速度。

8. 蓄电池容量

蓄电池容量可以用在正常工作状态下小车连续工作的时间来表示。

9. 工作周期

工作周期是指自动导引车完成一次工作循环所需的时间。

四、AGV 控制系统总体规划及路径规划

（一）AGV 控制系统总体规划

一般可将 AGV 控制系统分为三级控制方式，即中央控制计算机、地面控制器和车上控制器。

中央控制计算机是整个系统的控制指挥中心，它与各区域内的地面控制器进行通信，地面控制器接受中央控制计算机的管理。

地面控制器负责对区域内的业务情况进行监控管理，如监视现场设备的状况、统计 AGV 利用率、小车交通管制、跟踪装载、制定目标地址、实时存储小车的地址，并将 AGV 的位置与装载物的类型、数量传输给主计算机。

车上控制器负责解释并执行从地面控制器传送来的指令，实时记录 AGV 的位置，并监控车上的安全装置。

AGV 控制系统总体规划如图 5-2 所示。

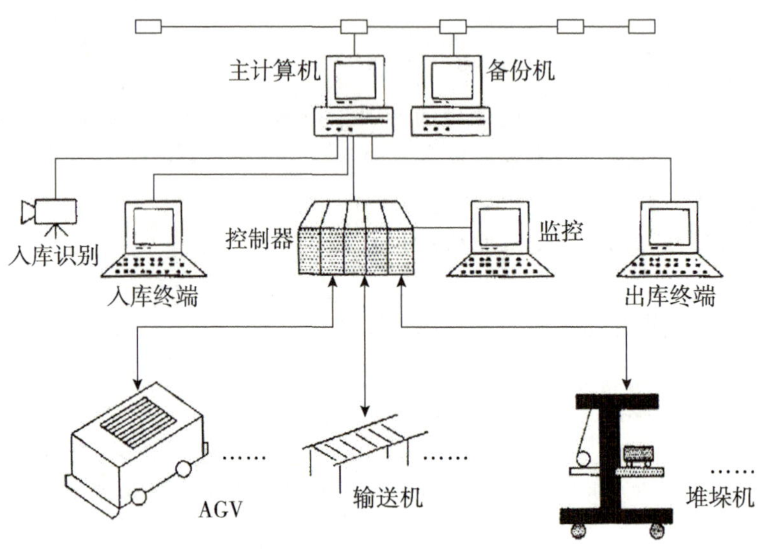

图 5-2　AGV 控制系统总体规划

（二）AGV 控制系统路径规划

路径并不是简单地根据系统的流程设计的，还必须结合整个项目的实际应用情况，充分考虑 AGV 系统中单机的实际数量、导引方式、驱动方式、移载方式、车辆尺寸、行走指标、负载能力及场地条件等。

路径规划是系统的基础，路径的设计会直接影响到系统的工作效率，因此必须尽可能使 AGV 的行驶路径通畅无阻。多台 AGV 在复杂系统中能够被灵活调度、快速响应是 AGV 工程项目追求的目标。为此在路径的设计过程中，应该详尽考虑 AGV 的调度特性，在实际条件允许的情况下，尽可能多提供行驶环路，使 AGV 在行走路线上有更多的选择。这样一来，虽然导引的路径将会变得复杂，施工的难度和工作量也会增大，但由于路径的多样化，将会提高 AGV 控制系统运行的有效作业率和工作效率，从某种意义上来说，可以减少 AGV 的使用数量。

【实验报告】

自动导引车应用实验

一、实验目的

1. 了解自动导引车的基本组成和各部分的主要功能。
2. 掌握自动导引车的基本性能参数。
3. 理解自动导引车路径规划的基本原则。
4. 理解自动导引车的集成设计原理。
5. 掌握基本的自动导引车的安全防护方法。

二、实验环境和设施设备要求

1. 设置1处自动导引车作业设施空间，配置两辆自动导引车，将其编号为自动导引车1和自动导引车2。配置可以满足自动导引车完成模拟出入库作业的站台3个，并将其编号为站台1、站台2和站台3，按照现场条件布局，保证可以进行系统集成优化调度作业。

2. 计时器1个；长度测量器1个；周转料箱5个。

三、实验步骤

1. 观察自动导引车的基本结构，了解主要部件的具体功能。

2. 实际操作自动导引车，记录自动导引车的性能参数。

3. 进行自动导引车搬运作业，理解自动导引车配套的站台配置内容，并对站台参数进行测量和记录。

4. 通过实际操作，设置必要的障碍物验证自动导引车的安全防护措施，评价其有效性，并提出合理的改进性建议。

5. 进行两台自动导引车的同步调度作业，观察多机协同存在的问题。

6. 根据实验实际操作，确定执行任务，确定系统的作业效率，可以利用表5-1所示的作业调度订单进行。

表5-1 作业调度订单

序号	作业设备	出发地	目标地
1	自动导引车1	站台1	站台2
2	自动导引车2	站台1	站台3
3	自动导引车1	站台2	站台3
4	自动导引车2	站台2	站台1
5	自动导引车1	站台3	站台1
6	自动导引车2	站台3	站台2

四、实验报告题目

1. 通过观察自动导引车实际运行情况，建立实验用自动导引车的性能参数表。

2. 通过观察自动导引车实际运行情况，绘制现场可以使用的路径图，并说明路径设计应考虑的主要因素。

3. 结合实验操作，说明自动导引车与其他物流设备集成形成物料装卸搬运系统时需满足的基本条件。

4. 结合实验操作情况，说明影响自动导引车运行安全的主要因素，并思考应如何防止安全事故发生。

5. 结合实验说明控制多辆自动导引车运行时应考虑的调度控制策略和应遵守的原则。

6. 结合实验过程分析影响自动导引车装卸搬运能力的因素，并建立其装卸搬运能力的计算公式。

7. 结合实验总结自动引导车的货物移载方式，并分析其适用性。

8. 通过实验对比自动导引车与叉车的性能特点和性能参数，并说明两种设备的适用范围。

9. 根据实验操作情况，并结合调研资料，分析自动导引车对环境的基本要求。

10. 根据实验操作情况，并结合调研资料，说明在室外使用自动导引车可能存在哪些技术问题。

11. 根据实验操作情况，并结合调研资料，总结自动导引车目前应用于哪些行业，分析这些行业应用场景的共性。

【案例分析一】

快仓智能——某太阳能电池企业自动化搬运项目

1. 项目基本描述

某太阳能电池企业深度切入太阳能发电核心产品的技术研发、生产制造环节，是全球领先的晶硅太阳能电池企业。2021 年部署上线的自动搬运项目应用于光伏行业的无尘车间。项目中的自动搬运设备总数为 32 台，使用的是快仓麒麟 H60A 机型，是国内少数的智能搬运项目。硅片在粗抛—制绒—扩散—PVD（物理气相沉积）—CVD(化学气相沉积）丝网等工艺间的搬运均使用快仓智能 AGV 完成。

2. 项目创新性

（1）SLAM 导航定位技术：全场使用 SLAM 导航、纯轮廓定位技术，通过反光板作为末端引导参照物完成高精度对接。

（2）场地洁净技术：机器人搬运使用无痕轮，并且定时让机器人前往洗轮机内洗轮，保证无尘车间的清洁度。

（3）自主识别恢复能力：机器人具备自主识别恢复能力，对于非安全性或机械故障问题，机器人能够快速恢复。

（4）大数据预测任务提前调度能力：对于搬运时效有严格要求的作业任务，通过大数据平台分析历史数据，提前将车辆调度至等候区域。

（5）局部区域交控管控能力：在狭小空间或流量较大区域，使用算法对区域内机器人行驶路线进行整体性的提前规划。

该项目是典型的制造业搬运场景项目，通过用机器人代替过去人工搬运的方式，在降低搬运风险、提高搬运效率的同时，实现整个生产环节无人化。

问题：

（1）结合案例和实验，分析该企业使用 AGV 应考虑的主要因素。

（2）结合案例和实验，并进一步收集资料，分析 AGV 技术的发展趋势。

【案例分析二】

从整个全球港口的发展趋势来看，智慧港口是全球所有港口企业面临的转型升级与创新的必然趋势。而在智慧港口的建设中，作为智能化搬运设备的 AGV 作用凸显。

1. 厦门远海集装箱码头

厦门远海集装箱码头是全球首个第四代自动化码头，也是中国首个全部自主知识产权的自动化码头，远海自动化码头一期工程总投资6.58亿元，位于海沧港区，岸线长度为447m，自动化区域道路堆场占地总面积约16.66万m^2，根据自动化装卸工艺流程按7个区域布置、配备3台自动化双小车岸边集装箱起重机（STS）、16台自动化轨道式集装箱龙门起重机（ARMG）、18台自动导航运载车、8台自动化集装箱转运平台。

在厦门远海集装箱码头的AGV应用中，采用的是配置AGV伴侣的方式，18台AGV配置8台固定的自动化集装箱转运平台。优点是AGV整体自重轻，故障点少，可以减少轨道吊与AGV小车之间的等待时间，优化集装箱装卸循环，提高自动化码头的转场效率。但是AGV伴侣也需要维护，并且如果其出现问题，就必须人工赶赴现场进行排查，容易干扰自动化流程。此外，该码头的AGV单机设计使用寿命为10年或50000个工作小时，锂电池供电，转向为全液压形式，四轮同时转向驱动，采用光纤陀螺仪的惯性导航方式，利用磁钉感应进行实时修正的导航系统，整车配有6个通信天线，可不间断地进行数据发送与接收。

该码头年设计吞吐能力近期为70~95万标箱，远期为95万标箱，相当于在原设计能力的基础上增加10%以上的吞吐能力，与传统的集装箱码头相比，全自动化集装箱码头在智能化、可靠性、稳定性、安全性和环保等方面具有十分明显的优势，能降低操作和运营成本，经测算比传统码头节省25%以上的能源，碳排量减少16%以上。

2. 青岛港

2015年6月，青岛港开始了全自动化码头的建设，2017年青岛港全自动化一期码头正式投入运营。自动化码头开始运营以来，青岛港迅速开展了操作、IT（信息技术）一体化联合攻关的探索实践。在设备层面，不断优化船型扫描、自动防摇防扭和设备精准定位等自动化性能，大力提升设备运行可靠性，努力实现作业无故障，目前设备可靠率达到了99.6%。在操作层面，持续优化堆场策略和作业控制，梳理作业流程146项，优化89项。在系统层面，优化了桥吊平台作业逻辑和AGV路径规划，在TOS（终端操作系统）开发方面首次实现了自动化码头按指示图卸船的重大突破，显著提高了码头的作业效率。

而在青岛港一期自动化码头中，一共应用了38台AGV，AGV自重为20~30t，再加上集装箱的重量，全车最重可达70t，但其停启位置十分精确，停车误差不超过2cm。码头地面埋设了几万个磁钉，AGV的位置由它们记录下来，传给后台，再由软件精确计算行驶路径，防止碰撞和刮擦。这种控制系统过去国际上只有一家公司掌握，青岛港项目团队历时3年、经过5万多次测试，研发出全新一代控制系统，可满足100台以上导引车同时高效运行。除了一期使用的38台AGV之外，2019年青岛港开始运营的自动化二期码头中也使用了45台AGV。

3. 洋山港四期

洋山港四期总用地面积达223万m^2，采用全自动化集装箱码头建设方案，整个工程建设5个5万吨级和2个7万吨级集装箱泊位，岸线长2770m，设计年通过能力初期为400万标箱，远期可达630万标箱。洋山港四期采用“桥吊（远程操控双小车集装箱桥吊）+AGV+轨道吊（自动操控轨道式龙门起重机）”的生产方案。2017年年底，首批10台桥吊、40台轨道吊和50台AGV投入试生产。

洋山港四期中，AGV在桥吊和堆场间转运集装箱，该AGV新增了无人驾驶、自动导航、路径优化、主动避障、自我故障诊断、自我电量监控等功能。借助无线通信、自动调度、精密定位系统和地面埋设的6万多个磁钉引导，AGV能在繁忙码头穿梭自如，准确到达指定位置。值得注意的是，洋山港四期在亚洲港口中第一次采用了AGV自动换电系统。目前，国内正在运营的一些自动化码头，由于当时换电技术的限制，使用了充电式的AGV，AGV在充电过程中会导致本体的闲置。由于每台AGV的电池和车体都是一一对应的，单独检修任何一部分，都会导致另一部分的闲置。为确保地面运输连续性作业，洋山港四期的AGV采用机器人自动更换电池。按照设计，更换电池全程只需6min，电池充满电仅需2h，整个充电过程零排放，可节省能耗40%以上。

从上述的三大自动化港口的AGV应用中我们可以发现，港口AGV应用的数量在不断增多，功能也在不断优化，这也印证了相关技术在不断成熟和发展。而除了以上这些港口码头，目前国内还有一些港口也相继开始了智能化升级建设，例如，天津港集装箱码头、广州港南沙四期等，值得注意的是，在广州港南沙四期工程中，将使用配备卫星导航定位、激光雷达SLAM、视觉SLAM等多传感器融合定位技术新一代的IGV（智慧导引车）。与此前使用AGV的自动化码头需要埋下上万个磁钉以提供导航定位、限定AGV行进路线相比，IGV的导航方式更加灵活，而这种智能、高效、低成本的方案也被认为是未来自动化码头发展的新方向。

问题：

（1）结合案例和实验分析港口使用AGV应考虑的主要因素。

（2）结合案例和实验，并进一步收集国内外资料，对比分析中国港口无人化技术水平的应用现状。

实验六　自动分拣设备应用实验

【实验准备知识】

分拣是指将货物按品种等规则进行分门别类放置的作业，是完善送货服务的准备性工作。自动分拣设备是支持配送中心实现自动化分拣货物的现代化设备，具有劳动生产率高、自动化程度高、技术密集、分拣能力强等优点，是现代物流中心不可缺少的先进设备，决定了物流中心的作业能力和作业规模，反映了物流技术水平的高低，是开展配送业务强有力的支撑。

一、自动分拣设备的特点

1. 能连续、大批量地分拣货物

由于采用大生产中使用的流水线自动作业方式，自动分拣设备不受气候、时间、人的体力等多方面的限制，同时由于自动分拣设备单位时间分拣货物数量多，其分拣能力往往是人工分拣的数倍。

2. 分拣误差率很低

分拣误差率的高低主要取决于所输入分拣信息的准确性，准确性又取决于分拣信息的输入机制。目前自动分拣设备主要采用条码技术识别货物。

3. 基本实现无人化作业

自动分拣设备能最大限度地减少员工的使用，减轻员工劳动强度。

二、自动分拣设备的构成

自动分拣设备主要由五个部分构成。

1. 设定装置

设定装置是在货物的外包装上贴上或打印上表明货物品种、规格、数量、货位、货主等信息的标签，目前条码形式应用最为广泛。

2. 控制装置

控制装置的作用是识别、接收和处理分拣信号，根据分拣信号的要求指示自动分拣装置对货物进行分拣。分拣信号通过光电识别和激光识别等多种方式输入到分拣控制系统中，分拣控制系统对这些分拣信号进行判断，决定分拣对象进入分拣道口的顺序。

3. 自动分拣装置

自动分拣装置根据控制装置传来的指令，对货物进行分拣。把货物输送到按照货物的类型、货主、尺寸、重量等分类的输送机分支或倾斜滑道上，完成货物的分拣输送。

4. 输送装置

输送装置的主要组成部分是传送带或其他种类的连续式输送机，其主要作用是使待分拣货物通过控制装置和自动分拣装置。在输送装置的两侧，一般要连接若干分拣道口，使按照种类分好的货物滑下主输送机（或主传送带），以便进行后续作业。

5. 分拣道口

分拣道口是已分拣货物脱离主输送机（或主传送带）进入集货区域的通道，一般由皮带、滚筒等组成滑道，使货物从主输送装置滑向集货站台，等待工作人员将该道口的所有货物集中后，完成组配装车并进行配送等作业。

以上五个组成部分有机组合在一起，配合相应的人工处理环节，构成一个完整的自动分拣作业系统。

三、常用自动分拣设备

（一）带式分拣机

带式分拣机是利用输送带载运货物完成分拣工作的机械设备。按输送带的设置形式分类，带式分拣机常分为平带式分拣机、斜带式分拣机和交叉带式分拣机。其中交叉带式分拣机是一种独特的分拣设备，由主驱动带式输送机和载有小型带式输送机的台车（简称小车）连接在一起，其驱动方式比较独特，每个货物拥有一个独立的分拣单元，直至分拣完毕。当小车移动到所规定的分拣位置时，转动皮带，完成把货物分拣送出的任务。因为主驱动带式输送机与小车上的带式输送机呈交叉状，故称交叉带式分拣机。交叉带式分拣机能实现货物自动对中，无落差分拣，分拣出口多，可左右两侧分拣，对货物无冲击，适宜分拣各类小件货物，如食品、化妆品等。交叉带式分拣机如图 6-1 所示。

（二）翻板式分拣机

翻板式分拣机由相互连接的翻板、导向杆、牵引装置、驱动装置、支撑装置等组成。当货物到达指定格口时，符合货物尺寸的翻板即受控倾翻，驱使货物滑入相应的格口中。翻板分拣机的适用范围大，可分拣箱类、袋类等货物，分拣能力较大，但占用场地较长。翻板式分拣机如图 6-2 所示。

图 6-1　交叉带式分拣机

图 6-2　翻板式分拣机

（三）浮出式分拣机

浮出式分拣机是把货物从主输送机上托起，进而将货物引导出主输送机的分拣机，它主要由两排旋转的滚轮组成，滚轮设置在传递带下面，滚轮接收到分拣信号后立即上升，使两排滚轮的表面高出主传送带，并根据信号要求向某侧倾斜，使原来保持直线运动的货物在一瞬间转向，实现分拣。浮出式分拣机对货物的冲击力较小，适合分拣底部平坦的纸箱、用托盘装的货物，但不能分拣很长的货物和底部不平的货物。浮出式分拣机如图 6-3 所示。

（四）悬挂式分拣机

悬挂式分拣机主要由输送轨道、驱动装置、张紧装置、夹钳等组成。分拣时，货物通过吊夹等带动货物沿轨道运行，到达指定位置时通过吊夹装置释放等方式将货物卸落到指定位置。悬挂式分拣机具有线路布置灵活、允许线路爬升等优点，较普遍用于服装、汽车等行业。悬挂式分拣机如图 6-4 所示。

图 6-3 浮出式分拣机

图 6-4 悬挂式分拣机

（五）滑块式分拣机

滑块式分拣机的传送装置是一条特殊的板式输送机，其板面用金属板条或管子组成，每块板条或管子上各有一枚导向块，能作横向滑动。导向块靠在输送机一侧，当被分拣货物到达指定道口时，控制器使导向滑块顺序地向道口方向滑动，把货物推入分拣道口，该类分拣机振动小、不损坏货物，适宜于分拣各种形状、重量不太大的货物，分拣能力最高可达 12000 件/h。

滑块式分拣机由于导向块可以朝双侧滑动，如同翻盘式分拣机一样，也可在两侧设置分拣道口，以节约场地空间。

四、自动分拣设备的适用条件

在应用自动分拣设备时一定要考虑以下适用条件。

1. 分拣量较大

自动分拣设备本身需要建设很长的机械传输线，还要有配套的机电一体化控制系统、计算机网络及通信系统等，系统不仅占地面积大，而且库内需要配备各种自动化的搬运设备，投资很大，投资回收期比较长，需要具有大量的稳定分拣货源。

2. 对货物外包装要求高

包装底部柔软且凹凸不平、包装容易变形、易破损、超长、超薄、超重、超高、袋装不能倾覆的货物不能使用普通的自动分拣机进行分拣。因此，为了使大部分货物都能用机械进行自动分拣，可以采取以下两种措施：一是推行标准化包装，使大部分货物的包装符合国家标准；二是根据所分拣的大部分货物的统一的包装特性定制特定的分拣机。

3. 配套设施齐全

自动分拣设备的优点是正确、迅速、分拣能力强；其缺点是分拣系统设施复杂，投资及营运成本较高，还需要与之相适应的外部条件，如良好的作业环境、完善的配套设施等。

五、自动分拣设备的选型原则

自动分拣设备是配送中心的重要生产工具，它的正确选用和合理使用，不仅能提高货物分拣效率和整个配送系统的自动化程度，而且是实现物流现代化和社会化的重要标志之一。因此，在选用自动分拣设备时，要根据配送中心的分拣方式、使用目的、作业条件、货物类别、周围环境等条件慎重、认真地选用，一般来说，应考虑以下几个原则。

1. 设备先进性

在当前高新技术不断发展的条件下，设备先进性是选用时必须考虑的因素之一，只有先进的自动分拣设备，才能很好地完成现代配送作业。否则，使用不久就要更新换代，很难建立起行之有效的配送作业体系。因此，在选用自动分拣设备时，要尽量选用能代表该类设备发展方向的机型。同时，应根据国内外实际水平和自身的现实条件，选用有效、能满足用户要求的设备。实际上，选用自动分拣设备就是选用那些已被实践证明技术成熟、技术规格和指标明确，并能在性能上满足要求的自动分拣设备。

2. 经济实用性

选用的自动分拣设备应具有操作性强、维修方便、安全可靠、能耗小、噪声低、成本低、能保证人身健康及货物安全等功能，并具有投资少、运转费用低等优点。只有这样，才能节省各种费用，提高经济效益。

3. 兼顾上机率和设备技术经济性

上机率是利用自动分拣设备作业的货物数量与该种货物的总量之比。追求高的上机率，必将要求上机分拣的货物的尺寸、质量、形体等参数尽量放宽，这将导致设备的复杂化、增加技术难度及制造成本、降低可靠性。反之，上机率过低，必将影响设备的使用效果，增加手工操作的工作量，既降低了设备的性能价格比，也使分拣作业的效益降低。因此，必须根据实际情况，兼顾上机率和设备技术经济性两方面因素，确定较为合理的上机率和允许上机货物参数。

4. 相容性和匹配性

选用的自动分拣设备应与系统其他设备相匹配，并构成一个合理的物流程序，使系统获得最佳经济效果。我国有个别配送中心购置了非常先进的自动分拣设备，但自动分拣货物与大量的人工装卸搬运货物极不相称，因而影响了自动分拣设备利用率的提高，整体综合效益也不好。因此，在选用时，必须考虑相容性和匹配性，使分拣与其他物流环节做到均衡作业，这是提高整个物流系统效率和保持货物配送作业畅通的重要条件。

5. 符合所分拣货物的基本特性

分拣货物的物理、化学性质及其外部形状、重量、包装等特性千差万别，必须根据这些基本特性来选择物流自动分拣设备，如浮出式分拣机只能分拣包装质量较高的纸箱等。只有这样才能保证货物在分拣过程中不受损失，保证配送作业的安全。

6. 适应分拣方式和分拣量的需要

分拣作业的生产效率取决于分拣量及设备自身的分拣能力，也与分拣方式密切相关。因此，在选择分拣设备时，首先要根据分拣方式选用不同类型的分拣设备。其次，要考虑分拣货物批量大小，若批量较大，应配备分拣能力高的大型自动分拣设备，并可选用多台设备；若批量较小，宜采用分拣能力较低的中小型自动分拣设备。

总之，选用自动分拣设备时，要做好技术经济分析，尽量达到经济合理的要求，同时，还要考虑分拣作业方式、作业场地及与系统匹配等综合因素，以保证分拣工作正常、安全运行，提高经济效益。

【实验报告】

自动分拣设备应用实验

一、实验目的

1. 了解滑块式自动分拣设备的基本结构。
2. 掌握滑块式自动分拣设备的基本性能参数。
3. 熟悉自动分拣设备运行效率的影响因素。
4. 掌握自动分拣设备控制系统的设计方法。

二、实验环境和设施设备要求

1. 设置1处滑块式自动分拣设备作业设施空间，要求具备3个及以上分拣道口，设备布局示意如图6-5所示。

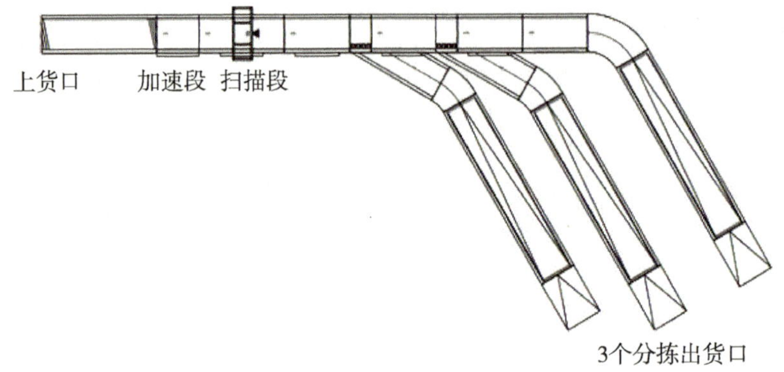

图6-5 设备布局示意

2. 5种以上模拟货物，包括1m以上的细长类货物；10个周转料箱，要求长、宽尺寸为600mm×400mm；不同规格瓦楞纸箱两类，其中一种瓦楞纸箱要求长、宽尺寸为600mm×400mm。

3. 条码打印机1台，长度测量器1个，计时器1个。

三、实验步骤

1. 观察自动分拣设备的组成，熟悉设备功能，掌握操作方法。

2. 进行分拣对象的准备，测量并记录分拣对象的重量、外形尺寸等特征参数值，结合设备运行要求，判断不同种类货物的分拣适用性。

3. 制作分拣对象的标识条码，对分拣对象在分拣道口的位置进行设定，并进行实际运行，记录运行时间，并对运行的效果进行评价。

4. 对比不同的货物信息标识方法，说明其对自动分拣作业的影响。

5. 对比分析采用周转料箱对自动分拣作业的影响。

四、实验报告题目

1. 通过观察滑块式自动分拣设备实际运行情况，分析分拣对象外形尺寸、重量等物理参数对设备的影响，总结该类设备的适用性。

2. 分析滑块式自动分拣设备工作过程中货物信息的采集录入方式及对工作效率的影响。

3. 结合实验测试数据，建立滑块式自动分拣设备的性能参数表。

4. 根据实验操作情况，并结合调查资料，总结分析影响滑块式自动分拣设备分拣效率的主要因素。

5. 如果邮包的分拣操作采用滑块式自动分拣设备，则对邮包的包装有哪些方面的技术要求？

6. 根据实验操作情况，并结合调查资料，说明机场行李自动分拣系统选型需要考虑的主要因素。

7. 根据实验操作情况，并结合调查资料，说明分拣道口设计需要考虑的主要因素。

8. 根据实验操作情况，并结合调查资料，说明自动分拣设备上的货物信息如果不能读取可以采取哪些措施进行处理。

9. 根据实验操作情况，并结合调查资料，说明自动分拣设备未来的主要发展趋势。

【案例分析一】

大件行李“累瘫”机场行李分拣系统

有报道称白云机场的行李分拣系统出现故障，致使某乘客从广州飞到重庆后，才发现行李还在白云机场未“飞”过去。记者采访了解到，原来前天广交会（中国进出口商品交易会）一期撤展，不少客商托运了很多大型行李，致使机场行李分拣系统“疲劳过度”而“罢工”，受影响的托运行李有千余件。

周先生搭乘广州飞重庆的航班，当他抵达重庆后才发现，本应与他“搭乘”同一航班的托运行李却依然在广州，被告知是因为白云机场的行李分拣系统出现了故障，因此托运的行李稍后才到。

机场工作人员告诉记者，白云机场的五级行李分拣系统中的第三级分拣系统出现了问题，第三级分拣系统的CT机（计算机断层扫描机）是用来分辨行李里的粉末、液体等物品是否具有危险性的。由于第三级分拣系统的CT机出现故障，无法对行李进行分拣，几乎所有行李都堆积在行李传送带上。

一名现场工作人员告诉记者，前一天刚好是广交会一期结束，不少客商都把样品或在广州购买的纪念品带回去，因此托运的行李非常多，而且不少是大型行李。行李太多了，分拣系统根本忙不过来，出现了信号错乱，机器的线板过热，最后还被烧掉了。为了不影响航班的正常起飞，被延误的行李将尽量安排在下一个航班再运送到目的地。

在发现行李分拣系统出现故障后，机场马上启动备用系统，把系统调整至自动模式，使行李达到第三级分拣系统时，转入另一通道，用人工操控X光机检查托运行李。行李通过安全检查后，航空公司就马上派出平板车把行李拖到飞机底下，再人工将其搬上飞机。

问题：

（1）结合实验操作及案例资料，说明大件行李的具体影响包括哪些。

（2）结合实验操作及案例资料，说明在应急条件下，人工操作应如何与自动分拣系统进行协同。

【案例分析二】

自动分拣技术保障永辉超市高效运行

永辉超市华西大区物流中心常温库面积为68000m^2，生鲜库面积为44000m^2。该中心第一期工程投资6亿元，中心的自动分拣线投资近3000万元。据永辉超市相关负责人介绍，2012年8月永辉超市新的物流中心正式投入使用，达到了支持华西大区（贵州、四川、重庆、西安）永辉超市100家门店的配送运行能力。

该物流中心的食品用品物流系统采用的是大福（中国）公司的自动分拣线系统。2013年，大福（中国）公司为永辉超市设计了这套系统，并于2014年2月开始运行。该物流中心的最大特点是主分拣线运行能力达1万箱/h，运行速度为145m/min。该物流中心整个输送线长达1800m，主分拣线长120m。2013年，该物流中心的配送金额已经达到33亿元。从货物的入库到出库，整个输送线发挥了强大的分拣、输送功能。

永辉超市物流中心的运作模式有两种，DC（入库）模式和TC（直通）模式。永辉超市物流DC模式即供应商把货送到永辉超市物流中心，永辉超市负责仓储管理，并根据门店的需要进行分拣送货处理。永辉超市物流TC模式即永辉超市各门店直接向供应商提供要货数据，供应商按数量将货物送到永辉超市物流中心，在物流中心直接分拣组合并发送到各个门店，这样就不必再进行库存处理。因此，该物流中心的自动分拣线根据规划设计了相应的入库系统，分别设置了DC投入口和TC投入口。通过入货区的4条输送线和仓库内的1条输送线输送TC商品。入货区的4条输送线以输送整箱货物为主，仓库内的1条输送线以输送库存拆零商品为主。

每个TC商品都有单独的TC标签当作“身份证”，以便分拣系统识别、高效分拣和方便门店的库存管理。DC库存区南北长160m，东西长270m，整体达到近1万个SKU（存货单位）。在DC库存区，根据永辉超市各门店的需求清单，物流中心向各供应商下单，供应商按单送货到配送中心，验收、上架到仓库指定位置。每天，各门店会向物流中心发送订货清单，第二天由物流中心统一配送订单货物。自从建立新的自动分拣线之后，永辉超市物流中心开始按批次进行作业以提高运行效率。首先，给货品建立总量分拣标签，以30家门店需求为单位，在仓库内整体拣货，然后全部放到输送线上进行自动分拣，把30家门店货品分别输送到指定道口。“绿人马达”是一种分拣线应用设备，它的功能是将输送线上的货品调整成等间距，保证货物能正确分拨到对应的道口。输送线上的拍照扫描仪保证输送线分拣的准确度。高速分拣区有30个道口可同时作业，分拣能力达1万箱/h。永辉超市物流中心自动分拣系统的监控平台保证了对整个输送线的宏观监控与管理。

永辉超市华西大区物流中心采用大福公司为其提供的自动分拣系统，可同时满足各门店的配送需求，不仅降低了人工成本、提高了托盘装载率，更大幅度提升了物流中心的配送效率。该物流中心的负责人表示，正是由于大福公司在国际上的良好口碑，以及大福中国提供的解决方案使永辉超市选择了大福，并取得了非常满意的效果。

问题：

（1）结合实验操作及案例资料，说明超市领域采用自动分拣系统带来的作业能力提升包括哪些部分。

（2）结合实验操作及案例资料，说明超市领域自动分拣系统选型和集成应用需要考虑哪些影响因素。

实验七　拣选系统应用实验

【实验准备知识】

配送业务目前已经成为物流运作的核心环节之一。随着配送商品品种日益增多，多品种、高频次的商品拣选作业得到迅速发展，拣选作业成为配送中心业务量最大、劳动强度最强、出错率最高的作业环节，因此根据不同的用户、不同的订单类型，出现了不同种类的拣选系统，并已经成为现代化物流配送中心的核心部分。根据采用的技术不同，拣选系统分为电子标签拣选系统、RF 拣选系统等类型。

一、电子标签拣选系统

（一）电子标签拣选系统的概念

电子标签拣选系统通过固定在货架上的电子标签分拣货物，由后台计算机系统控制的电子标签自动显示货物数量，拣选作业人员只需要按照数量提取货物并触动确认按钮就可以完成拣选工作，这是一种具有广泛用途的数字化拣选设备，无论是少量多品种、还是大量少品种，都可以实现拣选作业的自动提示和自动记录。电子标签拣选系统如图 7-1 所示。

图 7-1　电子标签拣选系统

（二）电子标签拣选系统的性能特点

1. 提高拣选速度及效率，降低拣选错误率

电子标签拣选系统借助明显易辨的储位视觉引导，可简化拣货作业为“看、拣、按”三个单纯的动作。缩短拣货人员思考及判断的时间，以降低拣错率，并节省拣货人员寻找货物存放位置所需的时间。

2. 提升出货配送物流效率

电子标签拣选系统可以实现快速拣选，极大地提高了拣选作业速度，缩短了出货配送作业的时间。

3. 降低拣选作业成本

除了提高拣选效率，因作业所需熟练度降低，人员无须特别培训即可上岗工作，操作简便，降低了人员拣选作业的综合成本。

二、RF（射频）拣选系统

RF（Radio Frequency）拣选系统是作业人员根据移动终端所指示的信息，使用手持设备识读信息完成拣选作业的方式。该类系统一般包括数据采集装置、无线发射器、转接器、无线接收器、数据显示器和计算器等。RF 拣选系统（手持部分）如图 7-2 所示。

采用 RF 拣选系统可以使拣选作业更加灵活，作业组织形式更加多样，为拣选作业的进行提供良好的技术保障，但是要求作业人员熟悉作业环境。

三、语音拣选系统

语音拣选系统是利用语音提示的方式辅助操作人员完成拣选任务。语音导向拣选车通过语音命令提示操作员将规定的产品数量“放”在每个容器中。然后，操作人员口头确认正确位置。语音拣选系统所用的拣选车一般是定制的，以满足特定应用的需要。语音拣选系统广泛应用于零售、冷链、第三方物流、食品饮料、电子、医药、服装等行业，该类系统可以使手部操作更加灵活，眼部的工作任务减少，因此具有更高的生产率、较好的准确性和灵活性。语音拣选作业如图 7-3 所示。

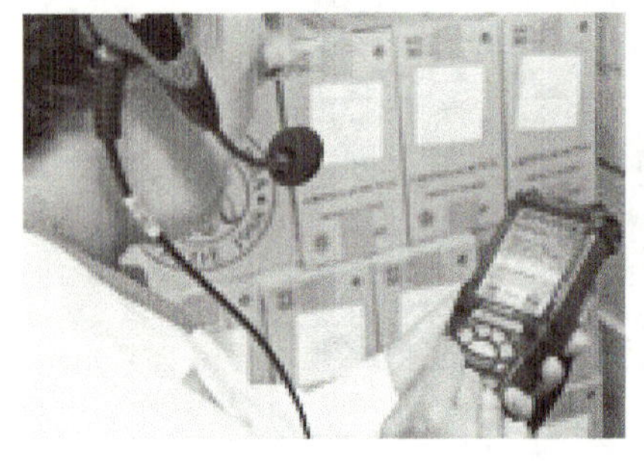

图 7-2　RF 拣选系统（手持部分）

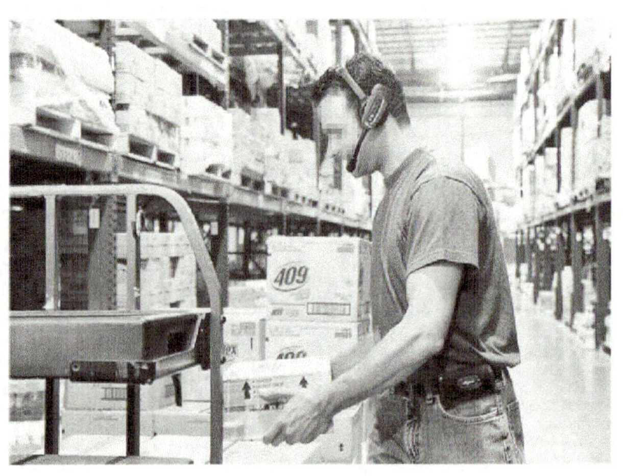

图 7-3　语音拣选作业

四、“货到人”拣选

“货到人”（Goods to Person/Goods to Man，G2P/G2M）拣选，即在物流拣选过程中，人不动，货物被自动输送到拣选人面前，供人拣选。“货到人”拣选系统主要由三部分组成，即储存系统、输送系统、拣选系统。其中储存系统又可分为 AS/RS、Miniload（以料箱储存为对象的 AS/RS 系统）、垂直旋转式货柜、Multi Shuttle（多层穿梭车）和移动机器人等。同时拣选工作站的设计非常重要，目前拣选工作站主要采用电子标签、RFID、机器人辅助等一系列技术。通过人机协作拣选方式，减少人员的无效走动时间，大幅度提升拣选效率。比如使用自主移动机器人的人机协作拣选，可以采用少量人员与多辆自主移动机器人配合，形成一人拣多车、一车对多人、人车协同、动态分区的智能接力拣选的模式，在提升拣选效率的同时也能提供最具性价比的高柔性智能拣选解决方案。移动机器人“货到人”拣选系统如图 7-4 所示。

五、拣选叉车

拣选叉车是一种适合拣选作业要求的专用叉车，按照作业高度可以分为低位拣选叉车和高位拣选叉车两种。拣选作业人员可以通过使用拣选叉车完成拣选作业。

（一）低位拣选叉车

低位拣选叉车是操作者可乘立在上下车便利的平台上拣选物料的拣选用叉车，一般乘立平台离地高度仅为 200mm 左右，支撑脚轮直径较小，仅适用于平坦路面上行驶。低位拣选叉车如图 7-5 所示。

图 7-4 移动机器人“货到人”拣选系统

图 7-5 低位拣选叉车

（二）高位拣选叉车

高位拣选叉车操作台上的操作者可与装卸装置一起上下运动，可以拣选储存在两侧货架内的物品。该类叉车的起升高度一般为 4~6m，最高可超过 13m，大大提高了仓库空间利用率。为保证安全，操作台起升时，只能微动运行。高位拣选叉车如图 7-6 所示。

六、拣选策略

拣选策略是影响拣选作业效率的重要因素，对不同的订单需求应采取不同的拣选策略。

1. 分区策略

分区就是将拣选作业场地进行区域划分，按分区原则的不同，有以下几种分区方法。

（1）货物特性分区：根据货物自身性质将不同货物分类、分区域进行存储，以保证货物的品质在储存期间保持稳定。

图 7-6　高位拣选叉车

（2）拣选单位分区：根据拣选单位进行区域划分，如箱式货物拣选区、单品拣选区等，其目的是使装卸搬运、储存与拣选作业进行协同考虑。

（3）拣选方式分区：根据货物分拣次数和数量要求，进行 ABC 分类，然后选用合适的拣选设备和分拣方式进行分区布局。

2. 订单分割策略

当订单上订购的货物种类较多或是拣选系统要求及时处理时，为使其能在规定时间内完成拣选作业，可将订单分成若干子订单交由不同拣选区域同时进行拣选作业。这种将订单按拣选区域进行分解的过程叫订单分割。

订单分割一般是与分区相对应的，对于采用分区的配送中心，其订单处理过程的第一步就是要按区域进行订单分割，各拣选区子订单拣选完成后，再进行订单的汇总。

3. 订单分批策略

订单分批是为了提高拣选作业效率而把多张订单集合成一批，进行批次作业，其目的是缩短拣选时平均行走搬运的距离和时间。订单分批的基本方法如下。

（1）总合计量分批。

总合计量分批是合计拣选作业前所有累积订单中每一种货物的总量，再根据这一总量进行拣选作业以将作业路径减至最短，同时储存区域的储存单位也可以单一化，但需要有功能强大的分类系统来支持。这种方式适用于固定点之间的周期性配送，例如可以将所有的订单在中午前收集整理，下午集中进行分类拣选工作。

（2）时窗分批。

时窗分批是在作业过程中设定固定时窗间隔时间，如 5min 或 10min，再将此时窗中所到达的订单合成一批，进行批量作业。这一方式常与分区及订单分割联合运用，特别适合到达时间短而平均的订单类型。

（3）固定订单量分批。

固定订单量分批是按先到先处理的基本原则，当累计订单量到达设定的数值时，开始进行拣选作业。这种订单处理方式更注重维持较稳定的拣选作业批次工作量。

（4）智能路径型分批。

智能路径型分批是将订单汇总后经过较复杂的优化计算，将拣选作业路径相近的订单分成一批同时处理，可以缩短拣选行走距离，提高作业效率。

【实验报告】

拣选系统应用实验

一、实验目的

1. 理解拣选作业的基本特点。
2. 掌握不同拣选系统的特点和所需要的基本设备。
3. 掌握电子标签拣选系统的基本性能参数。
4. 熟悉影响拣选系统应用效率的主要因素。
5. 掌握基于订单及货位分布情况的拣选系统配置方法。

二、实验环境和设施设备要求

1. 设置一处拣选作业设施空间，空间中配置电子标签拣选系统一套，包括两排、六列、三层的货物拣选区域，编号设定为区域一；RF拣选系统一套，包括两排、六列、三层的货物拣选区域，编号设定为区域二；语言拣选系统一套，包括两排、六列、三层的货物拣选区域，编号设定为区域三；“货到人”拣选系统一套，包括一个固定拣选作业工位，编号设定为区域四。

2. 不同种类的货物若干，要求每个储存货位都有不同种类的货物。

3. 低位拣选叉车一台；手推车一台。

4. 拣选任务单一套，任务单中作业位置按照四位定码方式（也可以选择三位定码方式）确定仓储位置，四组数字分别代表货架区编号、排编号、列编号、层编号。

可以采用如表7-1至表7-5所示的拣选任务单。

表7-1　　拣选任务单一

订货方	宏大公司	作业时间	
货物名称	货物数量	作业位置	备注
A1	2	1-2-6-1	袋装
B1	5	1-1-3-1	—
C1	6	1-2-2-2	—
D1	4	1-1-2-3	—
E1	7	1-2-5-2	—
F1	5	1-1-4-3	—
G1	1	1-2-6-3	—
H1	3	1-1-5-3	—

表 7-2 拣选任务单二

订货方	兴昌公司	作业时间	
货物名称	货物数量	作业位置	备注
A2	8	2-1-1-2	—
B2	4	2-2-3-1	—
C2	5	2-1-4-3	—

表 7-3 拣选任务单三

订货方	大华公司	作业时间	
货物名称	货物数量	作业位置	备注
A3	8	3-1-1-1	袋装
B3	5	3-2-2-3	—
C3	3	3-2-1-1	—
D3	5	3-2-2-3	—
E3	1	3-1-1-1	—

表 7-4 拣选任务单四

订货方	星宇公司	作业时间	
货物名称	货物数量	作业位置	备注
A4	10	4-1-3-1	—
B4	5	4-2-2-3	—
C4	9	4-1-1-1	—

表 7-5 拣选任务单五

订货方	华盛公司	作业时间	
货物名称	货物数量	作业位置	备注
A1	5	1-2-6-1	袋装
B1	6	1-1-3-1	—
C2	5	2-2-6-1	—
D2	6	2-1-3-1	—
C3	3	3-2-1-1	—
D3	5	3-1-2-3	—
E3	6	3-2-4-1	—
B4	8	4-1-2-3	—
C4	5	4-2-1-1	—

针对拣选设备的特点，配置相应的拣选作业管理系统，可以满足上述拣选订单的作业要求。

5. 计时器一个。

三、实验步骤

1. 学生使用手推车作为拣选车，在拣选区域一熟悉电子标签拣选系统的设备操作，并按照表7-1的要求完成拣选任务单一规定的拣选任务，并记录作业时间，统计各个拣选动作的时间构成。

2. 学生使用手推车作为拣选车，在拣选区域二熟悉RF拣选系统的设备操作，并按照表7-2的要求完成拣选任务单二规定的拣选任务，并记录作业时间，统计各个拣选动作的时间构成。

3. 学生使用手推车作为拣选车，在拣选区域三熟悉语言拣选系统的设备操作，并按照表7-3的要求完成拣选任务单三规定的拣选任务，并记录作业时间，统计各个拣选动作的时间构成。

4. 学生在拣选区域四熟悉“货到人”拣选系统的设备操作，并按照表7-4的要求完成拣选任务单四规定的拣选任务，并记录作业时间，统计各个拣选动作的时间构成。

5. 学生按照表7-5的要求完成拣选任务单五规定的拣选任务，并记录作业时间，统计各个拣选动作的时间构成。

6. 将手推车更换为低位拣选叉车，重复步骤1~3规定的拣选任务，对比两种方式的作业效率。

7. 关闭拣选区域一内的电子标签拣选系统，学生使用手推车作为拣选车，按照表7-1的要求完成拣选任务单一规定的拣选任务，并记录作业时间，统计不使用拣选系统的条件下，各个拣选动作的时间构成。

8. 观看国外配送中心的拣选系统作业视频，进行不同类型拣选作业的对比分析。

四、实验报告题目

1. 结合实验中拣选作业的情况，说明人工拣选条件下作业时间主要花费在哪些基本操作上。

____

____

____

____

2. 结合实验中拣选作业的情况，说明使用电子标签拣选系统时拣选作业时间主要消耗在哪些基本操作环节中。

____

____

3. 通过观察电子标签拣选系统实际运行情况，建立电子标签拣选系统的性能参数表，并说明关键参数数值。

4. 结合实验中拣选作业的情况，说明使用 RF 拣选系统时拣选作业时间主要消耗在哪些基本操作环节中。

5. 结合实验中拣选作业的情况，说明使用语音拣选系统时拣选作业时间主要消耗在哪些基本操作环节中。

6. 结合实验中拣选作业的情况，说明使用“货到人”拣选系统时拣选作业时间主要消耗在哪些基本操作环节中。

7. 结合实验中拣选作业的情况，说明拣选货物的存储位置对拣选作业效率有何影响，以及可以采取的储存货位优化策略。

8. 结合实验中拣选作业的情况和拣选作业特征，对比分析采用播种式拣选和摘果式拣选方式时设备选型和集成应考虑的主要影响因素。

9. 结合实验中拣选作业的情况和拣选作业特征，说明采用手推车、拣选叉车等作为拣选作业工具时，通过配置哪些功能可以提高拣选作业效率。

10. 结合实验中拣选作业的情况，思考如图 7-7 所示的移动式拣选电子标签（可以根据需要在储存货架上使用，通过无线通信交互与拣选系统构成电子标签拣选系统）主要适合哪些场合使用。

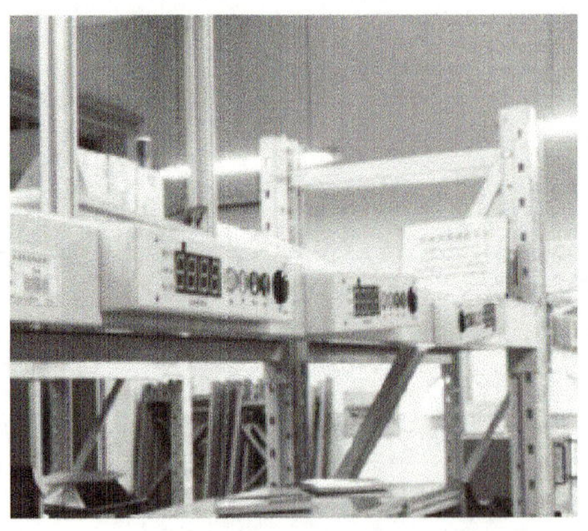

图 7-7　移动式拣选电子标签

11. 结合实验中拣选作业的情况和拣选作业特征，总结电子标签拣选系统通过增加显示颜色等功能是否可以提升拣选效率。

12. 结合实验中拣选作业的情况和拣选作业特征，总结说明拣选作业中评价拣选订单作业强度的主要影响因素和具体计量方法。

13. 结合实验中拣选作业的情况和拣选作业特征，总结说明拣选路径的设计应考虑哪些影响因素。

14. 结合实验中拣选作业的情况和拣选作业特征，总结说明拣选作业中确定订单分批策略时应考虑哪些影响因素。

15. 结合实验中拣选作业的情况和拣选作业特征，总结说明货物品类、数量对拣选作业策略和拣选设备选择的影响。

16. 结合实验中拣选作业的情况和拣选作业特征，思考针对拣选作业人员制定额定工作量（单位时间内所完成的拣选工作量）应考虑哪些因素。

____

____

____

____

17. 结合实验中拣选作业的情况和拣选作业特征，总结说明拣选系统的发展趋势。

____

____

____

____

【案例分析一】

盒马的 90 后拣货小哥，最多时一天走五万多步

盒马的 90 后拣货员陈某是盒马莱蒙都会店的一名员工，平均每天都要走三万多步，最高一次是在门店大促销活动中，公司钉钉运动排行榜排到了全公司第一，达到 56780 步，相当于步行四十多千米，差不多就是一场马拉松。

每天三万多步是他的日常，手持一个 RF 设备，上面随时都会收到周边 3km 范围内顾客从盒马 APP 上下单的数据，接到指令之后，立刻在脑海中闪过路线图，随后迈开步子，在卖场里自己负责的区域飞奔拣货，把货放到袋子里，通过悬挂链传到打包区。因为盒马要求 30min 送达，留给拣货的时间只有 3min，所以每天他都像“超级玛丽”，在和时间赛跑。要在两三分钟内完成一单商品拣选，需要对商品陈列和店内的动线非常熟悉，哪里是生鲜区域，水果蔬菜在哪里，早就已经烂熟于心。

商品被陈某这样的拣货员完成拣货之后，在盒马莱蒙都会店的一楼将商品装在银色的箱子中，不断经由升降传送带从地下一楼的仓库中被运出。这些商品已按照订单分拣完成，配送员已经在门口集结，只需要将对应的箱子固定在电瓶车上。仅莱蒙都会店的配送员就有 100 多人，到用户楼下时，配送员再从箱子中取出商品二次分拣。从后台分拣到出库，所花时间需要被控制在 10min 以内。

6000m^2 的店面按照冷冻、休闲、联营等区域划分，因为陈某年轻、体力好，他负责前场的拣货，而前场大约有 1000 多个 SKU 的商品，因此不经意间成就了这个“马拉松小王子”。像他这样的拣货员店里前场加后场总共有 22 个人。

每天一场马拉松是种什么体验？陈某笑着说：“刚来的时候觉得有点累，还瘦了几斤，最近又胖回去了，可能是公司食堂福利比较好吧，所以走路能减肥什么的，好像也没啥道理。”

陈某说："高中时体育非常好，最爱的项目是足球。因为每天走路太多，在盒马三个月时间里一双运动鞋鞋底已经脱胶，现在都是两班倒，早上 7 点到下午 1 点，或者中午 12 点到晚上 9 点，工作时脚确实比较疼，我还在淘宝上下单了一个脚部按摩仪。"

陈某说自己每天接单件数超过 60 单，也有很多特殊的订单，最具挑战性的商品是冰激凌，为了避免天气炎热冰激凌化掉，让顾客吃上口感更好的冰激凌，他会跑得更快一些。上个月因为后场没有矿泉水了，只能从前场调货，他突然在设备上接到了 86 瓶矿泉水的订单，他立刻找准货物目标，将它们全部推到打包车里。

问题：

(1) 结合实验操作及案例资料，前往盒马门店进行实际调研，说明其拣选系统的基本构成。

(2) 结合实验操作及案例资料，总结说明在门店进行拣选作业时为提高拣选效率可以采取哪些手段。

【案例分析二】

极智嘉（Geek+）"货到人"拣选工作站新升级

极智嘉正式发布智能升级版"货到人"拣选工作站，如图 7-8 所示，全新交互方式通过投影功能助力拣选操作，可以避免常规拣选工作站作业时拣选员的走动消耗，使整体工作效率较常规工作站进一步提升 30%，较传统人工仓效率提升 4 倍，最大化提升拣选效率和操作舒适度。

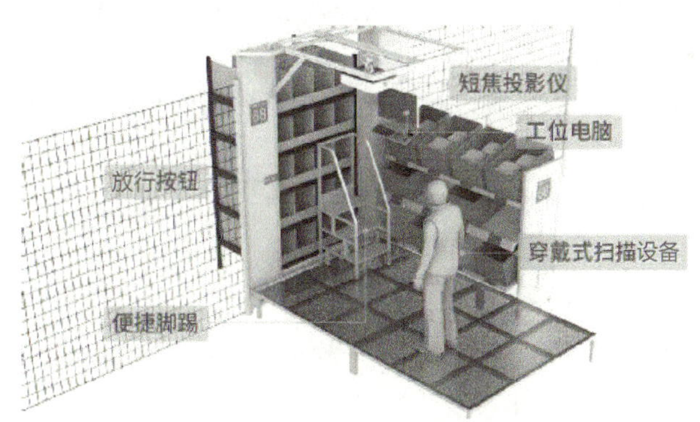

图 7-8 "货到人"拣选工作站

升级后的"货到人"拣选工作站拥有诸多创新优势。首先，短焦投影仪能第一时间帮助拣选人员定位拣选格口，需拣选商品及数量直接投影至实体货架挡板上，操作人员无须进行分屏确认，即见即拿，快速定位拣选。这不仅大大提高了拣选人员的工作顺畅度，还大幅度降低了现场作业的安全隐患。其次，通过投影功能助力拣选，作业步骤较传统"货到人"拣选减少了 1/3。

此外，极智嘉全新“货到人”拣选工作站的穿戴式扫描设备替换常规手持 RF 设备，可消除频繁取放 RF 设备的动作，解放双手，增加作业人员使用其他设备的可拓展性，也提升了作业安全指数；同时搭配放行按钮，轻轻一按即可一键放行，操作起来方便、友好。

基于极智嘉全新“货到人”拣选工作站的综合优势，国内某知名三甲医院已将其成功引入。工作站落地运行后，该医院日常人工拣选效率较常规拣选工作站再提升 30%，相较此前人工拣选效率提升了 4 倍，人力成本降低了 80%，准确率高达 99.99%，轻松应对高峰配送业务需求。某医院实际操作场景如图 7-9 所示。

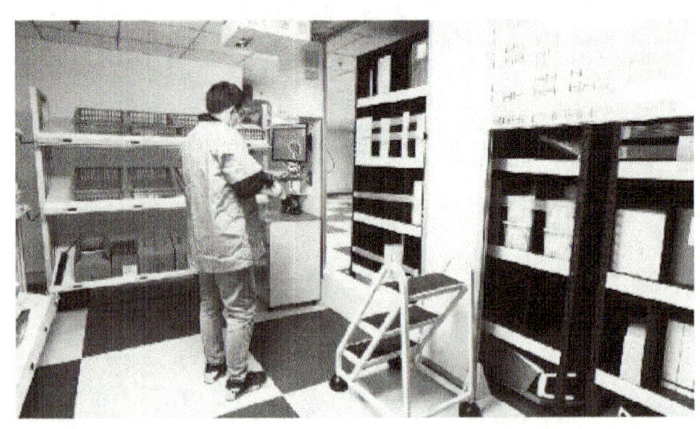

图 7-9　某医院实际操作场景

极智嘉全新“货到人”拣选工作站的发布再一次印证了极智嘉坚持技术创新、解决客户痛点、引领行业发展的决心。极智嘉创始人兼拣选与智能仓负责人表示：“全新一代的拣选工作站设计是以交互为出发点，以人为本，满足了客户作业舒适度的同时，大大提高了拣选效率。让产品去适配场景，切实解决客户痛点，这是极智嘉引领的优势。”

问题：

（1）结合实验操作及案例资料，说明极智嘉“货到人”拣选工作站的优势和特点。

（2）结合实验操作及案例资料，总结说明提升“货到人”拣选系统作业效率可以采取哪些措施。

【案例分析三】

费斯托亚太物流中心用 AutoStore 系统（一种自动存储系统）智能交付自动化产品

费斯托（Festo）成立于 1925 年，聚焦工业自动化领域，为全球超过 35 个行业、30 多万客户提供约 30000 种产品、定制组件等相关服务，产品和系统解决方案包括气缸和电缸、伺服控制器、阀岛、接头、传感器、连接技术、抓取和装配技术等。

凭借产品的优秀质量与实用功能，费斯托深受众多细分行业客户信赖。此外，费斯托不断完善供应链系统，以满足全球顾客在交期、成本、服务等方面的价值诉求。

2021 年 4 月，费斯托在中国山东济南全面运营全球生产中心；同期，在位于亚太贸易枢纽的中国上海，费斯托成立亚太物流中心，并于 2021 年 9 月投入运行，作为全球供应链的重要枢纽。费斯托大中华区物流部总监介绍道，“费斯托亚太物流中心是费斯托全球生产和物流布局的重要组成部分，可以让全球生产的产品快速交付到亚太区域的客户手中，同时把中国生产的产品快速交付到亚太区域和欧美区域的市场。”

在现代化仓库中，存储和拣选是两大重要功能，存储和拣选设备往往要优先选择和确定。在物流中心设计之初，费斯托充分考虑到所存储产品 SKU 繁多、存储量大、吞吐量高的特点，并结合大、小订单包装和海内外发货需求，计划引进一套全自动化、高存储密度、高拣选效率的设施系统。经过多次方案比对之后，费斯托决定采用瑞仕格(Swisslog) 集成的以 AutoStore 系统为核心的解决方案，以实现物流中心的高效空间利用与快速订单履约。

费斯托亚太物流中心仓储功能区分为两层：一楼设置为收货区和发货区；二楼部署 AutoStore 系统设施，配备了 59 台机器人小车、16 套高速旋转式工作站台、15.8 万个存储料箱，以及箱式输送线、托盘输送机和托盘提升系统（负责楼层间转运）。二楼的 AutoStore 系统设施区为存储和拣选区，占地约 3300m^2。费斯托亚太物流中心的订单拣选工作站如图 7-10 所示。

图 7-10　费斯托亚太物流中心的订单拣选工作站

AutoStore 的货格、料箱、移动机器人、拣选站及控制系统和管理软件，都为实现自动化密集存储和高效拣选发挥着重要作用。

1. 密集存储，模块化搭建

由于 AutoStore 存储区采用网格式货格结构，料箱只需在对应货格的垂直方向上进行上下堆叠，再由移动机器人伸缩提升带在对应货格内进行料箱抓取，无须预留和设置巷道，因而节省了空间。在占地仅约 3300m^2、高度仅为 7.5m 的空间内，可存储 15.8 万个标准存储料箱。相比传统存储方式，在同等存储量条件下，存储面积节省 70%，真正实现了空间高效利用。

模块化的设计，易于搭建和扩展，系统安装如同搭建乐高玩具一样，只需要对标准结构进行简单搭扣和螺丝固定，即可保证整体结构的精准和稳固，实施过程精准高效。

2. 高效拣选，精准协同

AutoStore在无需巷道的情况下，实现了高密集的存储，那么拣选工作该如何进行呢？答案就在货格上方运动的机器人身上。

原则上，相对低动量SKU的存储料箱会放在货格内较低的位置，而相对高动量SKU的存储料箱会放在货格内较高的位置，以实现较高的拣选效率。在订单下发后，AutoStore控制系统会将任务分配给移动机器人和拣选站台，多台移动机器人可以自动进行任务分配，共同完成多个订单拣选。机器人能够自动到达料箱所处的货格位置，释放提升带抓取料箱，将料箱搬运至拣选站位置，再通过提升带向“货到人”拣选站台位置释放出料箱以供拣选。机器人自动拣选目标料箱的整个过程，均由瑞仕格SAP EWM（扩展仓库管理）和AutoStore的控制系统完成，机器人运行速度高达3.1m/s，两车运行的最小间距仅为10mm。

3. 定制SAP EWM智能履约

作为业内首个提供AutoStore与SAP EWM连接方案的系统集成商，瑞仕格为费斯托亚太物流中心定制了一套SAP EWM系统。该系统与客户上位管理系统无缝衔接，实现仓库管理中设备、人员和任务的高效协同，进而实现快速的订单拣选和订单履约。

在费斯托项目中，瑞仕格提供的AutoStore系统解决方案具备高度标准化、模块化特点，拥有众多优势。AutoStore系统灵活适用于不同高度空间，搭建工期短，部件易于更换和维修，系统运行能耗低，系统易于拓展和升级。另外，当有小车需要维修时，仅需单独处理该车体，不影响整体系统运行。

瑞仕格集成的AutoStore系统解决方案，将帮助更多企业在保持产品高质量的同时，实现更高的交付效率和更有竞争力的客户体验，不断创造价值。快速响应全球订单需求，要求缩短采购和客户服务周期。费斯托亚太物流中心通过AutoStore系统，实现有限空间内的密集存储，节约了土地和能耗。自动化的拣选，减少了人力重复劳动和人力成本，改善了员工工作环境，减少了人为操作失误，在缩短客户等待周期的同时，提高了交付可靠性。

问题：

（1）结合实验操作及案例资料，总结说明AutoStore系统给企业带来的优势。

（2）结合实验操作及案例资料，查阅相关的AutoStore系统资料，总结该系统的适用范围。

【案例分析四】

北京金文天地信息咨询有限公司语音拣选系统应用

北京金文天地信息咨询有限公司的语音拣选系统具有较强的实践教学应用功能。该公司语音拣选系统作业可以分为三个步骤：第一步，操作员听到语音提示后知晓一个巷道号和货位号；第二步，操作员走到语音提示位置，再次确认信息后，操作系统会告知其所需选取的商品和数量；第三步，操作员从货位上拿取商品，然后进入下一个流程。

整个操作过程非常简单便捷，对操作员的口语没有特殊要求，语音技术可以准确地识别各类语音。语音技术的应用可以加快工作速度，提高工作效率和准确率。

该系统在实践过程中可以根据作业要求，添加操作人员信息及相关的设备信息。人员信息添加界面如图 7-11 所示。

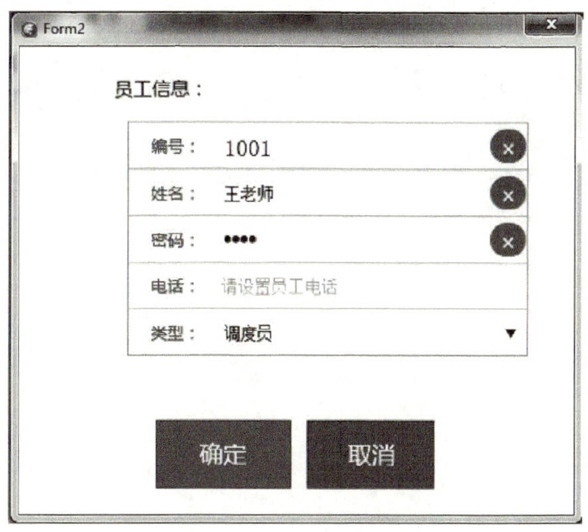

图 7-11 人员信息添加界面

在管理员权限下可以对供应商信息、物资基础信息进行维护，供应商信息、物资基础信息维护界面如图 7-12 所示。

管理员权限能够定义货位信息，通过“货架管理”菜单可以选择货位，货位管理界面如图 7-13 所示。

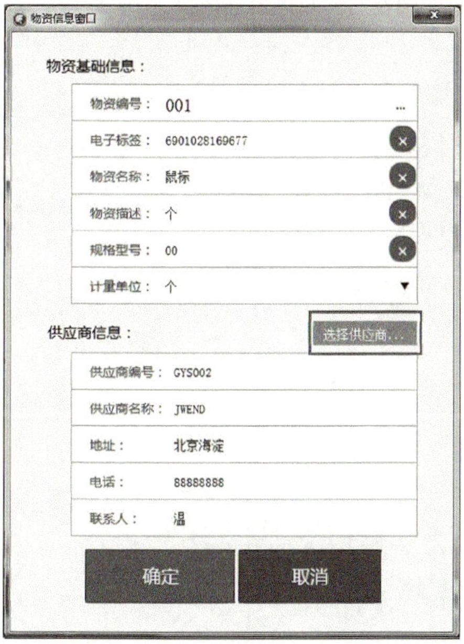

图 7-12 供应商信息、物资基础信息维护界面

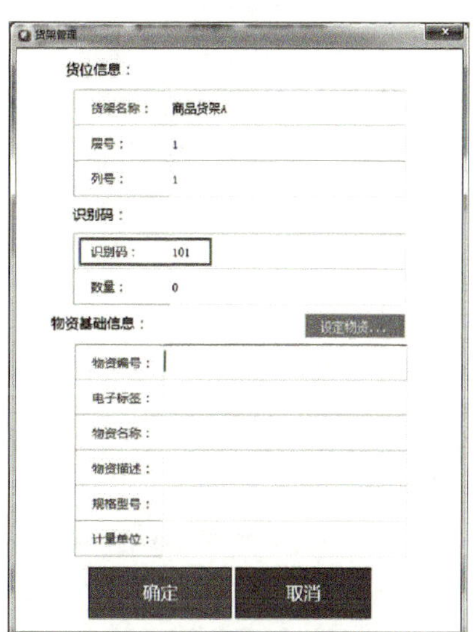

图 7-13 货位管理界面

通过系统的货位管理功能可以设置货位识别码，识别码按照层列信息进行编制，例如，选择的货位是1层1列，可以设置识别码为101；如果货位是2层3列，识别码设置为203；以此类推。如果有改造类项目，则可以根据系统的原有编码规则进行信息转化。

在“商品出库管理”菜单中添加出库货物信息，添加出库货物信息界面如图7-14所示。

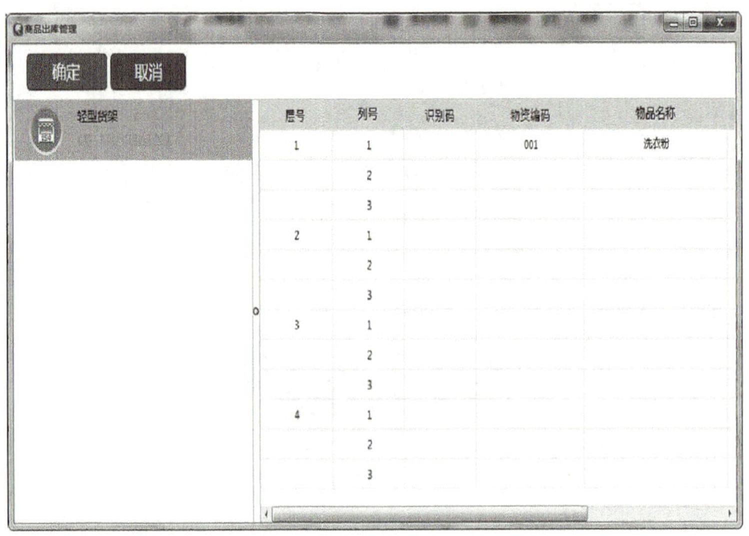

图7-14　添加出库货物信息界面

确认订单后，可以下发指令给操作员，下发指令给操作员界面如图7-15所示。

图7-15　下发指令给操作员界面

系统会根据储存位置下达指令，明确地址和数量信息，操作员会按照指示进入预定区域，系统下达指令界面如图7-16所示。

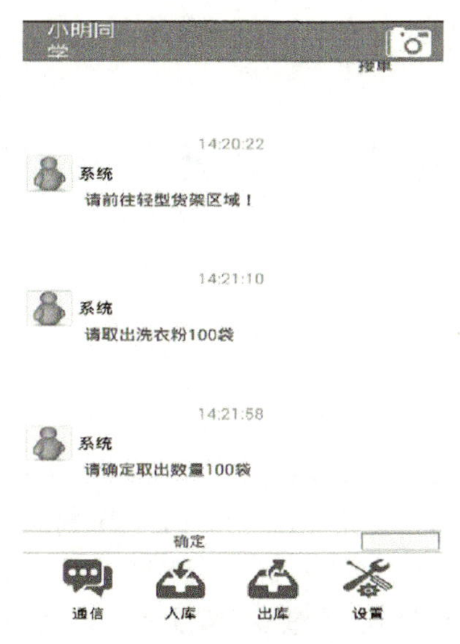

图 7-16 系统下达指令界面

操作员按照指令信息完成作业后可以通过拣选终端进行上报，并继续选择执行下一条作业指令。

问题：

(1) 结合实验操作及案例资料，总结分析如果利用语音拣选系统改造传统仓库，应开展哪些基础准备工作以保证操作的准确性。

(2) 结合实验操作及案例资料，分析语音拣选系统工作状态下可能会受到哪些因素的干扰，应如何避免该类现象发生。

实验八　冷链物流实验

【实验准备知识】

一、冷链物流概述

根据国家标准《物流术语》（GB/T 18354—2021）定义，冷链是指根据物品特性，从生产到消费的过程中使物品始终处于保持其品质所需温度环境的物流技术与组织系统。冷链物流的适用范围包括初级农产品（蔬菜、水果、肉、蛋）、水产品、花卉产品、加工食品（速冻食品、包装熟食等）、冰激凌和奶制品、快餐原料、特殊商品（药品）等。

二、干冰

干冰是固态的二氧化碳，干冰的蓄冷能力是水冰的 1.5 倍以上，吸收热量后升华成二氧化碳气体，无任何残留、无毒性、无异味，有灭菌作用。它受热后不经液化，而是直接升华。由于干冰的温度非常低，温度为-78.5℃，因此经常用于物体需保持冷冻或低温状态的场景。

干冰的使用范围广泛，在卫生、工业、餐饮等领域有大量应用。龙虾、蟹、鱼翅等海产品冷冻冷藏时，干冰不会化水，较水冰冷藏更清洁。在冷藏运输领域，干冰可以用于血浆、疫苗等特殊药品的低温运输，电子低温材料、精密元器件的长短途运输，以及牛羊肉食品的保鲜运输等。

在实验过程中使用干冰应注意以下问题。

（1）拿取干冰一定要使用厚棉手套、夹子等阻隔物，要注意塑胶手套不具阻隔效果。

（2）使用干冰的场所要通风良好，操作人员切忌与干冰同处于密闭空间。

（3）干冰不能与液体混装。

三、风幕柜

风幕柜的制冷原理是利用冷气从背部吹出，让冷气均匀覆盖风幕柜各个角落，以达到产品保鲜的效果，风幕柜外形如图 8-1 所示。

风幕柜正常设定的温度在 2~8℃，在超市里主要存放酸奶、牛奶，真空包装的肉食、水果等，不适合存放裸装食品。风幕柜参数主要包括外形尺寸、功率及冷却温度等。使用风幕柜时应注意保养，放置货物须注意均匀布局，避免层板受力不均导致变形。夜间停业时应把夜幕帘拉下。

四、冷藏车

冷藏车是用来运输冷冻或保鲜货物的封闭式厢式运输车，是装有制冷机组的制冷装置和聚氨酯隔热厢的冷藏专用运输汽车，常用于运输冷冻食品（如冷冻车）、奶制品

（如奶制品运输车）、蔬菜水果（如鲜货运输车）、疫苗药品（如疫苗运输车）等。冷藏车由专用汽车底盘的行走部分，隔热保温厢体（一般由聚氨酯材料、玻璃钢组成）、制冷机组、车厢内温度记录仪等部件组成，对于特殊要求的车辆，如肉钩车，可加装肉钩、拦腰、铝合金导轨、通风槽等选装件。冷藏车如图 8-2 所示。

图 8-1 风幕柜外形

图 8-2 冷藏车

选择冷藏车应该考虑以下几个方面。

（1）密封性。冷藏车的货柜需要密封减少与外界的热量交换，以保证冷藏柜内保持较低温度。

（2）制冷性。加装的制冷设备与货柜连通并制冷，保证货柜的温度在货物允许的范围内。

（3）隔热性。冷藏车的货柜与集装箱类似，但由隔热效果较好的材料制成，减少了热量交换。

冷藏车根据箱体的温区数量分为单温区冷藏车和多温区冷藏车两类。其中多温区冷藏车主要考虑一次性运输多种温度货物的作业需求；多温区冷藏车的原理是将厢体进行分区，每个区可设定不同温度满足不同种类货物的使用需要，增加应用范围，同时还避免了单温区冷藏车中常见的半仓状态，避免了资源的浪费，减少了运输成本。

五、冰盒

冰盒的外壳一般为塑料材料，里面装有制冷剂，干净无毒，保冷性能好，可反复使用。冰盒的可塑性好，冷冻后形变较小，其有效使用冷容量为冰的 3~5 倍，可代替冰作为热交换载体，使用时需放置冰箱冷冻。冰盒使用时可以先放入冰箱冷冻室充分蓄冷，待冷冻后取出使用。冰盒如图 8-3 所示。

六、冰袋

冰袋是冷链物流运作过程中起冷藏作用的一种小型袋状产品。按照使用次数冰袋可以分为一次性冰袋和可重复使用冰袋两类，并可以根据需要确定不同的尺寸规格。冰袋内一般注有蓄冷凝胶颗粒、干冰等介质，其中生物冰袋的主要成分是高分子聚合物的吸

图 8-3　冰盒

水树脂，具有冷容量大、无毒、无味的特点。冰袋一般用于短时间内保鲜蔬菜、水果、饮料的冷藏需要，使用方便、卫生，用途广泛。目前冰袋在电子商务物流，特别是快递领域应用较广。冰袋如图 8-4 所示。

图 8-4　冰袋

七、保温箱

保温箱是冷链物流运作过程中使用的具有保温性能的箱式器具。保温箱根据产品质地不同分为塑料保温箱、泡沫保温箱、金属保温箱和木制保温箱等各种类型。保温箱使用方便、移动性强，同时可以根据需要配置温湿度记录仪、RFID 识别芯片、定位系统等部件，实现温度监测、报警、分析、定位、跟踪、下载数据、蓝牙打印等多种功能。可以根据需要定制保温箱的外形尺寸和内部空间，满足物品的存储需要。针对医药用品等特殊需要，保温箱可以设定必要的温控性能指标，并采用冰盒等制冷措施，满足 72h 以上的温度控制需求。医药保温箱如图 8-5 所示。

八、冷库制冷系统

作为冷库的核心组成部分，冷库制冷系统由多种设备组成，主要包括蒸发器、压缩机、冷凝器、油分离器等。在大多数冷库内，基本都是通过设备制冷，利用汽化温度很低的液体作为制冷剂，使其在低压下汽化，吸收冷库内的热量，从而达到冷却降温的目的。由于冷库类型多样，不同货物所需的温度需求也有所差异，不同制冷系统所耗费能源也不相同，所以选用合适的制冷系统显得尤为重要。在做制冷系统规划和选型时，需要充分考虑冷库所处环境、所存货物、冷库规模和性质、技术条件等因素，更要对所选技术的特点有所掌握。

在目前我国的冷库中，制冷剂主要分为氨、氟利昂和二氧化碳，每种制冷剂都各具特点。例如氨对臭氧层危害小、容易获取、价格低廉、压力适中、单位制冷量大、放热系数高、几乎不溶解于油、流动阻力小；缺点是对铜及铜合金有腐蚀作用，有刺激性臭味、有毒、易燃易爆，一旦泄漏，危害极大。氨制冷机组如图 8-6 所示。

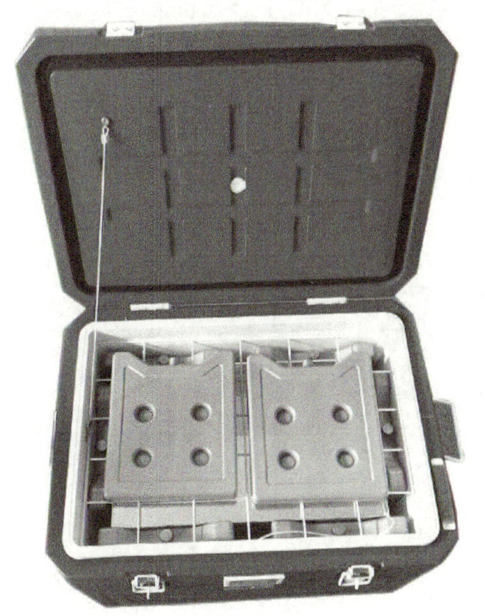

图 8-5 医药保温箱

图 8-6 氨制冷机组

氟利昂在常温下为无色、无味气体，易挥发，介电常数低、临界温度高、易液化、溶于油，无毒或低毒，化学性质稳定，但对大气臭氧层破坏严重。目前，氟利昂系列冷媒一部分已禁用，一部分限制使用。

二氧化碳是一种天然制冷剂，具有高密度和低黏度，其流动损失小、传热效果良好，制冷能力大，并且费用低、易获取、稳定性好、安全无毒、不可燃，缺点是运行压力高，需专业维护。

在衡量制冷剂时，除了考虑安全性外，绿色环保也是衡量的重要因素，臭氧层消耗潜能（ODP）和全球变暖潜能（GWP）是两个关键性考核指标。氟利昂由于对环境的破坏作用而不被人看好，氨的 ODP 和 GWP 都为 0，二氧化碳的 ODP 为 0、GWP 为 1，这两种制冷剂对环境的影响相对小，也是当今较为热门的制冷剂。目前国内外还是以氨制冷系统为主，并且技术相对成熟，但由于国内近些年发生的氨冷库重大事故，人们更多将重心放在二氧化碳制冷上，开发新型的二氧化碳制冷技术也成为冷冻冷藏行业的研究重点。

国内外对二氧化碳在低温制冷系统中的应用研究多为复叠系统、双级增压系统和载冷系统。相对于这些系统，开发一种结构更简单、运行效率更高的二氧化碳制冷系统，将成为研究趋势。

九、冷库监控系统

冷库是一个复杂的物流系统，因此需要对其运行进行实时监控，配置相应的监控设备。冷库监控系统主要的检测功能包括实时监测冷库内温度及湿度情况，为管理者提供冷库温度、湿度管理数据；实时监测库内毒气体散发情况，确保人员安全；实时监测并记录冷库内的人员进出、储藏物品情况，防止人员冻伤；实时监测冷库内的货物存储情况，防止出现货物损坏等异常现象。通过使用该类系统可以实时了解设备运行状态、提高冷库安全性、提升设施运行效率、降低冷库管理的人工成本。冷库监控系统框架如图 8-7 所示。

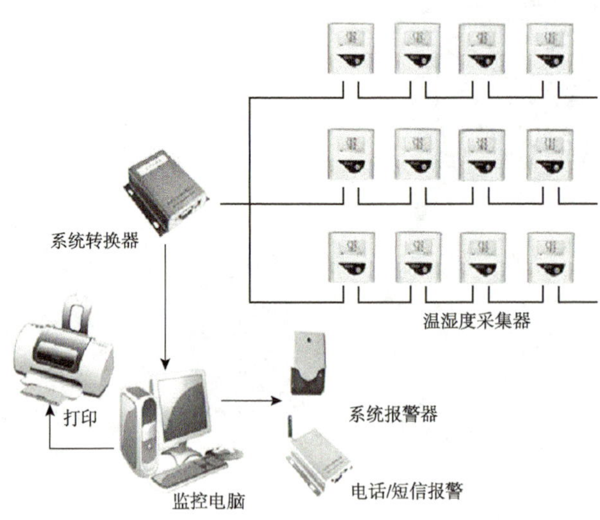

图 8-7　冷库监控系统框架

【实验报告】

冷链物流实验

一、实验目的

1. 了解冷链物流中典型设备的功能及应用。
2. 通过实验操作掌握干冰等冷却材质的性能。
3. 根据包装运输的冷链要求设计具体的技术方案。
4. 熟悉不同种类的冷却方式的特点。
5. 掌握不同制冷形式的冷库制冷的特点和监控系统功能。
6. 熟悉冷藏车的主要性能参数。

二、实验环境和设施设备要求

1. 设置1套模拟冷库，要求内部可以安装冷库监控系统，并进行实际货物的冷却操作。

2. 干冰、水冰1kg以上，并配备操作的夹取器具。

3. 风幕柜1组，具备3层以上的存储空间。

4. 冷藏车模型1个，内部可以放置模拟货物。

5. 塑料保温箱5个，可以利用冰盒进行制冷，要求具备箱内温度检测、显示和RFID识别等功能；为配合冰盒使用，要求配备制冷用冰箱1个。

6. 泡沫保温箱5个，生物冰袋20个。

7. 移动式温度测量器1个，测量范围为-20~50℃，可以满足接触式测量要求；测试用计时器1个。

8. 液体类饮料10瓶。

9. 带有保温层的珍珠棉包装材料若干。

三、实验步骤

1. 分别以干冰、水冰为冷却介质，在保温箱内对常温饮料进行降温实验，测试并记录其温度变化情况。

2. 改变干冰的包装和使用条件，观察并记录干冰挥发速度等性能参数。

3. 分别以冰盒、冰袋为冷却介质，在塑料保温箱内对常温饮料进行降温实验，测试并记录其温度变化情况。

4. 分别以冰盒、冰袋为冷却介质，在泡沫保温箱内对常温饮料进行降温实验，测试并记录其温度变化情况。

5. 在泡沫保温箱内，利用珍珠棉包装材料包裹低温饮料，测试并记录其温度变化情况。

6. 利用风幕柜进行常温饮料冷却，测试并记录其温度变化关系。

7. 利用模拟冷库存储常温饮料，通过冷库监控系统测试冷库内的温度、湿度，测试并记录常温饮料温度变化关系。

8. 利用冷藏车模型装载模拟货物，测试其内部温度变化情况。

四、实验报告题目

1. 根据实验操作情况，对比分析水冰为冷却介质的特点，并说明适用范围。

2. 结合实验实际测试数据，说明影响干冰制冷效果的主要因素，并简要说明控制干冰升华、提高干冰冷却效果的措施。

3. 结合实际实验测试数据，说明影响冷藏箱保温效果的主要因素。

4. 结合实际实验测试数据，说明风幕柜基本性能参数及适用范围。

5. 结合实际实验测试结果，总结分析在全流通过程中可能遇到的断链风险，以及对运作质量有影响的因素，并简述应采取的保护措施。

6. 根据实际实验测试结果，结合市场调查分析数据，进行具体的冷链运作成本核算，定性说明采用冷链运作所增加的物流运作费有哪些。

7. 根据实际实验测试结果，以果子冷藏存储为例，分析其长时间存储所需具备的基本条件，并说明应采用的主要设施设备。

8. 根据实际实验测试结果，说明冷库温度控制系统的基本组成及仓库温度测试点的选择影响因素。

9. 根据实际实验测试结果，结合冷链企业实际调研情况，总结分析冷链物流中温度对设备和人员的影响。

10. 根据实际实验测试结果，结合冷链企业实际调研情况，总结说明疫苗等特殊药品在配送过程中需要满足的基本要求及可以采取的措施。

11. 通过使用隔温板可以将冷藏车分为不同的冷藏区域，从而可进行相关的温度设置，如常温区、制冷区，也可以将制冷区分为不同的温度阶层，不同产品储存在相应的温度区域，从而实现不同区域不同温度产品的混装。车用隔温板如图8-8所示，请分析隔温板的适用范围。

图 8-8　车用隔温板

____

____

____

____

【案例分析一】

麦当劳的冷链物流

1990年，中国的第一家麦当劳餐厅在深圳开张。就在许多人还没听过“物流”这个词的时候，麦当劳已将世界上最先进的物流模式带进了中国。一天的繁华喧嚣过后，来自麦当劳物流中心的大型白色冷藏车悄然停在门店前，卸下货物后很快又开走。尽管一切近在眼前，但很少有人能透过这个场景，窥视到麦当劳每天所需原料所经历的复杂“旅程”，这些产品究竟如何保持新鲜，又是怎样在整条冷链中实现平滑无隙的流转的呢？

在麦当劳冷链物流中，质量永远是权重最大、被考虑最多的因素。麦当劳重视品质的精神，在每一家餐厅开业之前便可见一斑。餐厅选址完成之后，首要工作是在当地建立生产、供应、运输等一系列保障体系，以确保餐厅得到高品质的原料供应。无论何种产品，只要进入麦当劳的采购和物流链条，必须经过一系列严格的质量检查。

麦当劳使用的鸡蛋由专业养鸡厂提供，经过特殊的消毒工序，以杀灭鸡蛋表面对人体有害的沙门氏菌。麦当劳的供应商必须在鸡蛋产下来 3 天内将鸡蛋运到工厂，按标准检测鸡蛋的大小、新鲜度，然后清洗、消毒、打油（起保护膜的作用）、冷藏保存。麦当劳还要求餐厅在鸡蛋冷藏条件下，45 天内用完，以保持新鲜美味。

麦当劳对于质量的敏感，源于其对市场走向的判断。消费者对食品安全的要求越来越高，低价竞争只能对供应链产生伤害，价格竞争会被质量竞争所取代。为此，麦当劳愿意在别人无暇顾及的领域付出额外的努力。

比如，麦当劳要求，运输鸡块的冷冻车内温度需要达到−22℃，并为此统一配备价值 53 万元的 8t 标准冷冻车，全程开机。同样的旅程，用 5t 的平板车盖上棉被一样可以操作，成本可以节省一半以上。但是，麦当劳对于这种可能影响最终产品质量的行为坚决禁止。打个比方，在麦当劳看来，冰激凌化了之后再冻上，就不是冰激凌了，只能算是牛奶和冰晶的混合体。其物流供应商这样形容麦当劳的立场。正如餐厅并不是麦当劳的全部，运输中的质量控制，只是麦当劳冷链物流的冰山一角，在它的后面，有技术先进的食品加工制造商、包装供应商及分销商等构成的采购网络支撑，更有遍及世界各地的运销系统承载，还有准确快速的财务统计及分析软件助阵。

1. 麦当劳和夏晖——独特的外包模式

随着商品流通市场买方地位的日益增强，消费者的选择越来越多，流通链也越来越长，麦当劳要求夏晖提供一种网络化的支持，这种网络能够覆盖整个国家或者整个地区，不同环节之间需要高效的无缝对接。与麦当劳合作了多年的夏晖，流通网络的整合能力得到了长足进步，拥有其他公司不可匹敌的经验。即便如此，对于夏晖来说，在中国完成这项工作也不是轻而易举的。在北京、上海、广州这些大城市，至今也没有形成网络化的物流系统。从批发站订购货品然后用面包车运送，还是很多企业通用的方法。在这种单批量送货模式下，不仅无法保障产品的质量，还有可能导致物流市场的低价竞争。夏晖的一名物流经理对此颇有感触。他认为这种低价竞争会给中国的物流市场带来很大的压力。

而麦当劳对物流服务的要求是比较严格的。在食品供应中，除了基本的食品运输，麦当劳要求物流服务商提供其他服务，比如信息处理、存货控制、贴标签、生产和质量控制等诸多方面，这些“额外”的服务虽然成本比较高，但它使麦当劳在竞争中获得了优势。“如果你提供的物流服务仅仅是运输，运价是 4 角/t，而我的价格是 5 角/t，但我提供的物流服务当中包括了信息处理、贴标签等工作，麦当劳也会选择我做物流供应商的。”为麦当劳服务的一位物流经理说。

另外，麦当劳要求夏晖提供一条龙式物流服务，包括生产和质量控制在内。这样，在夏晖设在中国台湾的面包厂中，就全部采用了统一的自动化生产线，制造区与熟食区加以区隔，厂区装设空调与天花板，以隔离落尘，易于清洁，应用严格的食品与作业安全标准。所有设备由美国 SASIB 公司（一家专注于开发新技术和特殊产品的公司）专业设计，生产能力每小时 24000 个面包。在专门设立的加工中心，物流服务商为麦当劳提供所需的切丝、切片生菜及混合蔬菜，拥有生产区域全程温度自动控制、连续式杀菌及水温自动控制功能的生产线，生产能力为1500kg/h。此外，夏晖还负责为麦当劳上游的蔬果供应商提供咨询服务。

2. 餐厅与物流中心——精细有序的对接

在餐厅一端，是麦当劳的采购工作。餐厅经理需要接受一项专门的培训——对销售量、进货量和库存量进行预测。这项复杂而琐碎的工作，也是他们每天的必修课。

在以周为单位的进货周期中，餐厅经理需要预先估计安全库存，在每周二与配销中心联系，对冷藏货下订单。麦当劳认为，订货量太多太少都是不允许的，过多会增加成本，积压资金，使产品品质下降；不足则会使营业额和利润下降，并对公司信誉和员工士气产生不利影响，紧急订货成本就会上升。订单被配销中心接受之后，周三、周五分批进货。餐厅订货组要按时完成盘存报告，这份报告包括货品的编号、名称、计算单位、库存，货品盘点表，每日送货及退货单、损耗表，产品销售日报表、周报表、月报表，员工餐饮单，餐厅调拨单等。每天，餐厅经理都要把订货量与进货周期进行对照，一旦发现问题，立刻进入紧急订货程序。虽然紧急订货不被鼓励，但一经确认，2h后货品就会被送到餐厅门口。

送货和接货也有固定的程序和规范。在货物装车之前，必须根据冷冻货对温度的敏感程度，按照由外向里分别是苹果派、鱼、鸡、牛肉、薯条的顺序装车；接货时，则要对这些情况进行核查。接货的检查项目包括提前检查冷藏和冷冻库温是否正常，记录接货的时间和地点，检查单据是否齐全，抽查产品的接货温度，检验产品有效期（包括估计是否有足够的使用时间），检查包装是否有破损和污染，糖浆罐是否溢漏，二氧化碳罐压力是否正常，最后才是核对送货数量，签字接收。及时响应麦当劳餐厅的需求，则是物流供应商发挥的特有作用。物流中心的一切管理工作细致有序，先进的设备也为物流质量提供了必要的保障。

麦当劳利用夏晖设立的物流中心，为其各个餐厅完成订货、储存、运输及分发等一系列工作。这个物流中心恰似一个具有造血功能的“心脏”，每时每刻不断地向分布于大江南北的各家麦当劳餐厅输送着“新鲜血液”，使整个麦当劳系统得以正常运作，通过它的协调与链接，使每一个供应商与每一家餐厅达到畅通与和谐，为麦当劳餐厅的食品供应提供最佳的保证。夏晖在北京、上海、广州都设立了食品分发中心，同时在沈阳、武汉、成都、厦门建立了卫星分发中心和配送站，与设在中国香港和中国台湾的分发中心一起，斥巨资建立起全国性的服务网络。

例如，为了满足麦当劳冷链物流的要求，夏晖公司在北京地区投资5500多万元人民币，建立了一个占地面积达12000m^2、拥有世界领先的多温度食品分发物流中心，其中干库容量为2000t，里面存放麦当劳餐厅用的各种纸杯、包装盒和包装袋等不必冷藏冷冻的货物；冻库容量为1100t，设定温度为-18℃，存储着派、薯条、肉饼等冷冻食品；冷藏库容量超过300t，设定温度为1~4℃，用于生菜、鸡蛋等需要冷藏的食品。冷藏库和常温库设备都是从美国进口的，设计精细，目的是最大限度地保鲜。在干库和冷藏库、冷藏库和冷冻库之间，均有一个隔离带，用自动门控制，以防止干库的热气和冷库的冷气互相干扰。干库中还设计了专用卸货平台，使运输车在装卸货物时能恰好封住对外开放的门，从而防止外面的灰尘进入库房。该物流中心并配有多种温度控制的运输车40余辆，中心还配有电脑调控设施用以控制所规定的温度，检查每一批进货的温度。从设立以来，夏晖设在北京的物流中心已向麦当劳餐厅运送货物近千万箱。

3. 冷链管理秘诀——标准化与跟踪

餐厅与物流中心之间的精细对接，只是麦当劳冷链物流顺畅流转的前提，要在操作中保证一切不出纰漏，标准化和跟踪技术至关重要。在食品供应链管理中，安全性和稳定性日益受到企业的关注。供应链的链条越来越长，安全体系则越来越薄弱，在几万家麦当劳餐厅组成的大家族中，任何一家餐厅发生食品安全问题，对全球的麦当劳餐厅都会造成无可挽回的伤害。冷链物流中的标准化，正是麦当劳如履薄冰、力图将危机扼杀在萌芽之中而采取的手段。

麦当劳的冷链物流标准，涵盖了温度纪录与跟踪、温度设备控制、商品验收、温度监控点设定、运作系统SOP（标准操作规程）的建立等方面。即便是在手工劳动的微小环节，也有标准把关，比如一台8t标准冷冻车，装车和卸车的时间被严格限制在5min之内，根据货品的需要，还会使用一些专用的搬运器械，以避免在装卸过程中出现意外的损失。在中国，麦当劳还考虑应用中国制定的物流业服务标准和技术标准，以便把工作细化到MRP（物料需求计划）或者VMI（供应商管理库存）系统的各个节点，进而对整个流程实施控制和跟踪。

有了这些标准，麦当劳的下一项工作就是对所有产品实施在途跟踪。坐在办公室中的物流经理，怎么知道货车发出之后货物是否处在冷冻状态？身处在低价竞争的市场环境，这种担心并非多余。一台8t标准冷冻车的冷机价值48万元，运作500h之后就必须进行一次大修，不少企业在这种情况下选择了“偷工”，货车从北京出发到上海，只有一头一尾的冷机是开放的，中间的冷机则被关闭。由于唯一的证据就是油耗，几乎没人能知道中间发生的故事。可有了温度跟踪和货物跟踪，一切便变得完全透明。

夏晖在中国并没有使用昂贵的跟踪手段，而是选择了一种类似于民航飞机上黑匣子的技术。借助该技术不仅可以记录车的位置，也可记录车的状态。只要在事后打开记录，有关车的发停时刻、温度变化等数据就会尽收眼底。

在不少企业还把标准化和跟踪系统当作一种技术来处理时，麦当劳已经利用它们构建起了一套有效的食品安全管理系统。在麦当劳看来，凡是在生产、储存过程中有要求的地方，不论普通食品还是冷冻食品，都应该设置标准。麦当劳还积极引入一套由美国食品物流协会开发的认证体系，并希望把这种标准逐步扩展到整个食品行业。

问题：

（1）请结合实验操作和案例介绍，总结企业在食品冷链运作过程中主要考虑哪些影响因素。

（2）请结合实验操作和案例介绍，总结分析冷链物流系统所带来的成本增长主要体现在哪些方面，同时带来的竞争优势有哪些。

【案例分析二】

冷链标准：《食品安全国家标准 食品冷链物流卫生规范》

国家卫健委、市场监督管理总局于2020年9月11日联合发布《食品安全国家标准 食品冷链物流卫生规范》（GB 31605—2020）。食品冷链物流是指以温度控制为主要手段，使食品从出厂后到销售前始终处于所需温湿度范围内的物流工程。冷链物流过程中的环节，包括入库交接、出库交接和配送交接等。

1. 标准的适用范围

该标准分为九个部分，内容包括范围、术语和定义、基本要求、交接、运输配送、储存、人员和管理制度、追溯及召回、文件管理方面的要求和管理准则。该标准适用于各类食品出厂后到销售前需要温度控制的物流过程，可与相关食品安全标准和生产经营规范联合使用。

2. 标准的特点及重点内容

（1）对食品冷链物流过程中所需的设施设备、警示标识、检查记录、信息化系统管理、温湿度要求等提出了具体要求。如冷库、运输工具等设施设备应配置温湿度监测、记录、报警、调控装置，监控装置应定期校验并记录；设施设备应易于清洗、消毒、检查和维护；冷库门应配备限制冷热交换的装置，并设置防反锁装置和警示标识。

（2）细化了冷链运输中的交接、运输配送、储存、人员和管理制度。例如：要求交接环境应符合食品安全要求，并建立清洁卫生管理制度；交接时应检查食品状态，并确认食品物流包装完整、清洁、无污染、无异味；交接时应确认食品种类、数量、温度等信息，确认无误后尽快装卸，并做好交接记录。

（3）强化对食品冷链物流过程中温度的控制。标准对温度的限值作了具体规定：需温湿度控制的食品在物流过程中应符合其标签标示或相关标准规定的温湿度要求；需冷冻的食品在运输、储存过程中温度不应高于-18℃；需冷藏的食品在运输、储存过程中温度应在0~10℃。为确保冷链食品达到标准规定的温度限值，标准还对冷链物流过程中交接、运输配送及储存过程中的温度控制措施提出具体规定，对交接过程的温度控制措施是交接时应测量食品外箱表面温度或内包装表面温度，并记录；如表面温度超出规定范围，还应测量食品中心温度；交接时应严格控制作业环境温度并尽量缩短作业时间，以防止食品温度超出规定范围，如无封闭月台，装卸货间隙应随时关闭厢体门；交接时应查验运输工具环境温度是否符合温控要求；入库和配送交接时，还应查验全程温度记录；出库交接时，还应查验在库温度记录；当温度或食品状态异常时，应不予接收。

（4）重视疫情防控管理。食品冷链物流关系到疫情防控的具体对策，故在防止食品污染的基础上增加了疫情防控相关要求。此标准结合食品冷链物流的特点，围绕避免食品交叉污染、保护作业人员、落实企业主体责任三个方面，在基本要求、交接、运输配送、储存、人员和管理制度、追溯及召回、文件管理方面，补充了有关公共卫生事件的应对措施及要求。标准对疫情防控的基本要求是当食品冷链物流关系到公共卫生事件时，应及时根据有关部门的要求，采取相应的预防和处置措施，对相关区域和物品按照有关要求进行清洗消毒，对频繁接触部位应适当增加消毒频次，防止与冷链物流相关的人员、环境和食品受到污染。对食品冷链物流的具体环节，标准要求应进行食品外包装及交接用相关用品用具的清洁和消毒；增加对运输工具的厢体内外部、运输车辆驾驶室等的清洁消毒频次，并做好记录；加强对货物转运存放区域、冷库机房的清洁消毒频次，并做好记录；根据岗位需要做好人员健康防护；对受污染的食品应按照有关部门的要求进行处置；文件管理应按照有关部门的要求执行等。

（5）与有关食品安全标准相衔接。该标准是针对冷链物流过程提出的要求，因食品冷链物流过程也是食品经营过程的一部分，对食品冷链物流过程如无特殊食品安全要求的部分，符合《食品经营过程卫生规范》（GB 31621—2014）中的相关规定即可。

问题：

（1）请结合实验操作和案例介绍，进一步查阅相关资料，总结说明该标准执行在食品冷链物流领域带来的影响。

（2）请结合实验操作和案例介绍，总结分析食品冷链物流的特征。

【案例分析三】

冷链规划：《“十四五”冷链物流发展规划》（节选）

加强冷链物流技术基础研究和装备研发。聚焦冷链物流相关领域关键和共性技术问题，部署国家级技术攻关，加强冷链产品品质劣变腐损的生物学原理及其与物流环境之间耦合效应、高品质低温加工、高效节能与可再生能源利用、环保制冷剂及安全应用、冷链安全消杀等基础性研究，夯实冷链物流发展基础。在“十四五”国家重点研发计划中支持冷链物流相关技术研发，从源头提升我国冷链技术装备现代化水平。

完善冷链技术创新应用机制。强化企业创新主体地位，打造以企业为主体、市场为导向、产学研用深度融合的冷链物流技术装备创新应用体系。支持企业与高等院校、科研机构、行业协会等共建冷链技术装备创新应用平台，结合市场需求，聚焦果蔬预冷、速冻、冷冻冷藏、冷藏运输与宅配、冷链信息化智慧化等应用场景，集中优势力量，开展冷链装备研发和产业化应用。

专栏7冷链物流设备更新工程：引导国家骨干冷链物流基地、产销冷链集配中心等优先推广应用分级预冷装置，大容量冷却冷冻机械。鼓励冷链物流企业使用节能环保多温区冷藏车，推广新型保鲜减震包装材料、多温区陈列销售设备，提高冷链物技术装备现代化水平。

问题：

（1）请结合实验操作和案例介绍，并进一步查阅相关资料，总结上述规划中强调的技术应用特征。

（2）请结合案例介绍，总结和分析未来冷链物流技术的发展趋势。

实验九　连续输送设备应用实验

【实验准备知识】

连续输送设备是沿着一定的输送路线运输货物的机械设备，在现代物流系统中，特别是在港口、车站、配送中心内，承担大量货物的连续输送任务，同时也是现代化立体仓库中重要的辅助设备，负责连接主要的功能区域。连续输送设备种类多样，主要包括辊子输送机、带式输送机、链式输送机和顶升移载机。

一、辊子输送机

辊子输送机是由一系列以一定间距排列的辊子组成的用于输送成件货物或托盘货物的输送机械。与其他种类的连续输送设备相比，辊子输送机具有结构简单、运行可靠、维护方便、可输送高温物品、节能等特点，适用于各类箱、包、托盘等货物的输送，散料、小件物品或不规则的物品需放在托盘上或周转箱内输送。辊子输送机的种类较多，是目前物流系统中常用的一种连续型传输设备，该类设备按照动力形式进行分类可分为无动力式辊子输送机和动力式辊子输送机。

1. 无动力式辊子输送机

无动力式辊子输送机自身无驱动装置，辊子转动呈被动状况，货物依靠人力、重力或外部推拉装置移动。无动力式辊子输送机如图 9-1 所示。

无动力式辊子输送机有水平和倾斜两种布置形式。采用水平布置形式时依靠人力或外部推拉装置移动货物，人力推拉装置用于货物重量较轻、输送距离较短、使用不频繁的场合，外部推拉装置一般采用链条牵引、胶带牵引、液压气动等方式，可以按要求的速度、方向移动货物，便于控制运行状态，用于货物重量较大、输送距离较长、工作比较频繁的场合。采用倾斜布置形式时依靠货物重力进行输送，结构简单，经济实用，但不易控制货物运行状态，货物之间易发生撞击，不宜输送易碎货物，一般适用于重力式高架仓库及工序间短距离输送。

2. 动力式辊子输送机

动力式辊子输送机本身有动力装置，辊子转动呈主动状态，可以严格控制货物运行状态，按规定的速度精确、平稳、可靠地输送货物，便于实现输送过程的自动控制。其动力装置有单独驱动装置与成组驱动装置，前者的每个辊子都配有单独的驱动装置，便于拆卸和维护；后者是若干辊子作为一组，由一个驱动装置驱动，从而降低设备造价。

单链弯道动力式辊子输送机是最常用的动力式辊子输送机，它承载能力大，通用性好，布置方便，对环境适应性强，可在经常接触油、水及湿度较高的地方工作。但在多尘环境中工作时链条容易磨损，高速运行时噪声较大。单链弯道动力式辊子输送机如图 9-2 所示。

图 9-1 无动力式辊子输送机

图 9-2 单链弯道动力式辊子输送机

二、带式输送机

带式输送机是以封闭无端的输送带作为牵引和承载构件的连续输送货物的机械设备，主要用于水平方向或坡度不大的倾斜方向连续输送散粒货物，也可用于输送重量较轻的大宗成件货物。带式输送机输送线路可以呈水平、倾斜布置或在水平方向、垂直方向弯曲布置，因而受地形条件限制较小。带式输送机的特点是输送距离远，输送能力强，生产率高，结构简单，基建投资少，营运费用低，工作平稳可靠、操作简单，易实现自动控制，安全可靠。正是由于其优越的特点，其应用场合遍及仓库、港口、车站、工厂、矿山、建筑工地等，但带式输送机不能自动取货，当货流方向等变化时，需要重新布置输送线路。

1. 带式输送机的基本结构

带式输送机一般都由输送带、驱动装置、托辊、张紧装置和换向装置等组成。带式输送机如图 9-3 所示。

图 9-3 带式输送机

（1）输送带。

输送带用于传递牵引力和承载被运货物，因此，要求它具有较高强度，较好的挠性，重量小，延伸率小，吸水性小，不易分层，耐磨。常用的输送带有橡胶带、钢带、网状钢丝带、塑料带等类型。

（2）驱动装置。

驱动装置是将牵引力通过滚筒等部件传递给输送带，使其能承载并运行的装置。驱动装置主要由电动机、传动系统、驱动滚筒等部分组成。

（3）托辊。

托辊是用于支承输送带及被运货物，托辊的质量影响胶带的使用寿命和胶带的运行阻力。

（4）张紧装置。

张紧装置的主要作用是补偿输送带的伸长量，防止输送带运行打滑。

（5）换向装置。

换向装置是用来改变输送方向的装置。

2. 特殊类型的带式输送机

（1）窄带输送机。

窄带输送机的主要特点是输送带宽度比较窄，容易张紧，多条窄带并行可以形成较大的运输平面，适合运输玻璃等面积较大的货物。窄带输送机如图 9-4 所示。

（2）伸缩带式输送机。

伸缩带式输送机由多段传输设备组合而成，在非工作状态下，可以缩短整机尺寸，节约作业场地，常用于物流中心、机场、化肥厂、面粉厂、食品厂、饮料厂、轮胎厂等地的货物装车或卸车。伸缩带式输送机如图 9-5 所示。

图 9-4　窄带输送机

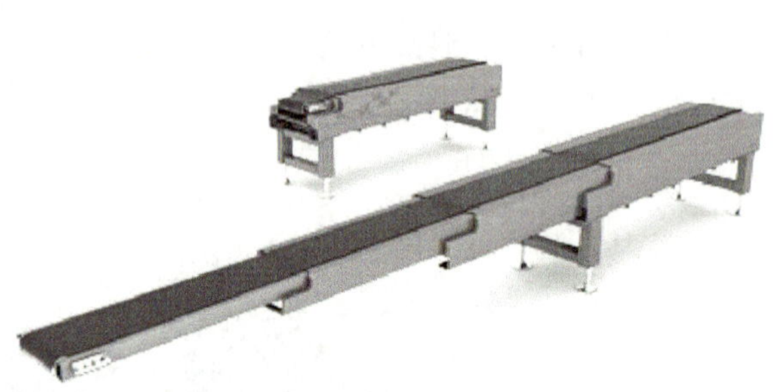

图 9-5　伸缩带式输送机

伸缩带式输送机非常适合车辆的月台装卸作业，可以有效缩短人工往返搬运物料的距离，缩短装卸时间，降低劳动强度，减少货品损耗，降低装卸成本，提高工作效率。

（3）移动带式输送机。

移动带式输送机是在普通带式输送机上加装移动机构，可以实现作业地点的动态变化，适合机场等物流作业场合不断变化的场景。移动带式输送机如图 9-6 所示。

图 9-6 移动带式输送机

三、链式输送机

链式输送机是利用链条牵引以承载物料或由链条上安装的板条、金属网、辊道等承载物料的输送机。根据链条上安装的承载面的不同，可分为链条式输送机、链板式输送机、链网式输送机、板条式输送机、链斗式输送机、托盘式输送机、台车式输送机，此外，也常与其他输送机、升降装置等组成各种功能的生产线。链式输送机如图 9-7 所示。

四、顶升移载机

顶升移载机可以改变货物输送方向，一般用于辊子输送机将货物按照预定方向送入或移出辊子输送线的场合。顶升移载机具有承载量大，结构简单，稳定可靠的特点，主要应用在辊道输送机、链条式输送机中。顶升移载机的主要优点为可以在空间有限的条件下实现直角转弯，具有节省空间的优势；缺点是成本过高，输送速度慢，而且对输送机高度有一定要求。顶升移载机如图 9-8 所示。

图 9-7 链式输送机

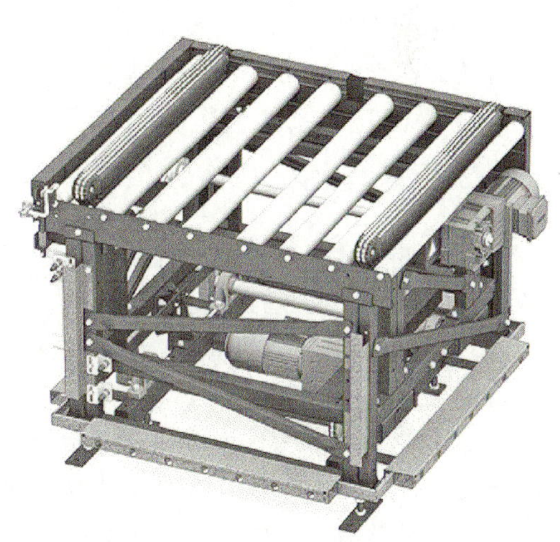

图 9-8 顶升移载机

【实验报告】

连续输送设备应用实验

一、实验目的

1. 了解辊子输送机的基本结构和性能参数。
2. 熟悉辊子输送机的主要应用场合。
3. 熟悉辊子输送机与其他类型物流设备的配合方式。
4. 了解带式输送机的基本结构和性能参数。
5. 熟悉带式输送机的主要应用场合。
6. 熟悉带式输送机与其他类型物流设备的配合方式。
7. 熟悉链式输送机的基本性能及应用配合方式。
8. 掌握顶升移载机的基本性能及应用配合方式。

二、实验环境和设施设备要求

1. 设置1处可供连续输送设备运行的设施空间，可以满足辊子输送机、带式输送机、链式输送机及顶升移载机运行要求，其中辊子输送机、带式输送机应具备速度调节功能(如果条件允许可以与自动化立体仓库联合使用)，1组辊子输送机、链式输送机及顶升移载机，2组带式输送机。

2. 2种瓦楞纸箱，每种分别为5个，其中一种长、宽、高尺寸分别为600mm、400mm和300mm，另一种长、宽、高尺寸分别为400mm、300mm和200mm；塑料周转箱5个，长、宽、高尺寸分别为600mm、400mm和300mm；模拟货物10种以上（至少包括1种椭球形货物、1种粉末状货物）。

3. 条码打印机1台，要求可打印二维条码；激光式条码识读设备1套，要求可与连续输送设备配合使用，满足移动货物识读要求。

4. 秒表1个；5m长卷尺1把。

三、实验步骤

1. 利用给定的货物在辊子输送机上进行传输测试，完成两种瓦楞纸箱、一种周转箱的传输测试，记录分析不同形式货物对传输效果的影响；调节辊子输送机速度参数，记录分析其对传输效果的影响；在周转箱内放入模拟货物，改变货物质量，记录分析其对传输效果的影响。

2. 利用给定的货物在带式输送机上进行传输测试，完成两种瓦楞纸箱、一种周转箱的传输测试，记录分析不同形式货物对传输效果的影响；调节带式输送机速度参数，记录分析其对传输效果的影响；在周转箱内放入模拟货物，改变货物质量，记录分析其对传输效果的影响。

3. 利用给定的货物在链式输送机上进行传输测试，完成两种瓦楞纸箱、一种周转箱的传输测试，记录分析不同形式货物对传输效果的影响；调节链式输送机速度参数，记录分析其对传输效果的影响。

4. 利用周转箱测试顶升移载机的运行效果，记录分析顶升移载机的适用性。

5. 调节辊子输送机、带式输送机传输升角，测试传输升角对传输效果的影响。

6. 针对模拟用椭球形货物设计传输方案，并利用辊子输送机、带式输送机进行传输效果测试。

7. 将两组带式输送机组合使用，变换运行速度，完成货物的传输作业，分析其对货物传输间距产生的影响。

8. 将辊子输送机、带式输送机组合使用，并设定不同的速度运行参数，观察具体的运作效果，对比分析其传输效果，并分析接口处应采用的连接方案。

四、实验报告题目

1. 结合实验实际操作情况，建立辊子输送机的性能参数表。

____

____

____

____

2. 结合实验实际操作情况，总结分析辊子输送机适宜传输的货物类型。

____

____

____

____

3. 如果通过辊子输送机传输椭球形等异形货物，可以采用的解决方案有哪些。

____

____

____

____

4. 如果利用辊子输送机完成未包装冰箱的生产线传输任务，应如何设计合理的技术方案。

____

____

____

____

5. 结合实验操作说明伸缩式辊子输送机，如图 9–9 所示，适用于哪些物流应用场合。

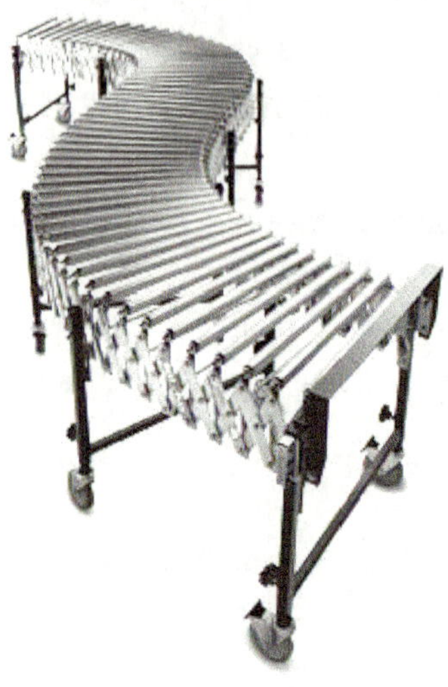

图 9–9　伸缩式辊子输送机

6. 结合实验实际操作情况，建立带式输送机的性能参数表。

7. 结合实验实际操作情况，总结分析带式输送机适宜传输的货物类型。

8. 如果通过带式输送机传输椭球形等异形货物，说明可以采用的解决方案。

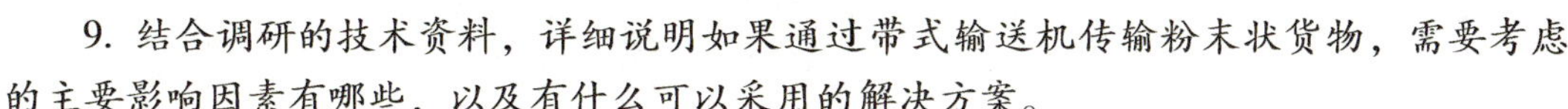

9. 结合调研的技术资料，详细说明如果通过带式输送机传输粉末状货物，需要考虑的主要影响因素有哪些，以及有什么可以采用的解决方案。

10. 若利用带式输送机传输鸡蛋，如图 9–10 所示，请提出具体的技术改造方案（可更改皮带结构形式）。

图 9–10 带式输送机传输鸡蛋

11. 结合调研的技术资料，说明利用窄带输送机，如图 9–11 所示，传输玻璃等货物的优势。

图 9–11 窄带输送机

12. 结合调研的技术资料，分析伸缩带式输送机，如图 9-12 所示，使用时需要注意的事项，总结其适用的物流作业条件。

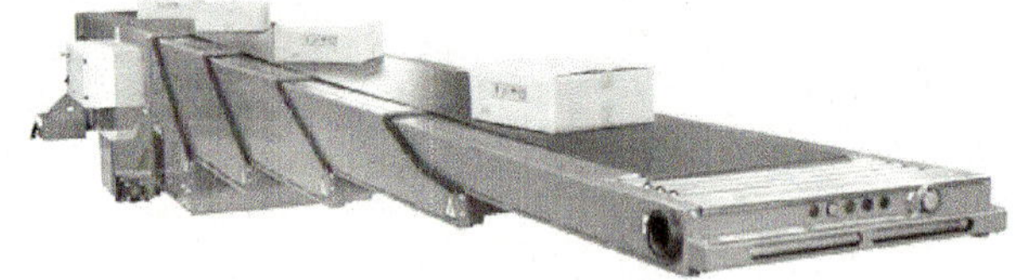

图 9-12 伸缩带式输送机

13. 如果将辊子输送机与带式输送机组合使用，可以带来哪些性能优势，该形式适合完成哪些物流作业功能，并在多方向传输线路的布局方面进行举例说明。

14. 结合实验实际操作情况，总结建立链式输送机的性能参数表。

15. 结合实验实际操作情况，总结分析链式输送机适宜传输的货物类型。

16. 结合实验实际操作情况，总结建立顶升移载机的性能参数表。

17. 如果将多组带式输送机组合使用，通过调节分段带式输送机的速度控制货物间距，说明不同速度组合的控制策略可以达到的调整效果。

18. 结合实验实际操作情况，总结说明在连续传输设备上的货物，其信息识别方案设计应考虑哪些影响因素。

19. 结合实验实际操作情况，说明连续型输送设备选型和集成需要考虑的主要因素。

【案例分析一】

长距离带式输送机相关应用案例汇总

自带式输送机诞生以来，人们一直不懈努力，向增大单机跨度、提高输送速度、拓展输送机宽度等方向发展。目前，世界上已经生产出单机跨度超过 10km、带宽超过 3m、带速超过 4m/s、高度集控管理的大型带式输送机，极大地提高了长距离输送的能力。以下为收集的长距离带式输送机相关应用案例。

1. 天津港实施案例

天津港利用带式输送机进行货物运输，长达 9km 的输送距离，4 台 1500kW 电机驱动，天津港实施案例如图 9-13 所示。

图 9-13　天津港实施案例

2. 华润水泥应用案例

2010 年，安能公司凭借雄厚的综合实力和良好的品牌信誉中标全长规划约 48km 的华润水泥（封开）项目皮带廊工程，单条皮带每小时可输送石灰石 2500t，该皮带廊在封开境内横跨 5 个镇。物料运输主干线分别使用 ST2250－1400、ST2850－1400、ST3150－1400 型输送带。该工程的输送机总长为 40km，胶带总长为 168km，共有硫化接头 162 个。

3. 沈阳设计院应用案例

由中国煤炭科工集团有限公司沈阳设计院总承包建设的神华北电胜利能源有限公司胜利一号露天煤矿至胜利发电厂“煤来灰去”输送系统工程正式移交业主单位投产运行。对于此项目，沈阳设计院创造性地解决了高寒地区散状物料运输系统运行环境差、环保要求高等重大技术研究与工程设计难题，实现了高效节能、高度智能化、绿色环保的多重示范作用。

根据“见不到煤、看不到灰”的高标准要求，沈阳设计院创新提出了“煤来灰去”的设计方案。采用同一条带式输送机上带面运煤、下带面运灰，建设规模正向输煤 1000Mt/年、反向输送调湿灰 200Mt/年，主运带式输送机单机长度为 8642m。为规避村庄、湿地、铁路、公路桥涵，项目 3 次采用曲线水平转弯、空间转弯；针对水平转弯，精确计算水平转弯段相关参数之间的关系，确保输送机在转弯段产生的向心力与离心力平衡，物料和输送带顺利实现自然转弯，不跑偏，不撒料；为降低带强，输送系统采用“头 2 中 2 尾 1”多点驱动布置方式；为防止“煤来灰去”运行时沿途产生粉尘，采用特殊的“n”形防护罩、灰加湿搅拌装置、曲线落料溜槽；为减少托辊径向跳动引起输送带跳动而产生粉尘，针对现场环境条件，选用了特殊材质非金属低噪声托辊，以减小运行过程中的振动和噪声。通过多项技术创新应用，实现了从露天煤矿向坑口电厂输煤的同时，将电厂燃烧后的粉煤灰再反向输送至露天矿回填，避免了汽车运输带来的一系列污染问题，有效保护了草原的生态环境。

4. 澳大利亚恰那矿应用案例

澳大利亚恰那矿 20km 地面带式输送机系统是代表现代带式输送机发展水平的一条输送线。该输送系统由一条长 10. 3km 的平面转弯带式输送机和一条长 10. 1km 的直线长距离带式输送机构成。转弯带式输送机的曲率半径为 9km，弧长为 4km。两条输送机除线路参数外，其他参数相同，运输能力为 2200t/h，带宽为 1050mm，输送带抗拉强度为 3000N/mm，安全系数为 5，拉紧装置为重锤拉紧。该系统驱动采用 3 台 700kW 的直流电动机，双滚筒驱动。

问题：

（1）结合实验和案例分析，该类传送需求选用带式输送机作为传输工具的原因。

（2）结合实验和案例分析，超长距离使用带式输送机应注意哪些基本问题。

【案例分析二】

中联重科矿山机械施工案例：河南新乡圆管带式输送机

圆管带式输送机克服了带式输送机固有的缺陷与使用范围的局限性，特别适用于地形条件复杂，必须跨绕建筑物或江河、街道，环保要求高，需封闭输送的工程。

河南新乡的圆管带式输送机做到无污染跨越南水北调工程中线干渠，保护环境不受扬尘性物质的侵害，清洁的输送路线也保证了被输送的物料不受外界污染，实施现场如图 9-14 所示。

图 9-14 实施现场

项目采用的技术方案无须增加中转站，允许上行或下行圆管带式输送机同时双向输送，并可实现多点物料输入，项目整体运行平稳可靠，停机时间少，综合营运成本低，以最低的成本达到最佳的效果。项目使用设备如图 9-15 所示。

图 9-15　项目使用设备

问题：

（1）结合实验和案例分析，说明选用圆管带式输送机作为传输工具的原因。

（2）结合调研资料，总结说明未来连续传输设备的主要发展趋势。

实验十　机器人应用实验

【实验准备知识】

机器人是集机械、电子、控制、计算机、传感器、人工智能等多学科先进技术于一体的现代制造业重要的自动化装备，是典型的机电一体化产品，目前广泛应用于物流运作诸多领域，极大地提高了生产效率，降低了劳动强度。比如堆垛机器人可以将不同外形、尺寸的包装货物，按照要求自动、整齐地码（或拆）在托盘上，使用起来非常方便。由于现代工程技术的不断发展和物流运作复杂性不断增加，目前仿生类机器人在物流领域也开始有一定程度的应用。

一、机器人的作业特点

机器人的作业特点主要包括以下几个方面。

1. 通用性强

机器人用途非常广泛，可以完成搬运、装卸、分拣等多项作业活动。

2. 适应性强

机器人对操作对象并没有严格的限定，当某些产品品种和规格发生变化时，只需要重新编制控制程序和更换抓取机构，就可以适应新的使用要求，而无须对其他方面进行修改，具有良好的适应性。

3. 自动化程度高

机器人操作无需人工参与，节省了大量劳动力。

4. 准确性好

机器人操作控制精确，其位置误差基本处于毫米以下，准确性非常高。

5. 高效率性

机器人工作速度比较快，而且没有时间间断，因此工作效率比较高。

6. 高可靠性

机器人重复操作能够始终维持同一状态，不会出现类似人的主观性干扰，因此其操作可靠性比较高。

二、机器人的主要结构

机器人主要由机械部分、控制系统和传感系统构成。

（一）机械部分

机械部分主要是指完成各项运动功能的执行机构、驱动单元等，一般包括机器人基座、移动机构、回转机构及末端执行机构等。

（二）控制系统

控制系统可以实现机器人姿态、速度和加速度等工作参数的调整，控制系统应具有良好的人机交互功能，使操作人员可以方便地根据控制指令下达工作任务。同时控制系统有记忆功能，可储存已经设定的工作任务，供调出执行使用。

（三）传感系统

机器人的准确操作取决于其对自身状态、操作对象及作业环境的正确认识，这完全依赖于传感系统。传感系统相当于人的感知功能，机器人的传感系统按照功能不同可以分为内部传感系统和外部传感系统。

内部传感系统用于检测机器人自身状态，如检测机器人机械执行机构的速度、姿态和空间位置等。外部传感系统用于检测操作对象和作业环境，比如机器人抓取物体的形状、物理性质，检测周围环境是否存在障碍物等。

三、机器人的分类

根据国家标准《机器人分类》（GB/T 39405—2020），机器人包含多种分类。其中按照应用领域，机器人可分为工业机器人、个人/家用服务机器人、公共服务机器人、特种机器人和其他应用领域机器人。工业机器人按其使用用途，可分为搬运作业/上下料机器人、焊接机器人、喷涂机器人、加工机器人、装配机器人、洁净机器人和其他工业机器人。物流上使用的工业机器人主要关注其运动形式和驱动形式等方面。

（一）按照机器人的机械结构进行分类

按照机器人的机械结构分类，机器人可分为五大类，分别是直角坐标型机器人、圆柱坐标型机器人、球坐标型机器人、垂直多关节型机器人和多关节型机器人。

1. 直角坐标型机器人

直角坐标型机器人具有三个互相垂直的移动轴线，其工作空间为一个长方体。这种机器人结构简单、控制容易、定位精度高，但是占地面积大，工作范围小，灵活性差，不易实现高速运行，如图 10-1（a）所示。

2. 圆柱坐标型机器人

圆柱坐标型机器人的水平臂能实现沿立柱的上下移动和绕立柱的水平转动，并能够伸缩，作业空间为圆柱形。具有结构简单，占地面积小，操作范围大的特点，但定位精度不高，如图 10-1（b）所示。

3. 球坐标型机器人

球坐标型机器人的手臂能上下俯仰、前后伸缩、绕立柱回转，其作业空间为一个球体。这种机器人作业灵活，作业范围大，结构复杂，但定位精度不高，如图 10-1（c）所示。

4. 垂直多关节型机器人

垂直多关节型机器人由立柱、大小手臂和手爪组成。立柱与大臂间形成肩关节，大臂与小臂之间形成肘关节，小臂与手爪之间形成腕关节。这种机器人动作灵活，工作范围大，占地面积小，通用性强，作业速度高，如图 10-1（d）所示。

5. 多关节型机器人

多关节型机器人除了具有垂直多关节机器人的特点，其臂部和腕部还可绕垂直轴的水平面内旋转，末端工作部分可沿垂直轴上下移动，可在三维空间内最有效地决定任意位姿，适合于各种作业。这种机器人动作灵活，速度快，结构复杂，定位精度高，但控制起来比较复杂，如图 10-1（e）所示。

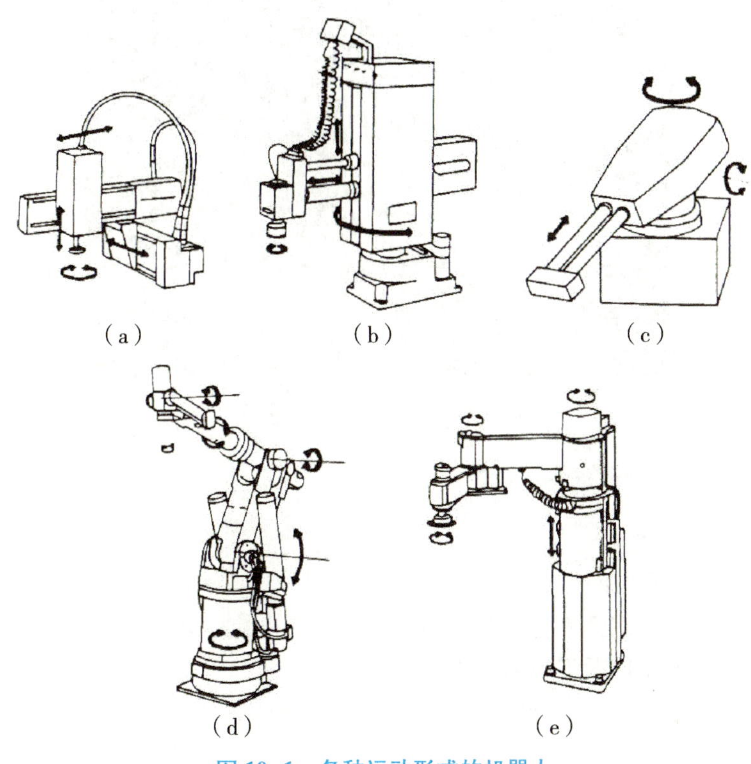

图 10-1　各种运动形式的机器人

不同运动形式的机器人适合不同的作业场合，可以根据作业环境和运作功能要求进行合理选择。

（二）按照驱动方式进行分类

1. 液压式驱动机器人

液压式驱动机器人动力大，结构简单、刚性好，运行速度调节方便，动作响应快，易于实现过载保护，但油液容易泄漏，控制精度容易受到工作温度的影响，成本高。

2. 气动式驱动机器人

气动式驱动机器人作业速度快，结构简单，维修方便，易于保养，价格低，不会造成空气污染，适用于中小负荷作业，但定位精度低，容易产生噪声。

3. 电动式驱动机器人

电动式驱动机器人作业灵活，使用方便，噪声低，定位精度高，是目前应用最广泛的一种机器人。

（三）按照工作位置进行分类

机器人由于工作要求，其机械结构本体会整体改变工作位置，按照工作位置分类，机器人可分为搬运机器人、配送机器人和分拣机器人，一般统称为移动式搬运机器人。移动式搬运机器人如图 10–2 所示。

图 10–2　移动式搬运机器人

四、机器人的主要技术参数

（一）额定负载

额定负载是指在规定性能范围内，末端执行机构所能承受的许用负载值，额定负载值和机器人的运行速度以及抓取对象的性质有关。

（二）自由度

自由度是指机器人的各个运动部件在三维空间坐标轴上所具有的独立运动的可能状态，每个可能状态为一个自由度，比如腕部的回转就是一个自由度。机器人的自由度越多，其动作越灵活，适应性越强，机械结构和控制系统也会越复杂。一般情况下，机器人具有 3~5 个自由度即可满足使用上的基本要求。同时每个自由度都会有其动作范围，该范围决定了机器人操作的工作空间形状和大小。

（三）运行速度

机器人的运行速度是指机器人各个自由度的极限速度，与机器人的负载情况、定位精度等有密切关系，同时也直接影响机器人的运动周期。

（四）精度

精度包括位姿精确度、位姿重复性、轨迹精度和轨迹重复性等。位姿精度是指机器人的实际工作位置和姿态与控制指令的目标位置和姿态之间的偏差；位姿重复性是指进行重复同一工作时能够达到同一位姿的准确程度；轨迹精度是指机器人实际运行轨迹与指令目标轨迹之间的偏差；轨迹重复性是指重复同一工作轨迹时能够达到的一致程度。机器人的位姿精度和轨迹精度高说明机器人的控制精度好，位姿重复性和轨迹重复性好说明机器人工作稳定。精度与机器人的位置、控制方式，运动部件的制造精度、抓取重量和运动速度有密切的关系。

（五）程序编制与存储容量

程序编制与存储容量是指机器人用于存储相关控制信息的存储器容量，存储容量大，表明机器人的记忆性强，能够适应更多的作业环境，并且从事复杂作业的能力强。

【实验报告】

机器人应用实验

一、实验目的

1. 掌握机器人的基本性能和基本结构。
2. 熟悉机器人在物流系统中的基本作用。
3. 了解机器人在物流领域的主要使用方法。
4. 熟悉机器人与其他设备的集成方式。
5. 掌握面向实际需求的机器人选型方法。

二、实验环境和设施设备要求

1. 设置1处可提供机器人运行的设施空间，包括固定式工业机器人1台、移动式搬运机器人1台，同时配置可供机器人完成装卸搬运任务的工作站台两个，其中一个站台可连接带式（或辊子）输送机。固定式工业机器人要求前端执行机构具备视觉识别能力。

2. 瓦楞纸箱两种，每种纸箱的数量分别为5个，其中一种纸箱的长、宽、高尺寸分别为600mm、400mm和300mm，另一种纸箱的长、宽、高尺寸分别为400mm、300mm和200mm；塑料周转箱5个，每个周转箱的长、宽、高尺寸分别为600mm、400mm和300mm；模拟货物10种以上，其中至少包括椭球形货物一种，以及草莓、苹果等需要分类定级的货物一种（上述瓦楞纸箱、塑料周转箱及货物的尺寸可以根据具体实验选配的实验运行参数作出改变）。

3. 条码打印机1台，要求可打印二维条码。

4. 秒表1个；5m长卷尺1把。

5. 塑料托盘1个，要求长、宽尺寸符合国家标准，分别为1200mm和1000mm。

三、实验步骤

1. 演示并记录固定式工业机器人的每个自由度运动形式，了解每个自由度的运动范围和运动参数。

2. 利用固定式工业机器人进行瓦楞纸箱和塑料周转箱的抓取作业，并在运行参数允许的情况下进行工作站台之间的货物搬运。

3. 利用固定式工业机器人完成堆垛和拆垛操作，记录相关的作业时间和作业形式。

4. 利用固定式工业机器人完成椭球形货物的抓取作业，了解其对不同种类货物的操作适用性。

5. 在瓦楞纸箱和塑料周转箱上粘贴一维条码和二维条码，分别测试独立货物和货物堆垛条件下，利用固定式工业机器人完成信息识读的可能性。

6. 利用固定式工业机器人完成草莓、苹果的图像识别和抓取作业，了解其对该类货物的分级、分拣作业操作适用性。

7. 利用固定式工业机器人与连续式传输设备配合，测试在运动条件下抓取工作的效果，分析其与连续式传输设备的集成方法。

8. 演示并记录移动式搬运机器人的运动形式，了解每个自由度的运动范围和运动参数。

9. 通过移动式搬运机器人模拟完成搬运和拣选作业，分析移动式搬运机器人的工作效果。

10. 观察两种机器人工作过程中可能存在的危险，并制订相关的技术解决方案。

四、实验报告题目

1. 通过实验实际观察，对固定式工业机器人基本作业范围和工作速度进行描述，并说明机器人的自由度数。

2. 对比其他类型的设备性能特征，分析采用机器人作为搬运设备所具备的优势和劣势，相关工位布局示意如图 10-3 所示。

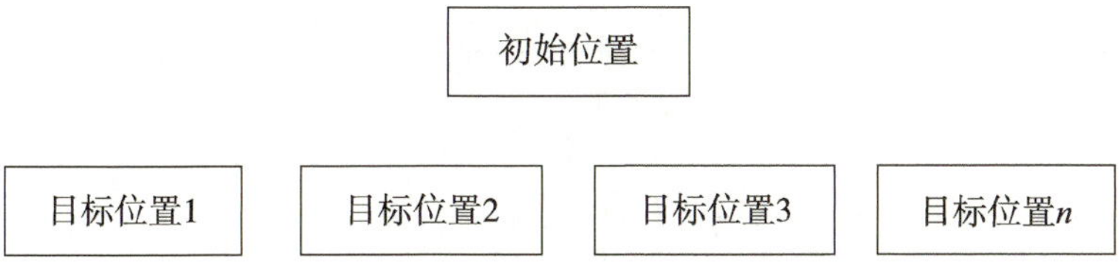

初始位置

目标位置1　目标位置2　目标位置3　目标位置*n*

图 10-3　相关工位布局示意

3. 通过实验实际测试，分析机器人完成纸箱和周转箱的堆垛和拆垛作业需要具备的作业环境条件。

4. 通过实验实际测试，说明通过机器人搬运椭球形等异形货物时可以采取的技术解决方案。

5. 通过实验实际测试，并进行相关技术资料收集，说明如果草莓需按照颜色、大小和形状等标准进行分类，机器人完成该分类任务应具备的基本功能有哪些。

6. 通过实验实际测试，并进行相关技术资料收集，说明机器人在进行货物条码标识信息识读过程中可能遇到的问题及可以采取的技术解决方案。

7. 通过实验实际测试，并进行相关技术资料收集，总结说明移动式机器人能够完成的物流应用场景。

8. 通过实验实际测试，进行相关技术资料收集，总结说明移动式机器人可能造成的作业安全问题具体包括哪些类型，并列举对应的技术解决方案。

【案例分析一】

以智能机器人为核心，构建数字化全流程智能分拣系统

随着物联网、人工智能等高新技术的推广及使用，物流分拣行业已经由传统的人工分拣向无人化、智能化模式转型。出于安全、便利等因素的考虑，人们越发喜爱“网上购物”，电商行业也因此迎来了快速发展，同时也带来了物流需求的爆发。DHL（敦豪）作为国际物流巨头，其正在经历的智能化升级挑战具有很强的代表性。由于业务量激增，DHL 等物流企业面临着物件分发、网点拓展、响应提速等对人工的需求越来越大，人工成本越来越高的问题。然而，在人力成本的制约下，激增的业务量对企业在物流分拣的效率和质量方面提出了更高的要求，倒逼物流企业向智能化、无人化转型，解决人工成本高、需求量大等问题，实现降本增效。

针对 DHL 存在的业务量剧增、人工成本高等问题，蓝胖子团队为其部署了 DoraSorter 方案（一种智能分拣方案）。通过综合运用计算机视觉、运动规划、深度学习等技术，DoraSorter 可针对物流作业中几乎所有类型的包裹实现智能化、无人化的快速且精确分拣，从而实现高效且低成本的处理操作。DHL 智能分拣机器人应用现场如图 10-4 所示。

图 10-4　DHL 智能分拣机器人应用现场

1. 方案架构

DHL 传统的包裹分拣流程总体可分为信息识别、信息处理、包裹分放三个步骤：首先从传送带拿到包裹，而后识别包裹的派送信息，最后将包裹放置到不同的柜口。蓝胖子团队通过拆解其包裹分拣任务，将 DoraSorter 方案设计为三层，分别为客户系统对接层、流向库位及速度优化与规划层、执行协同层。

（1）客户系统对接层。

前端通过基于网页的 UI（用户界面）和操作员对接，后端通过网络接口和客户系统对接，使系统获取条码信息后可以从客户系统内部获取相应的流向等信息。蓝胖子分拣机器人还可与客户的 WMS/ERP（仓库管理系统/企业资源计划）系统集成，实现实时的数据沟通和持续优化。

（2）流向库位及速度优化与规划层。

包裹流向对应的物理分拣格口，通过过往数据的统计分析，将高频流向、机械臂运动时间、客户时效、机械臂负载等综合数据，基于深度学习进行提取分析，从而实时调整格口映射、运行速度等参数，以实现精准投放并充分发挥机器人的极限执行速度等。

（3）执行协同层。

执行协同层可控制机械臂，可以根据设备通过深度学习技术计算出的最佳优化轨迹，进行较快的、无碰撞的移动，同时与其他机电设备协同工作完成分拣动作。

2. 方案核心技术及设施

DoraSorter 智能分拣方案主要包含三项核心技术。

（1）物料抓取：特制传送爪手。

爪手采用抽屉状的特殊末端执行器，可以通过与传送带的末端无缝衔接，接收每个包裹。爪手能够处理包括软包、信封、球类等几乎所有类型的包裹。

（2）包裹投放：通过运动规划计算最优路径。

蓝胖子团队自研的运动规划算法适用于多种品牌的机械臂，可在保护机器人使用寿命的前提下，实现机械臂关节力矩限制、作业时的避障，以及控制末端执行器的加速度，以防止物品甩飞等作业要求。

（3）工作模式优化：通过深度学习技术优化各个环节。

通过深度学习技术捕获和提取分拣操作上下游流程节拍的细节特征，方案系统可实时调整运行时的各项底层参数，以保证整个分拣流程能够严丝合缝地高效运行，提高分拣工作站的稳健性，以及快速适应各类不同的客户场景。

3. 结合机械臂与智能算法，实现物流智能分拣

通过结合蓝胖子独有的特制传送爪手及自研算法，DoraSorter 可实现物流分拣的全场景自动化及智能化。

在信息识别模块，该方案在传送带上放置扫描系统，当包裹在传送带上移动时，3D（三维）摄像机及条码读取器会扫描包裹，将包裹的位置及目的地流向信息发送给机器人，从而完成包裹信息的识别；在信息处理模块，机器人利用 WMS/ERP 系统集成，通过识别出的地址信息等，判断该包裹放置的位置；在包裹分放模块，特制的能够处理各种类型包裹的传送式抽屉状抓手接收包裹后，机器人移动至包裹对应的柜口，底部传送带向外移动将包裹投入柜口。

在物品拣取的运动规划方面，在给定运动范围和目标点后，通过运用视觉技术，方案设施能够运算处置特定对象的最佳策略。根据最佳策略，系统可协调机械臂及机器人末端执行器的移动，并能够让机器人实现在自主计算下较快的、无碰撞的移动轨迹。在此过程中，机器人还能够考虑包括物品方向、加速度等限制参数来调整相对应的运动策略。

在上述智能分拣方案的基础上，蓝胖子团队也考虑到 DHL 存在着传统自动化设备铺设成本高等问题，设计的分拣机器人仅占地 40~60m^2，能够在包含其他自动化设备的仓储环境中快速安装应用，具有较强的灵活性。

4. 应用效果

DHL 于 2020 年 6 月在其佛罗里达州的迈阿密服务中心部署了 DoraSorter，用于快递包裹的分拣。在初步试点中，该服务中心每小时分拣的包裹数量增加了约 35%。随后，

DHL 又部署了数台蓝胖子包裹分拣机器人，每台机器人每小时可分拣超过 1000 件包裹，相当于 2~3 个人工作的效率。

当前蓝胖子是 DHL 在智能包裹分拣环节的合作伙伴。在试点环节后，其智能包裹分拣机器人已在 DHL 美国、DHL 新加坡、DHL 韩国完成部署，进入实际运营，并将快速在 DHL 亚太区域推广。

问题：

（1）请结合实验操作情况和案例资料，总结分析机器人为 DHL 带来的操作便利。

（2）请结合实验操作情况和案例资料，总结分析快递物流中心应用机器人应该考虑的主要因素。

【案例分析二】

波士顿动力推出仓储机器人 Stretch

仓储机器人 Stretch，如图 10-5 所示，是波士顿动力首款为仓库“完全专用”打造的机器人。与该公司的其他产品不同，这款机器人外观略显“沉闷”，其功能可以简单概括为“移动仓库中的箱子”。

图 10-5　仓储机器人 Stretch

从外观上看，Stretch 就像一条可以自动移动的机械臂。这条机械臂具有 7 个自由度，创造了长距离、大范围的工作空间，可以在整个卡车或货箱中搬运箱子。机械臂的末端有一个吸盘阵列，上面布有嵌入式传感器，能够在高速运行时处理各种封装类型的包裹。机械臂旁边还有一个“感知桅杆”，带有摄像头和激光传感器，用于引导机器。机械臂整体置于一个可移动的底座上，能够在狭小的仓库空间内自由移动。

Stretch 自重约为 1200kg，不需要用螺栓固定在地板也能保持很好的稳定性。机器人沿袭了波士顿动力公司的两足式 Atlas 机器人，能够平衡自身的重量，从而平稳地移动，甚至实现跳跃、后空翻等动作。波士顿动力公司业务开发副总裁说：“Atlas 捡起箱子不仅在于伸出手臂并移动它们，还在于协调它的臂部、腿部和躯干。很多相同的设计思想都融入了 Stretch。”

这款新型仓储机器人最大有效载荷为23kg，最大负载约15kg。机器人配备大容量的电池，一次充电可连续工作8h，也可以通过“扩展程序”续航16h。机器每小时最大运载量可达800件，达到了一个工人的搬运效率。此外，它使用了最先进的视觉系统，能够处理复杂的包裹封装。Stretch的高效还体现在其操作的便捷化。波士顿动力公司表示，只需经过几个小时的培训，任何人都可以操作该机器人。Stretch搬运工作现场如图10-6所示。

图10-6 Stretch搬运工作现场

Stretch具备先进的可移动性，可以在仓库中的任何地方自动处理货物，减少了对固定基础设施的需求。一般来说，仓库中的自动化设备会按照一种单一的工作模式，固定在某一个地方，但Stretch的目标是嵌入任何现有的工作场所。这是该系统令人兴奋的地方，它可以为没有自动化基础结构的环境提供自动化适配，可以利用此功能，将其移至卡车的后部、过道适配，也可以将其移至传送带旁边，这完全取决于需要解决何种问题。

此次推出Stretch并非波士顿动力公司首次涉足仓储机器人领域。2017年，该公司就曾推出了一款叫作Handle的机器人，此后还推出了Handle二代。不过，与Handle这款实验性质的机器人相比，此次推出的Stretch移动更灵活、运行更便捷、工作更高效，并直接面向商业范畴推广使用。Stretch装卸工作现场如图10-7所示。

图10-7 Stretch装卸工作现场

波士顿动力公司自 1992 年成立以来，已经先后推出过 BigDog、Atlas、Spot 等多款机器人。这家公司曾多次发生股权变更，随着资本的大量注入，波士顿动力公司越来越注重机器人制造的商业化。作为该公司继 Spot 后的新一代商用机器人，这次推出的 Stretch 瞄准的是庞大的物流仓储市场。

在正式出售 Stretch 之前，公司的研发团队还将对控制系统等软件及其他硬件设施进行测试。

问题：

（1）结合实验操作情况和案例资料，总结说明仓储机器人 Stretch 的技术优势及可能带来的作业流程优化的情况。

（2）请结合实验操作情况和案例资料，总结说明未来物流领域机器人应用的主要趋势和技术发展方向。

实验十一　典型物流中心存储设备应用实验

【实验准备知识】

一、移动式货架

移动式货架根据动力来源分为动力式和手动式。移动式货架通过轨道以直线水平形式移动，可密集相接配置。移动式货架存储量比一般固定式货架大很多，空间利用率显著提升，适用于库存品种多、出入库频率较低的仓库，或者出入库频率较高但可按巷道顺序出入库的仓库。该类设备的优点主要是提高了空间利用率，一组货架只需一条通道，但是使用时便捷性不足。移动式货架如图 11–1 所示。

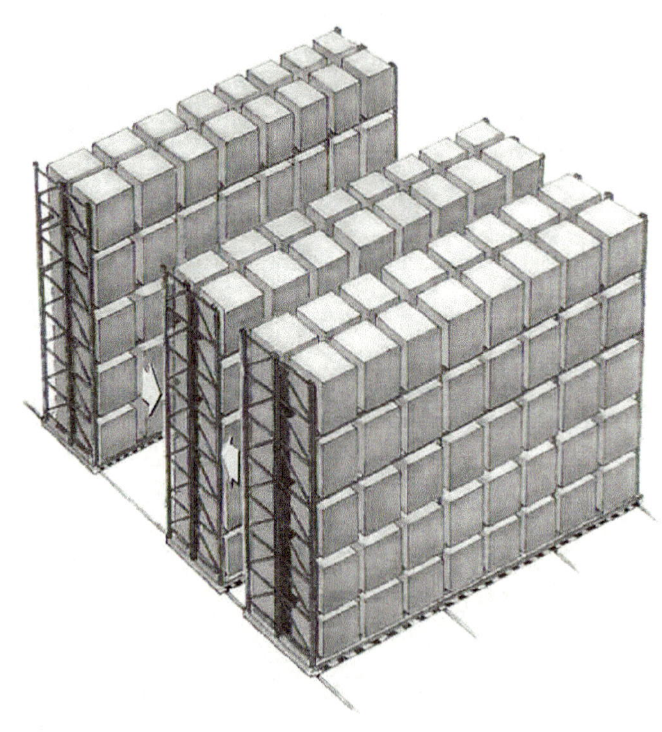

图 11–1　移动式货架

二、托盘式货架

托盘式货架也称为横梁式货架、货位式货架，通常为重型货架，在国内的各种仓储货架系统中较为常见。托盘式货架如图 11–2 所示。

图 11-2 托盘式货架

采用托盘式货架需要先完成货物的集装单元化准备工作，即将货物按照包装形式及其自身重量等特性进行组盘，确定托盘的类型、规格、尺寸，以及单个托盘的载重量和堆高，然后由此确定单元货架的跨度、深度、层间距，根据仓库屋架下沿的有效高度和叉车的最大叉高等决定货架的高度。托盘式货架单元货架跨度一般在 4m 以内，深度在 1.5m 以内，超高位仓库的货架高度一般在 30m 以内。在采用托盘式货架的仓库中，可以根据高度选择适配的操作设备，低、中位仓库大多用前移式电瓶叉车或平衡重叉车，高位仓库多用三向叉车或堆垛机，超高位仓库用堆垛机等进行存取作业。

三、重力式货架

重力式货架的结构与横梁式货架相似，只是在横梁上安了滚筒式滑道，滑道一般呈 5°~10°倾斜角度。重力式货架上的货物一般采用托盘形式存储，在使用时货物由叉车搬运至货架进货口，利用自重，托盘从进口自动滑行至另一端的取货口。该类货架可以实现先进先出的存储方式，货架深度及层数可按需要而定。重力式货架适用于少品种、大批量、高频次存取的货物存储，空间利用率极高。为保障安全，在货物滑动过程中，重力式货架滑道上可以设置阻尼器，控制货物滑行速度保持在安全范围内。重力式货架滑道出货一端设置货物分离器，以防止碰撞并辅助叉车精准取货。重力式货架如图 11-3 所示。

四、旋转式货架

旋转式货架又称为回转式货架。在拣选货物时，取货者不动，通过货架的水平、垂直或立体方向回转，使货物随货架移动到取货者的面前。旋转式货架在存取货物时，能够通过计算机的控制，根据下达的运作指令，使货物以最近的距离自动旋转至拣货点。这种货架的存储密度大，货架间不设通道，与固定式货架相比，可以节省占地面积 30%~50%。由于货架转动，因此拣货线路简捷，拣货效率高，准确性好。根据旋转方式，该类货架可分为垂直旋转式货架、水平旋转式货架等。

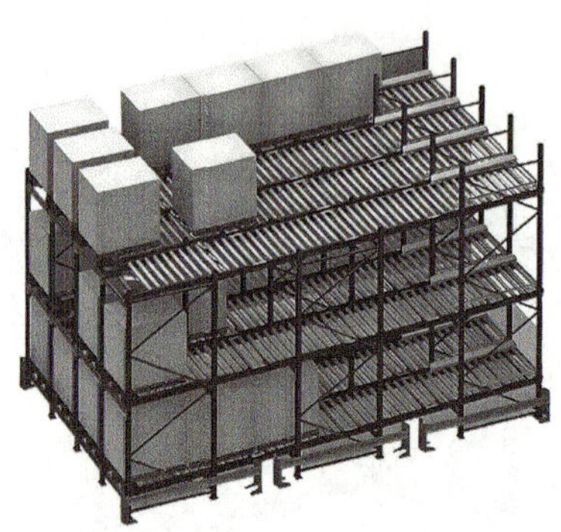

图 11-3　重力式货架

（一）垂直旋转式货架

垂直旋转式货架类似于垂直提升机，在两端悬挂有成排的货格，货架可正转，也可以反转。货架的高度在 2~6m，正面宽 2m 左右，单元货位载重为 100~400kg，回转速度在 6m/min 左右。垂直旋转式货架如图 11-4 所示。

垂直旋转式货架属于拣选型货架，占地空间小，存放的品种多。货架货格的小格板可以拆除，这样可以灵活地存储各种尺寸的货物。在货架的正面及背面均设置拣选台面，可以方便安排出入库作业。垂直旋转式货架主要适用于品种多、拣选频率高的货物。

（二）水平旋转式货架

水平旋转式货架由多排货架连接，每排货架又有多层货格，货架做整体水平式旋转，每旋转一次，便有一排货架到达拣货面，可对这一排货架进行拣货。这种货架可以根据需要，每排放置相同种类或不同种类的货物，从而提升拣选等作业的效率。水平旋转式货架如图 11-5 所示。

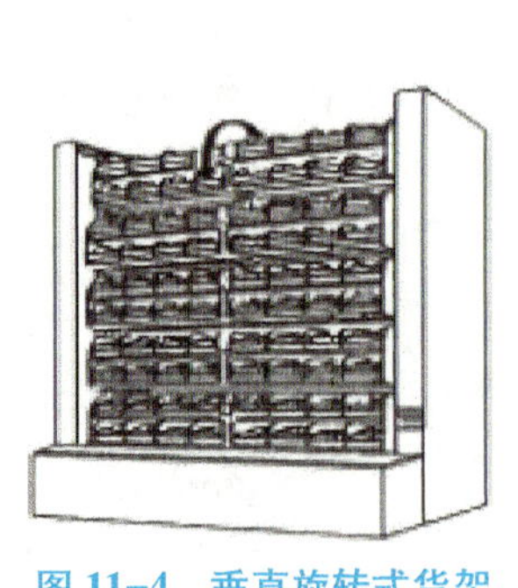

图 11-4　垂直旋转式货架

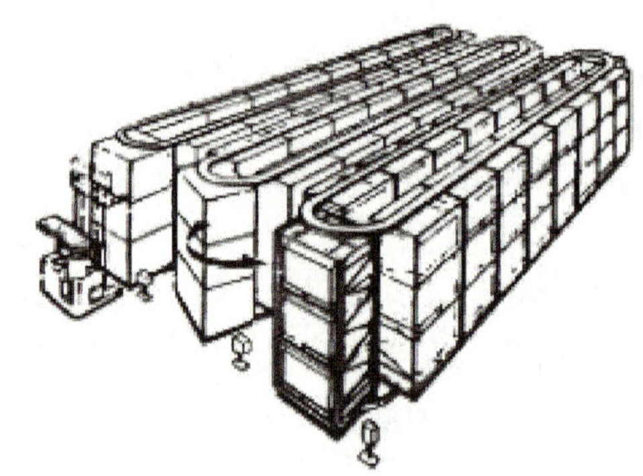

图 11-5　水平旋转式货架

水平旋转式货架旋转时动力消耗大，通常不适用于拣选频率高的作业。该类货架长度可适度增加以提升存储容量。该类货架的货位可自动旋转至拣选面，空间利用灵活，适合随机拣选。

五、可折叠式货架

可折叠式货架也称为巧固架，货架可互相堆高，实现立体式存储，提升空间利用率。该类货架可配合叉车使用，可用于运输、装卸、存储等物流环节。可折叠式货架如图 11-6 所示。

图 11-6　可折叠式货架

六、抽屉式货架

抽屉式货架又称模具货架，主要用于存放模具等物品，顶部可配置小型起重设备，抽屉底部设有滚轮轨道，承载后依然能用很小的作用力自如地拉动。该类货架通过附加定位保险装置，可以实现安全可靠运行。抽屉式货架根据承载能力可分为轻型抽屉式货架、重型抽屉式货架两种。抽屉式货架如图 11-7 所示。

七、货架安全保护

货架等存储设备是物流中心安全管理的重要组成部分，需要进行专项安全管理。

（1）防撞保护。通道和拐弯处的立柱是最容易损坏的，经常被叉车撞变形。防撞栏应安放在通道位置，以最大限度地减少货架被撞的可能性。同时也可以在货架立柱底部安装保护套等，防止冲击造成的破坏，货架保护装置如图 11-8 所示。

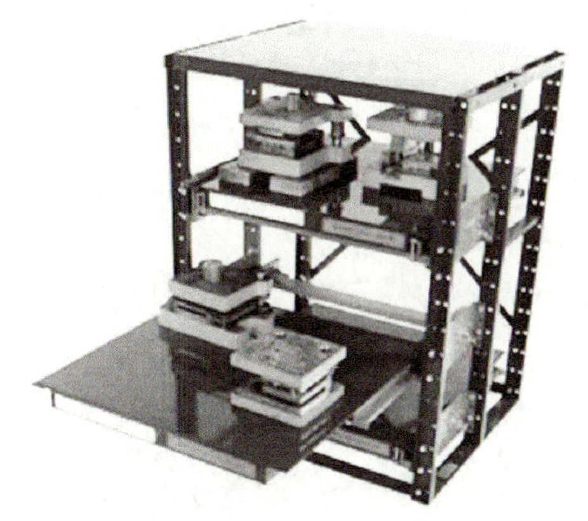

图 11-7　抽屉式货架

图 11-8　货架保护装置

（2）防超重。不同规格的货架承载重量不相同。仓管员应做好限载标记，按照规定的额定载荷要求进行货物摆放。

（3）防气候变化。货架的立柱和横梁如果是金属材质，受潮受晒后，时间久了就会生锈，从而缩短使用寿命，因此需要注意仓库温湿度参数的控制。

【实验报告】

典型物流中心存储设备应用实验

一、实验目的

1. 掌握移动式货架的结构、功能及选用原则。
2. 掌握托盘式货架的结构、功能及选用原则。
3. 掌握重力式货架的结构、功能及选用原则。
4. 掌握旋转式货架的结构、功能及选用原则。
5. 掌握可折叠式货架的结构、功能及选用原则。
6. 掌握抽屉式货架的结构、功能及选用原则。
7. 掌握物流中心对存储系统的基本功能要求和选型原则。

二、实验环境和设施设备要求

1. 设置1处满足物流中心存储作业的设施空间，配置移动式货架、托盘式货架、重力式货架、旋转式货架、可折叠式货架和抽屉式货架各一组，以满足移动式货架、托盘式货架、重力式货架、旋转式货架、可折叠式货架和抽屉式货架的实验使用要求。

2. 瓦楞纸箱2种，每种纸箱的数量分别为5个，其中一种纸箱的长、宽、高尺寸分别为600mm、400mm和300mm，另一种纸箱的长、宽、高尺寸分别为400mm、300mm和200mm；塑料周转箱5个，每个周转箱的长、宽、高尺寸分别为600mm、400mm和300mm（上述瓦楞纸箱、塑料周转箱及货物的尺寸可以根据具体实验选配的实验运行参数做出改变）。

3. 条码打印机1台，要求可打印二维条码。

4. 秒表1个；5m长卷尺1把。

5. 塑料制托盘1个，要求其长、宽尺寸符合国家标准，分别为1200mm和1000mm。

6. 平衡重式叉车1辆，可以满足高度4m以上的作业要求。

7. 模拟作业信息单据1套，主要包括存储设备操作货物信息，具体内容如表11-1所示。

表11-1　存储设备操作货物信息

货物名称	单位	数量	外形几何尺寸（m×m×m）	重量（kg）	在库时间（天）	作业次数（次/月）	备注
A1	箱	10	0.5×0.5×0.35	2	8	10	—
B1	箱	15	0.6×0.5×0.35	3	10	8	—
C1	个	12	0.5×0.65×0.5	5	12	2	限放底层
D1	箱	8	0.6×0.5×0.4	9	15	1	—
E1	箱	9	0.5×0.5×0.5	6	18	5	—

续 表

货物名称	单位	数量	外形几何尺寸（m×m×m）	重量（kg）	在库时间（天）	作业次数（次/月）	备注
F1	箱	10	0.4×0.3×0.35	10	2	12	—
G1	箱	22	0.2×0.15×0.2	2	6	5	—
A2	箱	23	0.6×0.5×0.3	15	7	15	—
B2	个	34	0.5×0.5×0.4	5	12	12	限放底层
C2	箱	16	0.6×0.5×0.35	3	3	9	—
D2	箱	35	0.5×0.5×0.4	9	8	10	—
E2	箱	20	0.6×0.5×0.4	13	10	30	—
F2	箱	34	0.5×0.5×0.35	8	15	4	—
G2	箱	56	0.6×0.5×0.45	12	18	3	—
A3	箱	12	0.45×0.4×0.4	15	10	2	—
B3	箱	6	0.6×0.5×0.45	18	7	1	—
C3	箱	9	0.5×0.5×0.4	18	5	6	限放底层
D3	箱	12	0.6×0.5×0.4	13	2	8	—
E3	箱	15	0.5×0.5×0.3	7	9	10	—
F3	箱	12	0.6×0.5×0.25	51	10	6	—
G3	箱	35	0.4×0.2×0.35	9	5	8	—
A4	箱	6	0.6×0.5×0.65	20	6	10	—

三、实验步骤

1. 进行移动式货架实际存取货操作，总结其性能参数和使用特点，并按照表11-1所列信息进行货位设计。

2. 进行托盘式货架实际存取货操作，总结其性能参数和使用特点，并按照表11-1所列信息进行货位设计。

3. 进行重力式货架实际存取货操作，总结其性能参数和使用特点，并按照表11-1所列信息进行货位设计。

4. 进行旋转式货架实际存取货操作，总结其性能参数和使用特点，并按照表11-1所列信息进行货位设计。

5. 进行可折叠式货架实际存取货操作，总结其性能参数和使用特点，并按照表11-1所列信息进行货位设计。

6. 进行抽屉式货架实际存取货操作，总结其性能参数和使用特点，并按照表11-1所列信息进行货位设计。

7. 根据货架的使用特点，确定货架的存储位置编码方式，并按照要求打印二维条码进行实际标识。

8. 结合实验操作情况，分析可能造成的安全隐患，并设计技术解决方案。

四、实验报告

1. 结合实验实际操作情况，以移动式货架作为存储设备，设计表 11-1 所列货物可以采用的存储方案，并分析优势和劣势。

2. 结合实验实际操作情况，以托盘式货架作为存储设备，设计表 11-1 所列货物可以采用的存储方案，并分析优势和劣势。

3. 结合实验实际操作情况，以重力式货架作为存储设备，设计表 11-1 所列货物可以采用的存储方案，并分析优势和劣势。

4. 结合实验实际操作情况，以旋转式货架作为存储设备，设计表 11-1 所列货物可以采用的存储方案，并分析优势和劣势。

5. 结合实验实际操作情况，以可折叠式货架作为存储设备，设计表 11-1 所列货物可以采用的存储方案，并分析优势和劣势。

6. 结合实验实际操作情况，以抽屉式货架作为存储设备，设计表11-1所列货物可以采用的存储方案，并分析优势和劣势。

7. 结合实验实际操作情况，总结说明采用不同种类的存储货架需选择的装卸搬运设备，并对比分析相应的存取作业效率。

8. 结合实验实际操作情况，总结说明不同种类货架货位的编码方法及标识位置选择方式。

9. 结合实验实际操作情况，总结说明存储货物的哪些物理性能或化学特征会对储存方案设计造成影响。

10. 结合实验实际操作情况，并进行技术资料收集，总结说明使用各类货架可能存在的安全问题，并提出解决方案。

11. 结合实验实际操作情况，并进行技术资料收集，总结说明物流中心存储区域功能设计需要考虑哪些货架性能参数。

【案例分析】

冷库环境下的货架应用

设计冷库货架时，首先需要明确冷库的类型。高温冷库，需要将产品温度控制在0℃至6℃之间，储存类型较多的产品为蔬菜、水果、新鲜牛奶、冷鲜肉等；低温冷库，通常需要将产品温度控制在-18℃或-20℃，储存类型较多的产品为冷冻肉类；速冻食品，如速冻水饺、速冻面点、冰激凌等。在实际案例中，常见的为-18℃的低温冷库。

和常温库相比，货架应用在冷库中，通常需要从以下几个方面考虑设计环节。

1. 选择合适的货架钢材材质

低温环境对钢材有具体要求，应具有良好的低温韧性和延展性，以避免发生脆性破坏。

2. 选择合适的货架系统

冷库可以毫不夸张地用“寸土寸金”来形容，选择合适的货架系统，为客户用足每一立方米，达到最大的仓库利用率，是货架供应企业需要着重考虑的因素。以下为几种常见的冷库货架系统。

（1）库架合一。库架合一是理想的高位存储系统，把仓库屋顶和侧墙直接固定在货架上，免去了仓库的建造工作。库架合一的仓库利用率较高，长期投资回报率也较高。同时，对货架的技术要求也很高。

（2）穿梭式货架系统。这是由穿梭式托盘货架、穿梭车及叉车组成的完整的高密度存储系统。这种高效率的存储系统，为提高仓库空间利用率带来全新的选择。穿梭式货架系统是目前非常流行的半自动化系统，可以实现较低投资下的冷库半自动化。同时也可以结合子母车、堆垛机、仓库管理软件变身为中小型的穿梭式立体仓库系统。

（3）驶入式货架系统。这是传统的高密度存储系统，叉车驶入货架以存取托盘，这些托盘被置于悬臂导轨上，可以在导轨上移动。这种系统相对来说投资较低，但是对叉车工的要求相对较高，对于流量比较大的冷库，可能需要较多的叉车工进行操作。

当然，还有其他的货架系统，如双深度托盘式货架系统、后推式货架系统、重力式货架系统，主要根据客户的不同要求选择。综上所述，不同的冷库货架类型都有各自的优缺点，因此总体来说，没有最好的货架，只有最适合的货架。

3. 选择合适的货架表面处理方式

喷涂（环氧聚酯静电粉末喷涂）是最常见的货架表面处理方式。对于防腐防锈要求不是很严苛的冷库，适用性非常好，经济实用。

相对于喷涂，热镀锌（热浸锌和热浸镀锌）成本更高，造价高出40%左右。热镀锌是将除锈后的钢件浸入500℃左右融化的锌液，使钢构件表面附着锌层，从而起到防腐的目的。如果客户对防腐防锈要求比较高而且对成本不太敏感，那么可以采用热镀锌的表面处理方式。

很多情况下也可以灵活处理，根据具体情况采取不同的表面处理方式以实现最优解，比如驶入式系统，主体货架采用喷涂方式，置于地面的地导轨可以用热镀锌，从而达到最好的成本优势和使用效果。

4. 其他方面的考虑

冷库货架设计还需考虑其他因素，如冷库中焊缝焊条的选择，需对应焊接母材材质与焊接工艺要求，并确保焊缝焊接质量。

下面以史必诺在危地马拉实施项目中的库架合一冷库为例，结合实际，整体展示史必诺冷库货架的设计过程。

此项目位于中美洲危地马拉，一期库架合一由双深度托盘式货架组成，占地1200m^2，二期由双深度托盘式货架和驶入式货架组成，占地2000m^2，货架总高14m，是一个典型的中型冷库库架合一方案。

此项目的主要目的是为客户打造一个中型实用型的库架合一冷库。在此方案规划前期，由于库架合一的特殊性，需要考虑地震、风灾、雪灾等因素可能会影响到货架的立柱选型。在满足客户储位条件下，合理的通道方向和布局也是需要考虑的。通过有限的分析，选用Q345D材质制作货架。和传统的Q235相比，相同立柱截面下Q345钢材有更高的屈服强度。Q345D中的D表示质量等级更高、在冷库中的表现更好。

在货架类型选择中，考虑到客户要求的经济适用性，选用双深度托盘式货架和驶入式货架来搭建主体，达到了比较好的投资回报率和较高的仓库空间利用率。双深度托盘式货架叉车每边可以取两托货物，比传统的单深度托盘式货架叉车效率高很多，平均货位利用率为90%，随时存储率为50%，地面使用率为45%。驶入式货架非常适合用于大批量的货物存储，一般情况下遵循先进后出的取货顺序（除非是贯通式），平均货位利用率为70%，随时存储率为25%，地面使用率为65%。上述两种货架都比较适合在冷库环境中使用。当然，在一个库架合一仓库中同时出现两种不同的货架，会给设计带来较大难度。这种情况下需要特别注意两个货架之间顶拉门片的连接，特别是连接件的力学性能及稳定性，适当的地方需要进行现场焊接。

由于集装箱长度的限制，一根14m长的立柱需要由两根立柱拼接而成，需要注意低温环境对拼接的影响。拼接的节点，需使用适合冷库环境下的高强螺栓。

安装过程中，底座需预装，门片也应预先拼装好以后整体起吊，也可以一个单元挂好横梁以后整体起吊，这对吊装提出了更高的要求，吊装吊点基本控制在货架长度的1/3

处，这样整体稳定性最好。冷库中风机需安装在货架横梁上，置于货架最顶层。在工作现场，项目经理需要强化规范管理，以保证项目安全、整体进度和实施质量，以满足客户的要求。

货架立柱柱脚处地脚锚栓的“冷桥”现象（房屋外墙转角、内外墙交角、楼屋面与外墙搭接角处，在室内温度高于室外温度时，会产生水雾吸附于墙面的现象，这时会出现外墙的墙体内露水凝结以致房屋潮湿、霉变）需要考虑与避免。

目前，随着人们对高品质生活的追求不断提高，冷库需求增加，也对冷库货架的设计水平提出了更高的要求。发展趋势上，冷库货架呈现出向更密集、半自动化/自动化的方向靠拢。如穿梭车货架系统逐步替代传统的驶入式货架系统，越来越被企业所接受。同时，随着人工成本的增加，旧冷库原有货架系统的改造也越来越多，值得关注。

而对于库架合一系统，目前国外技术比较成熟，但是在国内还存在瓶颈。因为国内目前缺乏相关的规范；库架合一属于建筑范畴还是货架范畴还没有定论。所以，希望相关行业规范越来越明晰，使更多优质的存储系统得到更广泛的推广与应用，进而更好地服务各行各业的广大客户。

问题：

（1）请结合实验实际操作和案例资料，分析冷库用货架选择应该考虑的主要因素。

（2）请结合实验实际操作和案例资料，分析未来物流中心货架设备的发展趋势。

实验十二　集装箱应用实验

【实验准备知识】

一、集装箱的概念和特点

（一）集装箱的概念

根据国家标准《系列 1 集装箱　分类、尺寸和额定质量》(GB/T 1413—2023)，集装箱（Freight Container）是具备下列条件的货物运输设备：具有足够的强度，在有效使用期内能反复使用；适于一种或多种运输方式运送货物，途中无需倒装；设有供快速装卸的装置，便于从一种运输方式转到另一种运输方式；便于箱内货物装满和卸空；内容积大于或等于 $1m^3$（$35.3ft^3$）。

（二）集装箱的特点

集装箱是应用广泛的集装化设备，其特点主要表现在以下几个方面。

1. 强度高、保护性强

集装箱自身结构的特点决定了它的强度比较高，防护能力强，可有效防止货损、货差、偷窃，保证货物安全。

2. 降低物流费用

使用集装箱，可节省包装材料和包装费用，减少理货手续，降低物流费用。

3. 有利于充分利用空间

集装箱便于堆放，节省占地面积，有利于充分利用空间。

4. 集装量大

与其他集装设备相比，集装箱的集装量较大，在针对散杂货的集装中，优势尤为明显。

5. 自重大，造价高

集装箱的自重大，这样无效运输和装卸的比重就比较大，在某种程度上影响物流效率的提高。此外，集装箱的自身造价高，限制了更为广泛的应用。

6. 空箱返空运输浪费较多

集装箱的空箱返空运输耗费了人力、物力，在物流运作中分摊成本较高。

二、集装箱的分类

运输货物用的集装箱种类繁多，其外观、结构、强度、尺寸因种类不同而不尽相同。根据集装箱的用途、尺寸、材料、结构可分为不同的种类。按用途对集装箱进行分类，具体内容如下。

（一）通用集装箱

通用集装箱又称为杂货集装箱或者干货集装箱，是应用最广泛的集装箱，占集装箱总数的70%~80%。这类集装箱常采用封闭防水式结构，在一端或侧面设有箱门。它可以用来装载除液体货物和需要调节温度的货物外的一般杂货，如电子机械、工艺品、医药用品、日用品、纺织品等。为了防止装载杂货时箱内货物移动和倒塌，在箱底和侧壁上设有系环，以便能固定货物。通用集装箱如图 12-1 所示。

（二）保温集装箱

对于一些需要冷藏或保温的货物，为了运输和暂时保存的需要，集装箱内部装有温度控制设备，箱体采用隔热保温材料或隔热保温结构。保温集装箱可分为以下三种。

1. 冷藏集装箱

冷藏集装箱是以运输冷冻食品为主，能保持所定温度的保温集装箱，如图 12-2 所示。

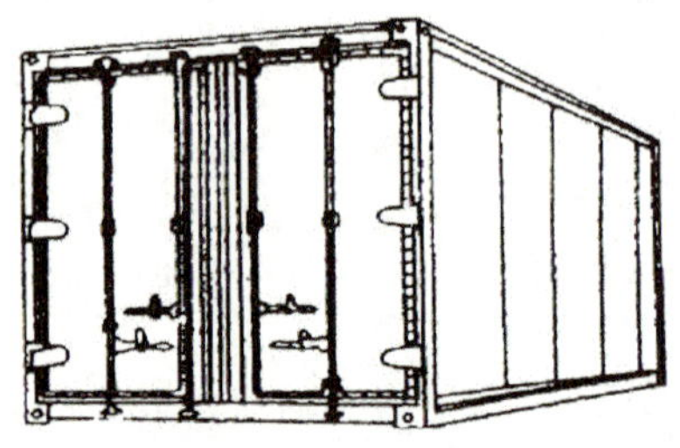

图 12-1　通用集装箱

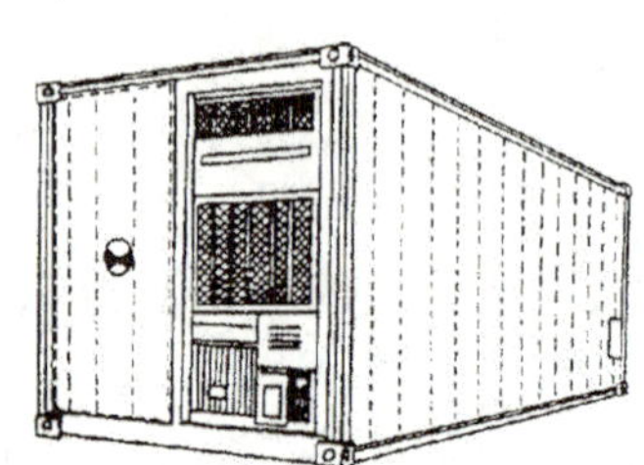

图 12-2　冷藏集装箱

2. 隔热集装箱

隔热集装箱能保持一定低温，保证箱内物品在低温下保质、保鲜而不使其冻结，一般在箱壁采用隔热材料，用于防止温度上升过高，以保持货物的鲜度。通常用干冰作制冷剂，保温时间为 72h 左右。

3. 通风集装箱

通风集装箱在集装箱内设有通风装置，适用于装运水果、蔬菜等不需要冷冻而具有呼吸作用的货物。

（三）罐式集装箱

罐式集装箱是适用于各种液体、气体及部分颗粒体的特殊形状货物的集装箱，如酒类、油类和化学品类等货物。它由罐体和箱体框架两部分组成，装货时货物由罐顶部的装货孔进入，卸货时则由排货孔流出或从顶部装货孔吸出。罐式集装箱有单罐与多罐之分，罐体四角处，由支柱和撑竿相互配合，共同构成了整体框架。罐式集装箱如图 12-3 所示。

（四）散货集装箱

散货集装箱是一种密闭式集装箱，如图 12-4 所示，有玻璃钢制散货集装箱和钢制散货集装箱两种，前者由于侧壁强度较大，故一般装载密度相对较大的散货；后者则用于装载密度相对较小的谷物。散货集装箱顶部的装货口应设有水密性良好的盖，以防雨水侵入箱内。

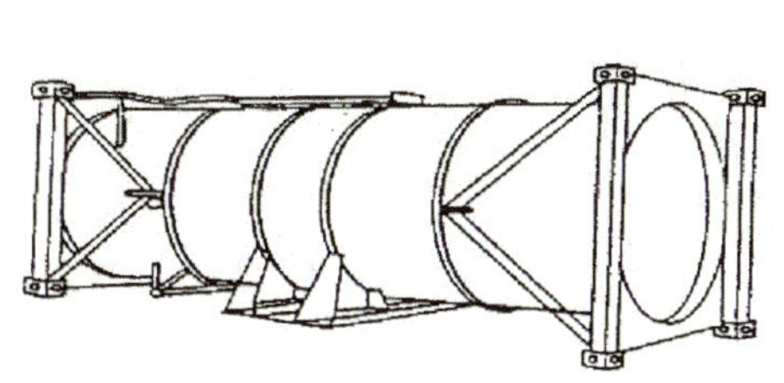

图 12-3 罐式集装箱

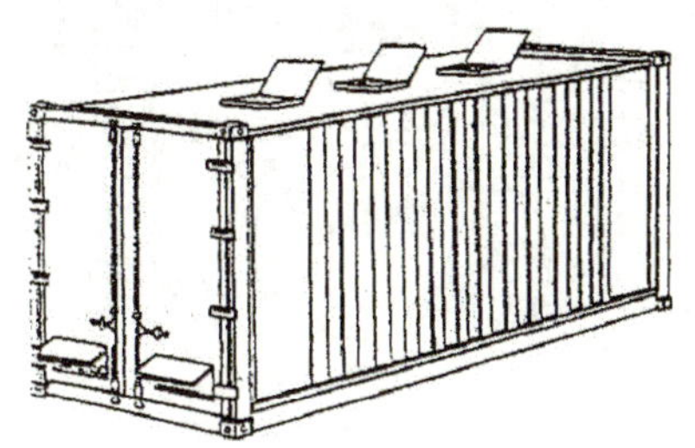

图 12-4 散货集装箱

（五）台架式（台式集装箱）和平台式集装箱

台架式集装箱是没有箱顶和侧壁，甚至连端壁也没有，而只有底板和四个角柱的集装箱；平台式集装箱是在台架式集装箱的基础上再简化，只保留底板的一种特殊结构的集装箱，如图 12-5 所示。此类集装箱的特点是箱底较厚，其强度比普通集装箱大，而其内部高度则比一般集装箱低，适合装载长大件和重货，如重型机械、钢材、木材等。

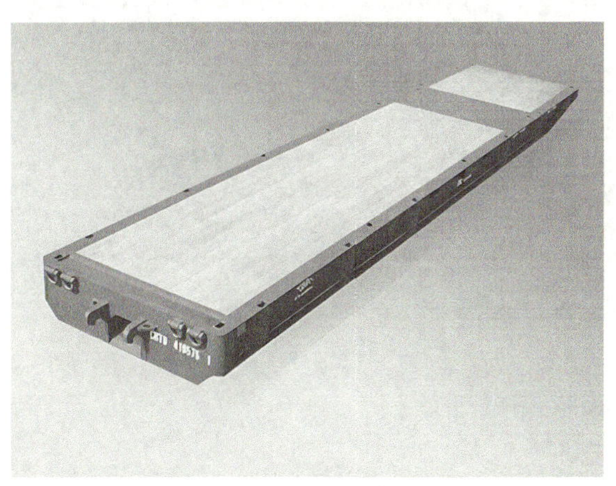

图 12-5 平台式集装箱

（六）汽车集装箱

汽车集装箱是一种专门为装运小型轿车而设计制造的集装箱。其特点是在框架内安装简易箱底，可载运一层或两层轿车，如图 12-6 所示。

（七）敞顶集装箱

敞顶集装箱又称为开顶集装箱，是一种没有刚性箱顶的集装箱，它的箱顶及侧壁和端壁上面的一部分可以打开，货物需要从上面装卸。为了保持开口部分的水密性，用帆布等覆盖，其他的构件与干货集装箱类似。如图 12-7 所示，这种集装箱适于装载大型货物和重货，如钢铁、木材，特别是玻璃板等易碎的重货。

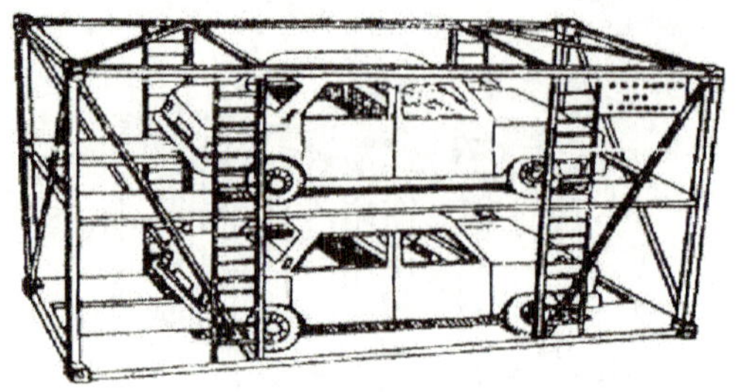

图 12-6　汽车集装箱

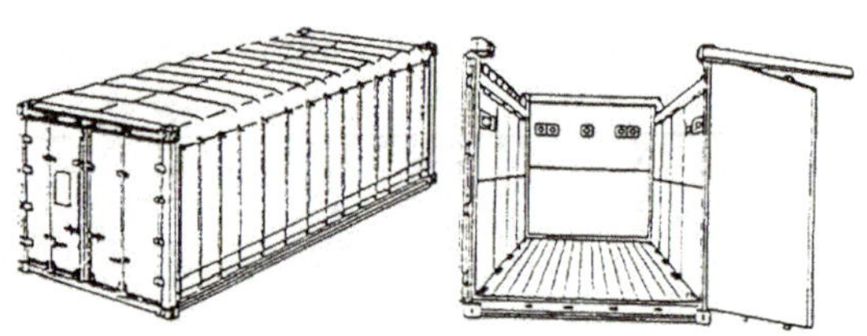

图 12-7　敞顶集装箱

（八）服装集装箱

服装集装箱在箱内上侧梁上装有许多根横杆，每根横杆上垂下若干条皮带扣、尼龙带扣或绳索，可利用衣架上的钩，将成衣直接挂在带扣或绳索上，如图 12-8 所示。

图 12-8　服装集装箱

三、集装箱的规格标准

（一）国际标准集装箱

国际标准集装箱是指根据国际标准化组织（ISO）制定的国际通用的标准集装箱。国际标准化组织技术委员会自成立以来对集装箱的国际标准进行过多次修改，现行的集装箱国际标准为《系列 1 货运集装箱-分类、尺寸和评级》（ISO 668：2020）。

（二）国家标准集装箱

国家标准集装箱是指各国政府参照国际标准并考虑本国的具体情况制定的本国通用的标准集装箱。我国现行的国家标准《系列 1 集装箱　分类、尺寸和额定质量》（GB/T 1413—2023）及《系列 2 集装箱　分类、尺寸和额定质量》（GB/T 35201—2017）中对集装箱各种型号的外部尺寸、极限偏差及额定质量作了明确的规定。

（三）地区标准集装箱

地区集装箱标准是由地区标准化组织根据各地区的特殊情况制定的标准，根据此类标准制造的集装箱一般只适用于该地区。

（四）公司标准集装箱

一些大型的集装箱船公司，根据本公司的具体情况和条件而制定的集装箱标准，符合这类标准的集装箱主要在该公司运输范围内使用。

四、集装箱的运用与管理

（一）集装箱类型的选择

要正确选择集装箱类型，应考虑以下方面。

1. 货物特性、种类和货名

货物特性决定了运输要求，如危险品、易碎品、鲜活品等货物对运输有不同要求，其对箱型的选择也就不同。同时，为了保证运输货物安全无损，应进一步了解货物种类、货物名称等，只有这样，才能满足货物运输的要求。

2. 货物包装尺寸

由于我国货物运输包装目前尚无通用的标准尺寸，包装规格繁多，要选择相应的集装箱型号，必须了解货物包装尺寸，以便充分利用集装箱容积，选择合适的配置方法。

3. 货物重量

任何集装箱可装货物的重量都不得超过集装箱的载重量，有时货物重量虽小于载重量，但由于该货物是集中负荷而可能造成箱底强度不足，这时就必须采取措施，利用货垫使集中负荷分散。

4. 集装箱运输过程

在整个集装箱运输过程中应考虑由哪几种运输工具运送，是否转运和换装作业，采用何种作业方式，运输过程中的外界条件如何，是否存在高温、多湿等外部环境，等等。运输过程不同，箱型也应不同。

5. 装卸机械设备

有些货物只能使用机械设备装卸，而在拆箱地点没有装货平台时，就需要使用敞顶集装箱，利用起重机进行装载。

（二）集装箱货物的装载和固定

集装箱货物一般分为整箱货和拼箱货。由于装箱货物的种类、卸货地点不同，在装箱前，应根据具体条件把握货物的装载方法和固定方法。通常，应注意以下方面。

1. 重量配置要均衡

在装箱时尽可能使重量均匀地分布于集装箱底板上，以免底板集中受力或偏心受力。在同一集装箱中配载不同货物时，应注意货物的性质、重量、包装对其他货物的影响，并做到货重在箱内均匀分布。

2. 装载要适当考虑拆箱卸货的便利性

有时在装箱地由于有较高的技术和良好的机械设备，货物能很顺利装入箱内，但在偏僻地区拆箱卸货时，既没有装卸经验，又没有良好的装卸设备，货物难以取出。因此，装载货物时要适当考虑拆箱卸货的便利性。

3. 固定货物时要考虑拆卸固定用具的便利性

装货时要周密、细致地考虑卸货地的具体条件，要充分考虑卸货地固定用具拆卸的便利性。

（三）集装箱管理系统

为了能够随时掌握和控制集装箱使用的各种状态，目前，广泛采用了高效率的集装箱管理系统进行集装箱管理。集装箱管理系统是通过对集装箱的自动识别，将集装箱运输中的相关信息记录到箱体的集装箱电子标签中，使集装箱成为集装箱运输信息的载体，实现对运输过程中的集装箱货物状态和运输信息的有效监控和实时管理。集装箱管理系统主要有以下几种。

1. 集装箱编目控制系统

集装箱编目控制系统是将有关集装箱的固定特征，如箱号、尺寸等资料，事先储存在计算机中，而集装箱的日常动态信息则使用特定的代码按照要求输入计算机。通过编目控制，不仅能够掌握及跟踪分布在国内外集装箱码头堆场、集装箱货运站、内陆货站、货主仓库及运输途中的有关集装箱地理位置和使用状态变化的动态信息，还可以对各个运输环节的集装箱需求情况做出预测。

2. 集装箱电子封条监管系统

集装箱电子封条监管系统在集装箱的外部和内部均使用或者加装多个射频识别产品，包括识别电子封条（即电子标签）。这些封条可以贴在运输货物的集装箱上，随时将集装箱的一些关键信息（如位置、安全状况、灯光、温度和湿度等）传送给读取器网络。现场负责人实时管理当地读取器网络，收集、过滤获得的信息，并将有效信息输送到运输安全管理系统。发货人通过该系统，不用开箱就可以实现货物的追踪查询，了解货物的存储位置、状态和安全状况。

3. 集装箱自动识别系统

基于电子标签的集装箱自动识别系统主要由电子标签、地面识别设备和中央处理设备组成。其中电子标签安装在被识别的集装箱上；地面识别设备主要由天线、RF 射频装置和读出计算机组成，分别安装在铁路出入口、公路出入口，以及起重机、叉车和机动清点车上。集装箱从轮船、火车、汽车上到达或发出货场时，各识别设备均能对该集装箱进行自动识别，并将识别信息与 EDI（电子数据交换）系统联网，从而实现集装箱的动态跟踪和管理，提高集装箱运输效率。

五、集装箱装卸搬运机械系统

集装箱运输是一种先进的运输组织方式。不同装卸搬运工艺、作业场须配备不同的集装箱装卸搬运机械系统。

（一）集装箱装卸搬运机械系统的类型

集装箱装卸搬运机械系统按作业场所和装卸搬运工艺，常分为集装箱船装卸搬运机械系统、集装箱堆场装卸搬运机械系统、集装箱货运站装卸搬运机械系统。

1. 集装箱船装卸搬运机械系统

集装箱船装卸搬运机械系统主要实现船岸交接，对停靠的集装箱船舶进行装卸搬运作业，一般情况下，常采用岸边集装箱装卸桥。在多功能综合码头上较多采用多用途桥式起重机、多用途门座起重机、高桥轮胎式起重机等设备。

2. 集装箱堆场装卸搬运机械系统

集装箱堆场装卸搬运机械系统主要对集装箱进行分类堆放，实现集装箱装卸搬运、堆垛作业，所采用的机械设备主要有集装箱跨运车、集装箱牵引车、叉式装卸车、正面吊运车、轮胎式龙门起重机等。水平运输可采用不同的机械组成不同的装卸搬运机械系统，如跨运车系统、轮胎式龙门起重机系统、轨道式龙门起重机系统、叉车系统等。

3. 集装箱货运站装卸搬运机械系统

集装箱货运站装卸搬运机械系统主要用于一般件杂货的拆装箱工作，一般配备拆装箱和堆码用的小型装卸搬运机械。

（二）岸边集装箱装卸桥

岸边集装箱装卸桥是在集装箱码头前沿对集装箱船舶进行装卸搬运作业的专用机械。由于它具有效率高、车船作业简便、适用性强的优点，在集装箱专用码头上大都安装岸边集装箱装卸桥。岸边集装箱装卸桥主要由带行走机构的门架、承担臂架重量的拉杆和臂架等几个部分组成。臂架的主要作用是承受带升降机构的小车重量，而升降机构是用来承受集装箱吊具和集装箱重量的。靠海一侧的臂架一般设计成可以俯仰的，以便岸边集装箱装卸桥移动时与船舶的上层建筑不会发生碰撞。岸边集装箱装卸桥外形如图 12-9 所示。

图 12-9　岸边集装箱装卸桥外形

工作时，门架沿着与岸边平行的轨道行走，小车沿着臂架上的轨道往返于海陆两侧吊运集装箱，进行装船和卸船作业。

在运用岸边集装箱装卸桥时，要选择和确定合适的性能参数，主要考虑起重量、起升高度、外伸距、内伸距、工作速度、基距、轮压等。

（三）集装箱跨运车

集装箱跨运车是一种应用于集装箱码头和集装箱中转站堆场，具有搬运、堆垛、换装等多功能的集装箱专用机械。在集装箱码头上，可完成如下作业：岸边集装箱装卸桥与前方堆场之间的装卸搬运作业；前方堆场与后方堆场之间的装卸搬运作业；后方堆场与货运站之间的装卸搬运作业；对底盘车进行换装作业。集装箱跨运车的主要优点是可以一机多用，减少码头作业机械的种类和数量，便于组织管理，机动性好，作业灵活，取箱对位快，装卸搬运作业效率较高。但是其结构复杂，维护保养较困难，初始投资高，行走稳定性较差，堆场利用率较低。

集装箱跨运车，如图 12-10 所示，主要包括车架、吊具及升降系统、动力及传动系统、转向及行驶系统、制动系统、液压系统、电控系统等。

集装箱跨运车有通用型和专用型两种。通用型是指跨运车既能适应 20ft 的集装箱，又能适应 40ft 的集装箱；专用型是指只能适应 20ft 或 40ft 一种集装箱的跨运车。集装箱跨运车的堆垛能力可以设定，有的能堆两层，有的能堆三层，甚至四层，选用时要与整个集装箱码头的堆存面积大小结合起来考虑。

（四）轮胎式龙门起重机

轮胎式龙门起重机是对集装箱进行装卸搬运、堆垛的高效专用机械，如图 12-11 所示。

图 12-10　集装箱跨运车

图 12-11　轮胎式龙门起重机

装有集装箱吊具的起重小车沿主梁轨道行走，用以装卸底盘车和进行堆垛作业。轮胎式龙门起重机的运行机构安装在支腿的下横梁。

（五）轨道式龙门起重机

轨道式龙门起重机也是对集装箱进行装卸搬运、堆垛的一种高效专用机械。它由两片双悬臂的龙门架组成，两侧门腿用下横梁连接，龙门架通过大车运行机构在地面的轨道上行走，起重小车运行在龙门架的轨道上。轨道式龙门起重机较轮胎式龙门起重机跨度大，结构简单，操作方便，易于实现自动化控制，同时，还具有堆垛层数多、可以充分利用堆场面积、提高堆场堆存能力等功能。轨道式龙门起重机如图 12-12 所示。

（六）集装箱牵引车和挂车

集装箱牵引车专门用于拖带集装箱挂车，两者结合组成车组，是长距离运输集装箱的专用机械。它主要用于港口码头、铁路货场与集装箱堆场之间的运输。集装箱牵引车具有牵引装置、行驶装置，但自身不能载运货物，其内燃机和底盘的布置与普通牵引车大体相同，只是集装箱牵引车前后车轮均装有行走制动器，车架后部装有连接挂车的牵引鞍座。集装箱牵引车如图 12-13 所示。

图 12-12 轨道式龙门起重机

图 12-13 集装箱牵引车

集装箱挂车按拖挂方式不同，分为半挂车或全挂车两种，其中半挂车最为常用。半挂车中挂车和货物的一部分重量由牵引车直接承受，不但牵引力得到有效发挥，而且牵引车车身较短，便于倒车和转向，安全可靠。半挂车装有支腿，以便与牵引车脱开后，能稳定地支承在地面上。全挂车是通过牵引杆架，使牵引车与挂车连接，全挂车身也可作为普通货车单独使用，但车身较长，操作比半挂车要稍难些。集装箱挂车如图 12-14 所示。

（七）集装箱叉车

集装箱叉车（又称叉式装卸车）是集装箱港站上常用的一种装卸设备，如图 12-15

所示，主要用于在操作量不大的综合性港站上进行集装箱的装卸、堆垛、短距离的搬运和车辆的装卸作业，也用于集装箱堆场的辅助作业，它是一种多功能的机械。

图 12-14　集装箱挂车

图 12-15　集装箱叉车

【实验报告】

集装箱应用实验

一、实验目的

1. 掌握集装箱的基本性能和结构。
2. 熟悉集装箱的配置和选型方法。
3. 掌握集装箱配载的基本原则。
4. 掌握多式联运基本硬件设备的配置方式。

二、实验环境和设施设备要求

1. 集装箱运行模拟系统 1 套。该系统包括岸边集装箱装卸桥、轮胎式龙门起重机、集装箱牵引车等集装箱装卸搬运设备，可以模拟演示港口、堆场的集装运作流程，集装箱运行模拟系统基本组成如图 12-16 所示。

图 12-16　集装箱运行模拟系统基本组成

2. 通用集装箱、保温集装箱、航空集装箱模型各 1 套。
3. 集装箱电子封条监管系统 1 套，该系统具有位置、温度、湿度监控功能；集装箱电子锁系统 1 套。
4. 集装配载货物信息如表 12-1 所示。

表 12-1　集装配载货物信息

货物名称	单位	数量	单个重量（kg）	几何尺寸（m×m×m）	所属公司	备注
A1	箱	100	60	0. 6×0. 7×0. 6	华新	—
B1	箱	150	40	0. 8×0. 5×0. 6	鑫达	不可承重
C1	箱	120	50	0. 6×0. 65×0. 5	中发	—
D1	箱	90	45	0. 6×0. 5×0. 4	宇通	—

续 表

货物名称	单位	数量	单个重量（kg）	几何尺寸（m×m×m）	所属公司	备注
E1	箱	90	56	0.5×0.5×0.5	华大	—
F1	箱	100	22	0.4×0.3×0.35	新宇	—
G1	箱	220	2	1.2×0.8×0.7	顺昌	—
A2	箱	230	34	0.6×0.5×0.3	中发	—
B2	个	320	50	0.5×0.5×0.4	宇通	不可承重
C2	箱	560	30	0.6×0.55×0.35	华大	—
D2	箱	800	45	1.5×0.5×0.4	新宇	—
E2	箱	200	34	0.6×0.5×0.4	顺昌	—
F2	箱	340	53	1.5×0.5×0.35	中发	—
G2	箱	560	23	0.6×0.5×0.45	宇通	—
A3	箱	120	15	0.45×0.4×0.4	华大	—
B3	箱	90	18	0.6×0.5×0.45	新宇	不可承重
C3	箱	450	20	0.5×0.5×0.4	华宇	—
D3	箱	120	46	0.6×0.5×0.4	鑫达	—
E3	箱	150	80	0.5×0.5×0.3	诚峰	—
F3	箱	1200	34	0.6×0.5×0.25	星创	—
G3	箱	350	9	0.6×0.2×0.35	银创	—
A4	箱	600	64	0.6×0.5×0.65	华通	—
B4	箱	400	5	1.3×0.6×0.15	顺昌	不可承重
C4	箱	30	25	1.6×0.78×0.45	中发	—
D4	箱	12	34	0.5×0.5×0.35	宇通	—
E4	箱	20	23	0.6×0.5×0.4	华大	—
F4	箱	60	10	0.5×0.52×0.2	华宇	—
G4	箱	100	8	0.45×0.3×0.25	鑫达	—

三、实验步骤

1. 通过集装箱运行模拟系统演示，了解集装箱在港口、堆场的基本作业流程，熟悉多式联运对集装箱作业的基本要求。

2. 观察集装箱模型，了解集装箱组成结构，结合物流作业功能，分析相应的配套设备。

3. 结合给定的集装配载货物信息进行集装箱配载设计。

4. 演示集装箱电子封条监管系统的位置、温度、湿度监控功能。

5. 模拟集装箱电子锁系统进行封箱作业。

四、实验报告题目

1. 结合实验演示说明，分析港口作业过程中集装箱作业设备配置应考虑哪些主要因素。

2. 表 12-1 为拟采用集装箱运输的货物，出发港口为上海，目的地为新加坡，拟采用的集装箱规格为 1AA，请制订适当的配载方案，并说明采用的基本原则。

3. 如果采用 1AA 类型的集装箱装载托盘形式的货物，当货物缺乏必要的防塌垛的防护措施时，分析可以采用的辅助保护措施。

4. 中国某工厂以生产欧美国家用的装饰用油漆产品为主，出口全部采用海运并利用集装箱的方式，说明在设计产品包装形式和外包装尺寸时应考虑的基本因素。

5. 结合本人学校所在城市的物流需求情况，分析如果采用集装箱海陆铁联运形式为城市服务，应在城市一级节点类的物流中心配置什么类型的物流设施和设备。

6. 航空集装箱是根据飞机货舱的形状设计的，飞机货舱示意如图12-17所示，以保证货舱有限空间的最大装载率，飞机载运的集装箱的规格和型号较多，请结合调研资料，分析在利用航空集装箱时应考虑的主要因素。

图12-17　飞机货舱示意

7. 结合实验观察，分析集装箱锁的作用，并说明采用集装箱电子锁系统的优势。

8. 结合实验观察和相关技术资料，分析集装箱堆场装卸搬运效率的影响因素。

9. 结合实验观察和相关技术资料，分析集装箱联运过程中不同运载工具对集装箱外形尺寸等参数的要求。

10. 结合实验分析堆场中确定集装箱堆放位置时应考虑的主要因素。

11. 集装箱挂车占用场地空间较大，结合实验观察和相关技术资料，提出集约化利用场地空间的技术方案及其可行性。集装箱挂车停放示意如图 12-18 所示。

图 12-18　集装箱挂车停放示意

12. 集装箱使用过程中可以通过安装各类感知设备和网络传输设备，实现实时监控，结合实验观察和相关技术资料，总结说明客户可能提出的监控内容及可以实施的技术方案。

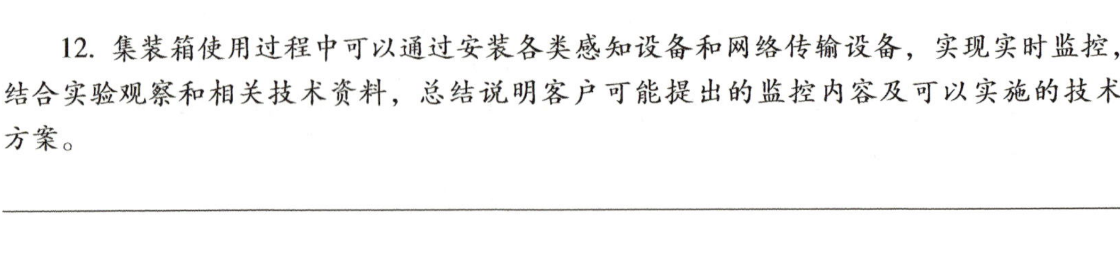

【案例分析】

多措并举推动甩挂运输发展

甩挂运输（Tractor-and-trailer Swap Transport）是指带有动力的机动车将随车拖带的承载装置，包括半挂车、全挂车，甚至货车底盘上的货箱甩留在目的地后，再拖带其他装满货物的装置返回原地，或者驶向新的地点。这种一辆带有动力的主车，连续拖带两个以上承载装置的运输方式被称为甩挂运输。

甩挂运输是转变交通运输发展方式、加快运输结构调整的重要抓手和切入点，是促进现代物流安全、绿色、高效发展的重要手段之一。宜昌市物流局（现宜昌市物流业发展中心）按照行业引导、企业主导、多方联动、分类指导的原则，积极推进甩挂运输发展。

1. 举措一：立足物流园区推进甩挂运输站场建设

用于甩挂运输的牵引车和挂车，车长近 20m，如没有大型甩挂站场，无法实现相关作业，建立甩挂运输专用站场，对保障甩挂运输安全、定向、可靠、作业连续性至关重要。宜昌市物流局将物流园区作为开展甩挂运输组织的重要依托和基础，积极推进甩挂运输站场配套设施建设。

2. 举措二：培育精品线路，创新运营模式

确定宜港集团、立信物流、国诚物流、华维物流、超凡物流五家甩挂运输重点培育企业。经过一年多的培育，开通甩挂线路 15 条，年甩挂货运量达 133680t。重点培育 5 条甩挂运输精品线路。5 条精品线路共计投入牵引车 16 辆、挂车 41 辆，总吨位为 1230t，车挂比为 1∶2.5，主要采取“整车一线两点甩挂”“零担货物一线多点循环甩挂”“客户端甩挂”等运营模式。如立信物流依托固定合作伙伴开展客户端甩挂，减少二次进仓和不必要的装卸过程，降低了物流成本和货物破损率。

3. 举措三：提升甩挂信息系统水平

甩挂运输是建立在高度组织化前提下的先进运输组织方式。宜昌市物流局注意引导

企业完善组织、网络、运营三大系统建设。目前从企业内部信息管理系统来看，基本具有站场监控、车辆调度、实时追踪、客户管理等功能。

4. 举措四：加强甩挂运输装备改造升级

五家甩挂运输重点培育企业有牵引车 74 辆、挂车 156 辆，其中立信物流牵引车和挂车拥有量较上年提升 200%，吨位增长率达 284.61%。宜昌市物流局还积极引导华维物流在全市率先将半挂车更换为全铝车厢，比原铁质车辆轻 6t，高速公路每千米可节约通行费 0.6 元，满载油耗下降 12%。引导立信物流部分牵引车采用 LNG（液化天然气）动力，节能效果突出，宜昌至泉州每趟运输可节约燃料费 500 元。

通过开展甩挂运输，企业普遍反映整体运营效率、服务质量、经济效益得到大幅提升。从运输效率来看，每月行驶里程可提升 1 倍，司机收入增长 30%以上，市内短途甩挂单程时间可节约 50%。通过减少牵引车、驾驶员和搬运工的配置数量，运营成本（包括牵引车购置费、人工费、管理费等）减少 50%。

下一步，宜昌市物流局将多方施力，加快甩挂运输发展。

一是着力加快甩挂站场建设。统筹物流空间布局，建设一批功能完善、布局合理的专业甩挂运输站场，使其具有专业作业平台，满足汽车甩挂需求的装卸空间场所，实现牵引车和挂车之间的自由组合。

二是着力推进多式联运甩挂。结合载货汽车滚装运输、多式联运、甩挂运输、翻坝运输等要素，加强长江三峡载货汽车水陆滚装甩挂运输项目的调研论证。该项目既可缓解三峡船闸过闸压力，发挥水运优势，让货物在不同运输方式间无缝对接，提高三峡枢纽综合通行能力，又可降低物流成本，节能减排。

三是着力推动客户端甩挂。积极引导宜昌整车物流企业依托大型工商企业生产基地和仓储设施构建甩挂运输站场，积极发展“挂车池”（挂车停车场），开展客户端甩挂。工商企业可将挂车作为仓储站场，节约仓储成本，减少二次进仓。

四是着力推进城乡短途甩挂。依托三峡物流园城乡共同配送平台，建立专业甩挂站场，引导公路物流企业成立公路物流甩挂运输联盟，建立甩挂运输信息平台，适时引入全托盘运输，提升装卸效率，为甩挂运输规模化、网络化发展奠定基础。

五是着力推进干支衔接甩挂。把城际干线货运和城市末端配送通过甩挂枢纽站场及信息平台有效衔接，通过甩挂运输、共同配送等先进运输组织方式，形成高效的城市货运配送组织链条，促进城市绿色配送物流发展。

六是着力推进信息化建设。依托在建的宜昌三峡物流公共信息平台，应用互联网技术，把人、挂车、货源有机联系，提升甩挂运输效率，实现车辆资源、货源资源、司机资源共享和调配。

七是着力培育甩挂龙头企业。重点培育 3~5 家规模大、经营网点多、管理规范、技术完善、信誉良好、有创新能力的甩挂运输物流企业，引领宜昌市甩挂运输规范运作和健康发展。

八是着力建立政策支持体系。积极推动制定宜昌市配套扶持政策。

九是着力培育专业管理人才。建立产学研试验基地，强化甩挂运输理论研究和实践结合，在宜昌培养一批高素质运营和管理人才。

十是成立甩挂运输联盟。加强资源整合，推动组建长江三峡载货汽车滚装甩挂运输联盟、专线甩挂运输联盟，实现甩挂业务数量提升，解决货源和线路辐射力不足等问题。

问题：

（1）请结合实验和案例介绍，总结分析采用甩挂运输需要具备哪些基本设备。

（2）请结合实验和案例介绍，总结分析未来多式联运的主要发展趋势。

实验十三　无线射频技术应用实验

【实验准备知识】

一、无线射频识别技术

（一）无线射频识别技术的概述

无线射频识别（Radio Frequency Identification，RFID）技术的基本原理是利用空间电磁感应和电磁传播进行通信，以达到自动识别目标信息的目的。其作用是利用无线射频方式进行非接触式双向通信，从而实现识别目标物体并交换数据。

RFID 系统的基本工作方法是采用粘贴、插放等方法将 RFID 标签（以下简称射频标签）安装在被识别对象上，利用专用的 RFID 阅读器接近被识别对象，当距离达到可识别范围时，二者之间采用无线通信方式进行数据传输，可以将射频标签内的存储数据通过阅读器解码后传递给控制用计算机，便于后期处理分析。

（二）无线射频识别技术的特点

1. 识别范围大

无线射频识别技术属于无接触式识别，一般识别距离可以达到几十米，使用方便，同时可以识别高速运动物体。无线射频识别采用无线电波传递信息，因此在一般环境下，受非金属障碍物影响较小，能有效进行信号传输。

2. 识别效率高

无线射频识别技术可以同时识别多个标签。

3. 体积小

无线射频识别技术的标签可以制作得很小，且形状不受限制，同时不影响识别效果。

4. 可靠性好

无线射频识别设备可使用几十年，而且在常规外界环境干扰下具有较好的稳定性。

5. 储存量大

目前常见的射频标签的储存量以字节或千字节为基本单位，且可以更新，适合在数据容量大且信息需要变更的情况下使用。

6. 准确性好

无线射频识别设备的信息读取精度高、误差小。

7. 安全性好

射频标签对存储的信息进行保密，难以伪造。

二、无线射频识别设备的组成、应用与选型

（一）无线射频识别设备的组成

无线射频识别设备包括阅读器、射频标签和数据管理系统。

1. 阅读器

阅读器也称为读写器，是连接射频标签及数据管理系统的接口，其主要作用是完成标签信息的读出或者写入。阅读器和计算机之间可以通过标准接口进行通信。阅读器具有防冲撞功能，能够一次性读取多个标签信息，并具有纠错功能，可以对标签信息进行校验，并能够在一定条件下对错误信息进行更正。

阅读器按照使用方式可以分为以下几种。

（1）固定式阅读器。固定式阅读器具有识别效率高、距离远的特点，适合在使用地点相对固定、频率高的场合使用。固定式阅读器如图 13-1 所示。

（2）手持式阅读器。手持式阅读器是一种便携式的识别装置，自身具有信息处理功能，一般配有显示装置和操作键盘，适合盘点、拣选等作业选用。手持式阅读器可以和计算机相连，并可以集成条码扫描功能，形成复合式识别装置。手持式阅读器如图 13-2 所示。

图 13-1 固定式阅读器

图 13-2 手持式阅读器

2. 射频标签

射频标签是信息的载体，一般情况下射频标签由标签天线和标签芯片构成，可以完成信息的发射传输和存储，射频标签内存储的信息还可以进行修改、编程，便于进行信息管理。射频标签的外形小巧，而且能根据需求设计成多种样式，适合印制在包装上，使用非常方便。射频标签可以分为以下几种。

（1）按照供电形式分类。射频标签分为有源标签和无源标签，有源标签内置电池，可以提供更多的附加功能。

（2）按照信息处理方式分类。射频标签分为只读标签和可读可写标签，其中只读标

签信息是固化的，不可改变。

(3) 按照信号感应形式分类。射频标签分为主动式标签和被动式标签，主动式标签使用自身的能量将数据信号传输给阅读器，而被动式标签必须依靠阅读器相互感应才能正常工作。典型的射频标签如图 13-3 所示。

3. 数据管理系统

数据管理系统根据物流服务需要进行配置，可以利用集成于仓储管理系统的功能模块进行替代。

（二）无线射频识别设备的应用

无线射频识别设备被广泛应用于工业自动化、商业自动化、交通运输控制管理等领域，如流水线生产自动化、邮政分拣、超市货物管理、仓储管理、车辆防盗等领域。

1. EAS 系统

EAS（Electronic Article Surveillance）系统又称电子商品防窃（盗）系统，一般由检测器、射频标签、解码器/开锁器组成，其基本原理是利用发射天线将扫描带（频带）发射出去，在发射天线和接收天线之间形成一个扫描区，而在其接收范围内利用接收天线将该频带接收还原，再利用电磁波的共振原理搜寻特定范围内是否有预定的射频标签，当该区域内出现有效标签即触发报警，主要用作仓库、商店及图书馆的防盗器件，减少盗窃情况发生。EAS 系统如图 13-4 所示。

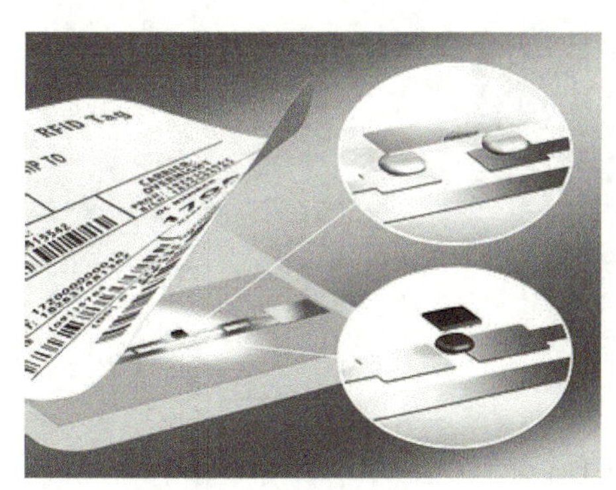

图 13-3 典型的射频标签

图 13-4 EAS 系统

2. 商业应用

利用无线射频识别设备可以实现自动结算，顾客可以通过设置的固定识别设备直接确定购买商品的总额，而不必采用专用的条码扫描设备，极大提高了效率。

3. 运输管理

目前，广泛使用的射频识别乘车卡具有交易便捷、快速通过、可靠性高的特点；在高速公路利用无线射频识别设备可以实现自动收费。

4. 仓储管理

利用带有自动射频识别功能的读取器能够获得射频标签的数据，并可以将数据暂时存放或者直接传送给信息管理系统，用此技术可以实现仓库的高效管理，有效解决货物的动态信息管理问题，用于实现自动化存取货物和库存盘点，增强作业的准确性和快捷性，提高管理质量，降低劳动强度。仓储管理系统如图 13-5 所示。

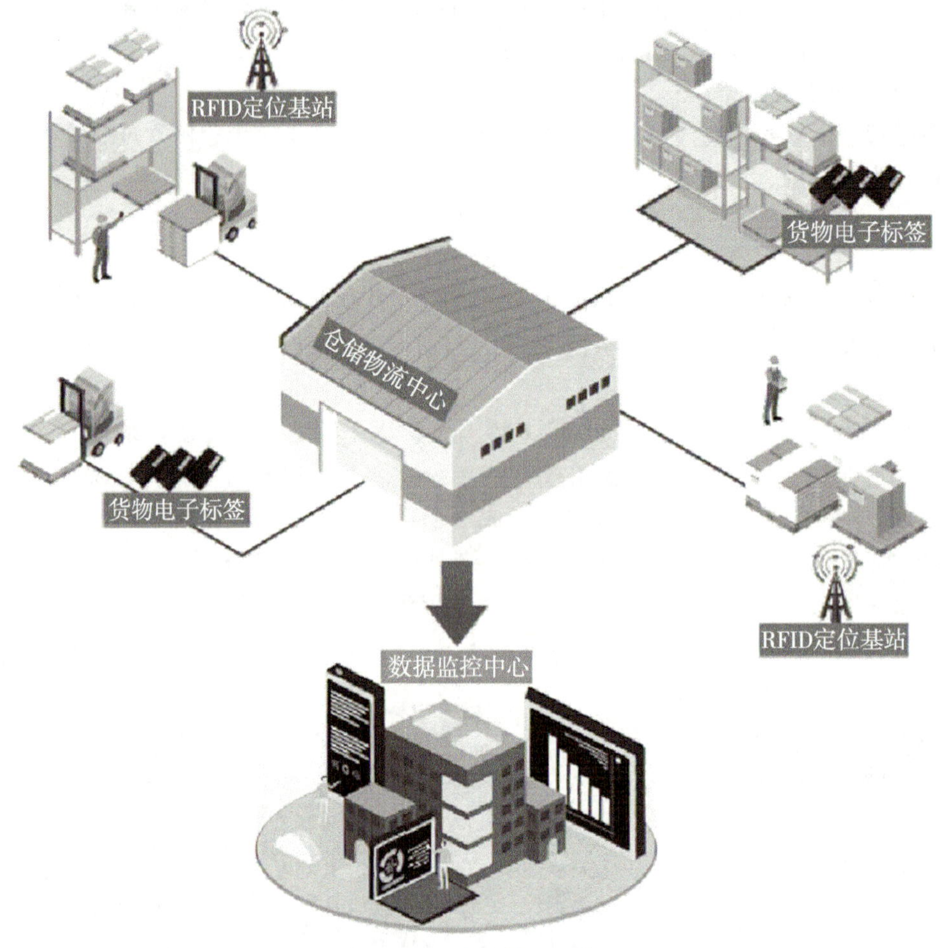

图 13-5 仓储管理系统

5. 定位跟踪系统

射频标签可以存储信息，借助这一特性可以实现商品的信息化管理。对于危险品或集装箱等，通过自动识别射频标签，可以跟踪记录其运输过程及使用情况，便于管理。

6. 军事物流应用

无线射频识别技术的应用始于第二次世界大战时期友军飞机的识别。在军事物流领域，美国国防部总结在海湾战争中物资保障的经验和教训，认为在供应链的各环节掌握物资位置、数量、状态，对供应保障能力具有极其重要的影响。在其随后制定的新时期后勤战略转型六大目标之一“联合全资产可视化”计划中，将无线射频识别技术作为重要的组成部分纳入，并认为该技术是对供应链实施有价值并确保军队随时做好战斗准备所使用的一种后勤变革工具。

（三）无线射频识别设备的选型

无线射频识别设备在选型时应该重点考虑以下内容。

1. 识别距离

一般情况下物流管理作业中，无线射频识别设备的识别距离越大使用越方便，比如在车辆的运输管理中，可以通过选配天线增加识别距离。

2. 存储容量

射频标签的存储容量越大，可存储信息就越多，方便进行管理和使用。

3. 通信性能

无线射频识别设备的实质是数据的传递，因此必须保证通信的可靠性，要选择合理的通信模式，以保证一定的数据传输速度，满足实际使用需要。

4. 最大识别数量

最大识别数量是指无线射频识别设备一次可以最多识别的射频标签数量，最大识别数量直接影响识别效率。

5. 能量供应模式

无线射频识别设备按照能源形式分类，可以分为有源系统、无源系统和半有源系统。有源系统内部有电池供电，系统识别距离长，但体积大，成本高。无源系统体积小，重量轻，寿命长，成本低，但是识别距离短。半有源系统的标签带有电池，但是只限于标签内部电路使用，并不用于标签发射识别信号。

6. 标准化

目前对无线射频识别设备的使用还没有统一的标准，特别是设备使用的频率等，因此应尽量选用同一种标准，便于系统集成。

7. 系统性

无线射频识别设备的应用必须考虑整个系统的情况，是否能够和物流系统中的其他环节相配合，否则系统无法形成一个有机整体，比如库存管理中的自动化系统必须考虑和机械设备、信息管理系统的配合。

8. 经济性

无线射频识别设备目前没有被大量采用，其中主要的原因是成本过高，因此在使用过程中必须综合考虑经济性、效率等因素，才能确定最优方案。

【实验报告】

无线射频识别技术应用实验

一、实验目的

1. 了解无线射频识别技术的基本原理。
2. 掌握无线射频识别设备的性能和选型方法。
3. 熟悉物流系统中无线射频识别系统设计的关键影响要素。

二、实验环境和设施设备要求

1. 设置1处无线射频技术作业设施空间，其中布置1组层式货架。

2. 射频标签打印机1台；低频、中频、高频类型的射频标签各5个；阅读器两种，包括固定式阅读器和手持式阅读器。

3. 托盘5个，要求长、宽尺寸符合国家标准，分别为1200mm和1000mm；周转料箱20个，要求长、宽、高尺寸分别为600mm、400mm和300mm。

4. 基于射频标签的自动定位系统1套、EAS系统1套、食堂用餐结算系统1套（也可以选择其他类型的系统模拟物流运作），并配备相应管理系统。

5. 平衡重式叉车1台；存储货架1套，要求为托盘层式货架。

6. 模拟货物1套，要求椭球形货物及服装类货物各1种，其他类型货物3种以上。

7. 计时仪器1个，5m长卷尺1把。

8. 金属材质、木材质及塑料材质的反射板各1块，单边尺寸不小于0.6m，并配有可移动支撑架。

三、实验步骤

1. 使用射频标签打印机制作不同内容的射频标签，并测试射频标签最大信息容量等性能参数。

2. 利用阅读器读取不同频率的射频标签，总结射频标签及阅读器的读取速度、准确度等功能参数，并建立其性能评价体系。

3. 按照图13-6所示的标签读取影响测试系统布局进行搭建，分别使用金属材质、木材质及塑料材质的反射板改变射频标签与其之间的距离，重点测试射频标签的读写距离和读取速度等功能参数变化情况。

4. 利用射频标签进行托盘和模拟货物标识，记录并分析器具和货物自身材质、几何尺寸及外形等物理特征对标识的影响。

5. 利用射频标签对叉车、货架、货物和人员进行标识，分别利用自动定位系统对其进行定位测试，并记录测试结果。

6. 对射频标签进行污染和破损情况测试，记录其对识读效果的影响。

7. 测试EAS系统的工作情况，分析其使用环境要求及设备选型影响要素。

8. 测试食堂用餐结算系统的工作情况，分析其使用环境要求及设备选型影响要素。

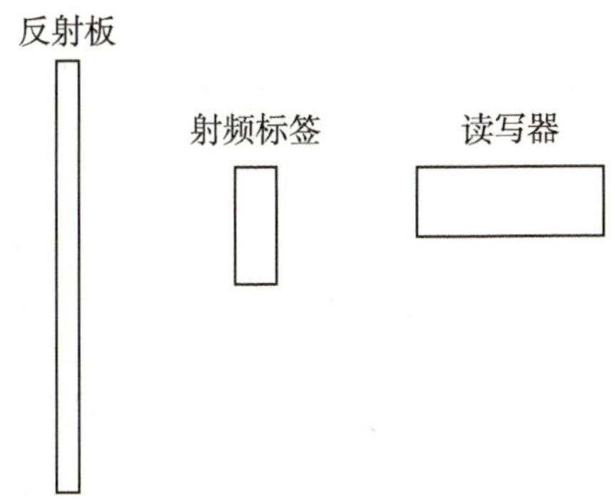

图 13–6 标签读取影响测试系统布局

四、实验报告题目

1. 结合实验实际操作，总结说明不同频率的射频标签的性能区别。

2. 结合实验实际操作，总结说明不同频率的射频标签识读器的性能区别。

3. 结合实验实际操作，总结说明射频标签打印机的性能区别。

4. 结合实验实际操作与调研情况，总结说明使用射频标签标识货物的方法和具体的适用范围，以及有哪些货物的物理特征对标识有影响。

5. 结合实验实际操作与调研情况，总结说明使用射频标签标识周转箱、托盘、货架等典型设备和器具的方法，并总结说明采用射频标签的优势和劣势。

6. 结合实验实际操作，总结说明污染、磨损等条件对射频标签使用性能的影响及可以采取的防护措施。

7. 结合实验实际操作，总结说明通过采用自动定位系统进行作业人员或者货物的动态定位时，系统的安装方式、作业环境、设备性能等对定位效果的影响。

8. 结合实验实际操作，总结说明通过采用 EAS 系统进行仓库货物防盗作业时，系统的安装方式、作业环境、设备性能等对防盗效果的影响。

9. 结合实验实际操作，总结说明通过采用食堂用餐结算系统进行管理时，系统的安装方式、作业环境、设备性能等对管理效果的影响。

10. 结合实验实际操作与调研情况，总结说明通过采用射频标签进行实验室设备综合管理可以实现的主要功能。

11. 结合实验实际操作与调研情况，总结说明如果利用射频标签标识货物，超市的货物管理可以实现哪些新功能。

12. 结合实验实际操作与调研情况，总结说明利用射频标签对酒类等高档商品进行防伪的技术方案。

13. 结合实验实际操作，说明利用射频标签标识托盘和货物，并以托盘为载体完成出入库、城市配送等作业的自动识别情况，分析其运行速度等参数、设施布局等条件对整个物流系统运行的影响。

【案例分析】

Epicor（恩伯科）推出支持 RFID 技术的配送系统

Aberdeen（安本）公司企业研究部副总裁认为，中型流通企业面临的难题是缩短供货时间和提高订货的准确度，以及满足来自客户的强制性要求。他表示缩短供货时间的最佳策略和工具是 RFID 技术，该技术可以帮助中型企业解决上述难题。而 Epicor 的 RFID 配送解决方案可以满足配送中心的需求。Epicor 是领先的集成化企业软件解决方案供应商，专门以中型企业为服务对象。由于同时支持进货型 RFID 和出货型 RFID，该解决方案可以帮助中型企业在物流和配送网络作业过程中提高效率。

除去满足商务要求，Epicor 的配送系统已经可以支持进货型 RFID。有了进货型 RFID 功能，在接受订购的货品时只需读取射频标签即可完成收货任务，不再需要高级电子发货通知。Epicor 的配送系统有一个新增加的屏幕，以便对 RFID 器件进行配置和完成收货任务。由于不必进行目视扫描，且只需利用可读写标签就能快速准确地获取相关信息，因此收货作业的效率得到了显著提升，被提高到一个新的水平。

配送系统的 RFID 发货功能可以对 RFID 标签进行写入操作，此项操作由系统的仓库管理和数据采集模块在按订单发货时完成。货品的产品电子代码（EPC）数据写入射频标签，同时储存在 Epicor 的配送系统内，需要对货品进行跟踪时很容易调出。EPC 数据在箱装和盘装货品的标签上面可以读出，这个数据同时也被包含在电子发货清单上面。

Epicor 的产品营销部主任说："现在有越来越多的 RFID 产品出现，它们主要是作为仓库管理系统的补充，使仓库管理系统的可视性增强、效率更高，可以为仓库或者配送中心提供更多信息。Epicor 的配送系统正是利用 RFID 这种新兴技术的优点，可以作为完美的集成化解决方案的一部分，可以让中型物流公司明白 RFID 技术对公司的作用有多大。"

Epicor 的配送系统可以提高供应链的效率，该系统已具备增强型库存管理功能，设有自动按月库存清理、按批/按顺序成本计算，以及全球各种货品的编码标准。Epicor 的配送系统和 Enterprise 系统 7.3.6 很快就可以支持 RFID 功能。新的版本也可以包括任选的内部管理功能，如财务软件及更好的配置安全性。内部管理功能的目的是为企业之间的交割行为建立账户，可以让集团公司产生财务清单，让各个分公司产生收入报表。新的功能也支持企业内部的纳税要求，支持企业内部的多种税务编码要求。

问题：

（1）请结合实验实际操作和案例资料，总结分析无线射频识别技术带来的作业流程变化和竞争优势。

（2）请结合实验实际操作和案例资料，总结分析未来 RFID 技术在物流行业中的应用前景和发展趋势。

实验十四　智慧存储盒应用实验

【实验准备知识】

一、公司简介

柏中（Bossard）集团是一家全球性紧固和装配技术解决方案提供商，凭借超过百万种的标准件、非标件和品牌件，以及装配技术咨询和智能工厂物流管理在业界独树一帜。柏中始创于1831年，总部位于瑞士楚格。凭借对紧固技术近200年的专注，柏中不仅通过紧固解决方案提升客户的核心竞争力，还通过优化装配流程和智能工厂物流，帮助客户实现可持续的生产力，这就是柏中集团承诺的“成熟生产力”。不仅如此，柏中集团还被誉为智能工厂和工业4.0的先驱。柏中集团于1987年在瑞士上市，截至2025年1月，在全球31个国家的81个地区拥有超过2900名员工。柏中集团在2023年实现销售额10.69亿瑞士法郎。

柏中集团于1999年进入中国市场，总部位于上海，取名柏中，寓意以松柏之志深耕中国。时至今日，紧固产品解决方案、装配技术专家、智能工厂物流和智能工厂装配四大业务均已落户中国。

在新产品开发最初阶段，柏中集团的技术人员能够帮助客户降低生产和装配成本，通过提出最优化选型建议减少零配件的数量、种类，从而使装配和生产更加方便和高效。

公司遵循15—85理论提供服务。紧固件的购买成本只占紧固件相关成本的一小部分，大部分成本用于前期准备工作及装配工序；15%的成本用于紧固件的购买，85%的成本用于技术和物流支持以便完成按时装配。这表明采取正确的紧固件技术是十分重要的。

客户的设计人员与柏中集团的技术人员密切合作，采取最佳设计方案，能够实现装配和生产的最优化；同时选择正确的紧固部件，可以确保最终成品的安全使用。完成最优化的库存准备，可在不同应用环境使用多功能紧固件，能够降低工程技术成本和物流成本，从而降低整体采购成本。

柏中集团提供管理仓库等在内的物流服务，能够帮助客户降低整体采购成本，优化价值链。根据客户的要求，提供相应物流管理系统，从而简化采购流程，降低库存成本，提高供应链效率，避免事故发生。柏中集团多年来研发和使用了多种物流系统，很好地满足了客户需求。柏中集团的物流系统已经成为众多工业客户在选择物流系统时所参考的行业标准。

二、柏中 SmartBin 智能工厂物流系统

将物料存放在标准料盒里，通过下面的传感器记录实际物料消耗量，在补货点自动

图 14-1　物料盒及电子秤

产生电子订单，根据之前双方签署的框架协议进行补货。这种自动智能系统能够确保物料的安全使用。

1. SmartBin 系统的硬件组成

SmartBin 系统的硬件主要包括物料盒、电子秤、通信系统等，其中物料盒用于放置紧固件等物料，传感器实时监控每个物料盒里物料的重量信息，并通过网络把数据传输到服务器，服务器处理订单并补货到 SmartBin，服务器按照约定次数将数据上传到柏中集团的服务器。物料盒及电子秤如图 14-1 所示。

物料盒上可以安装电子显示屏，根据需要设定型号、数量等显示内容，物料盒电子显示屏如图 14-2 所示。

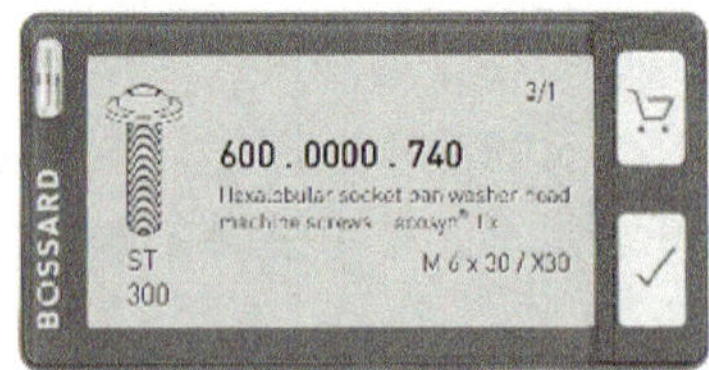

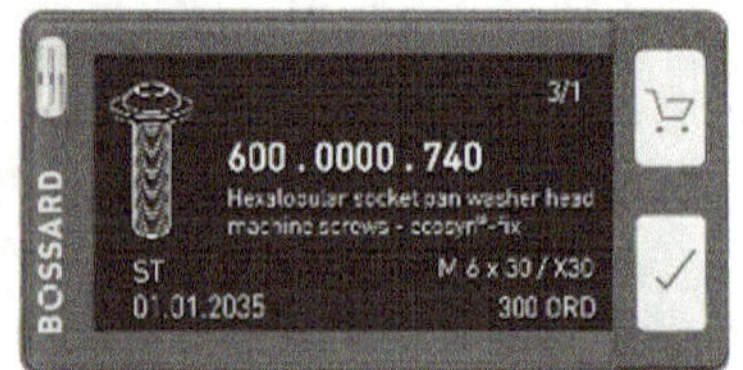

图 14-2　物料盒电子显示屏

柏中集团提供的亮灯拣选系统，可以快速定位物料并提高拣货或补货效率。这种“摘果式”亮灯拣选系统采用 LED（发光二极管）信号灯引导物料员快速准确地定位物料盒库位，并将该库位信息集成到 SmartBin Cloud（云智能料盒）和 SmartLabel Cloud（云智能电子标签）中，提高工厂内部物料分拣和物流效率。亮灯拣选系统如图 14-3 所示。

图 14-3　亮灯拣选系统

2. 交互式 ARIMS 平台

ARIMS 是 SmartBin 系统的数字化管理平台，其基于云处理提供直观友好的界面。ARIMS 不仅可以整合到 B2B（企业对企业）企业的 ERP 系统中，还能将工业 4.0 引入生产。交互式的 ARIMS 平台可实现对物料周转的完全控制，通过订单追踪、交互式管理库存及智能分析，提高供应链的可预见性和效率。移动版 ARIMS 可以实现在任何时间、任何地点可视化地管理部件。ARIMS 可以提供关于物料位置、订单及交付状态等的整体分析报告和图表，方便做出科学决策。同时报告可以通过表格、图形等形式直观、清晰地输出，提供实时数据。客户 ARIMS 仪表板如图 14-4 所示。

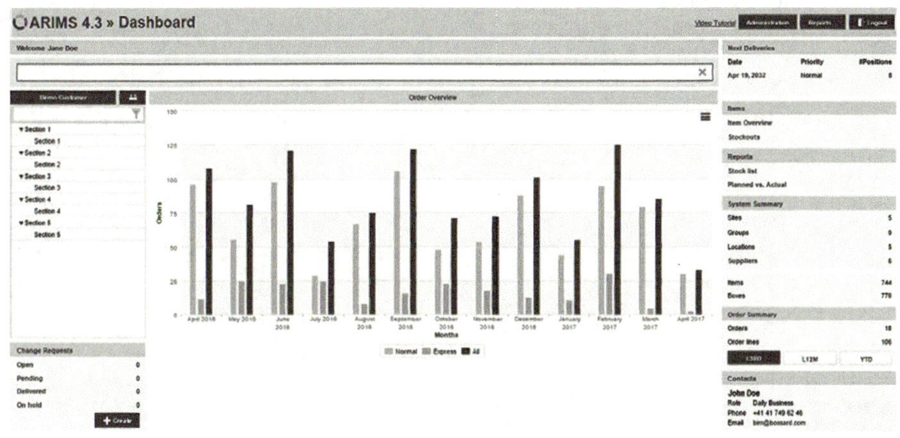

图 14-4　客户 ARIMS 仪表板

3. 软件 FT6

柏中集团自行设计的系统软件用来管理种类繁多的紧固件，并进行订单处理和产品数量分析。柏中集团开发的应用软件 FT6 可以根据客户提供的物料清单、生产计划，快速、有效地设计最佳供货方案。软件 FT6 物流设计界面如图 14-5 所示。

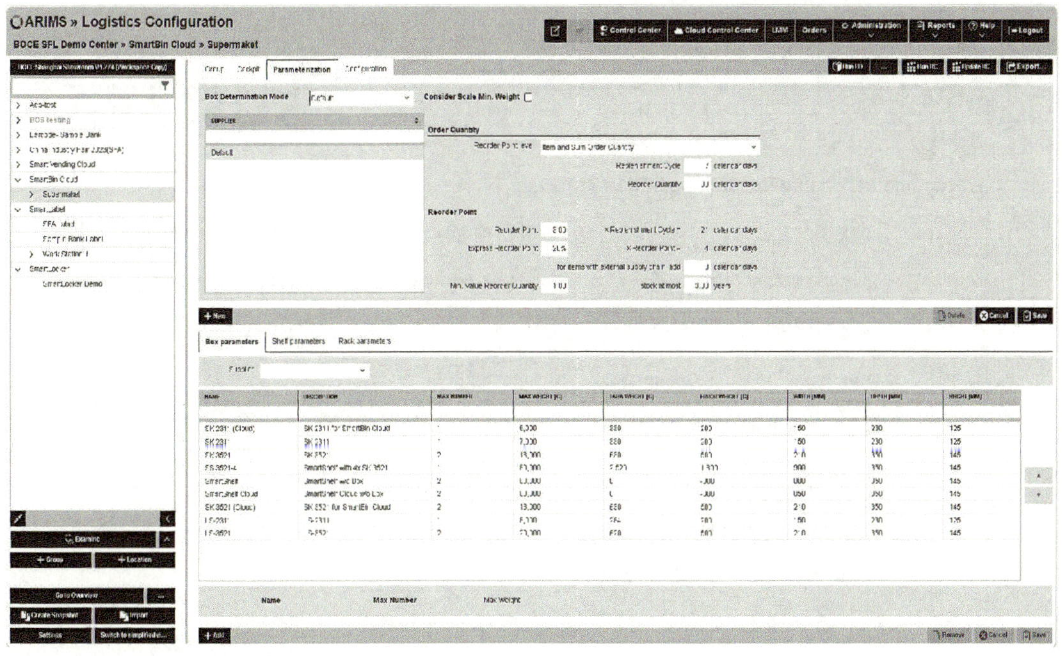

图 14-5　软件 FT6 物流设计界面

SmartBin 系统可以根据需求设定相应的参数，SmartBin 系统设置参数界面如图 14-6 所示。

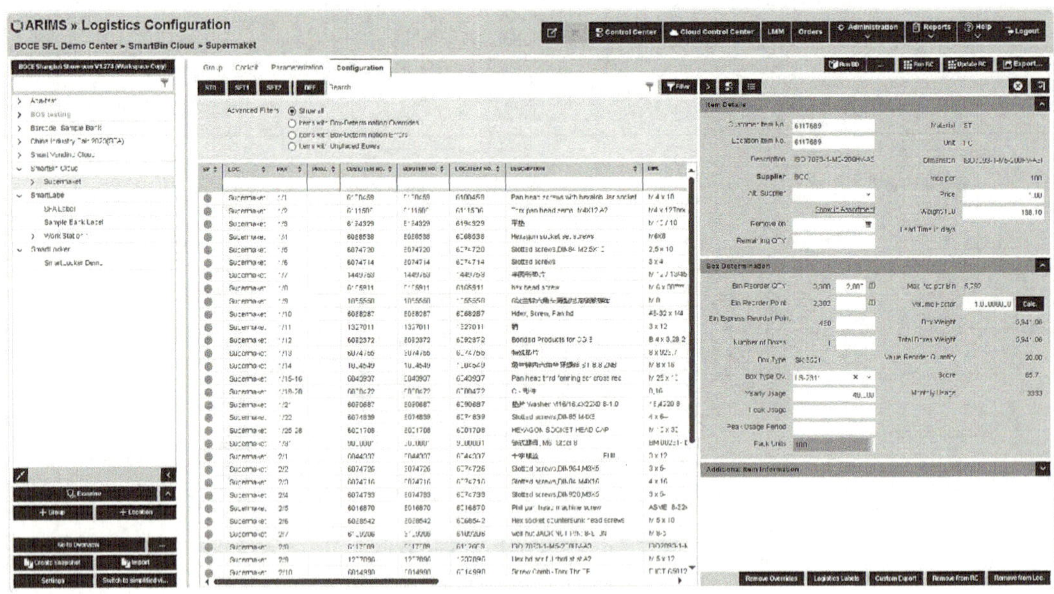

图 14-6　SmartBin 系统设置参数界面

可以设定的参数包括补货周期、补货量、补货点、紧急补货点、最小批次价值、最小包装量影响、最大库存等。SmartBin 系统可以根据要求提供相关的数据分析报告。SmartBin 系统提供的数据分析报告界面如图 14-7 所示。

Report

Bossard Ltd. Technology　　BOSSARD

Nokia　　Customer Nb.: S200098

Boxdetermination and Rackconfiguration Summary　　all Prices are in CHY

Avg. Signals	32.31	Total Positions	3	Total Shelf Amount	5
Avg. Inventory Turn	11.38	Total Box Amount	5	Total Rack Amount	2
Avg. Box Values	16865	Total Value	960,000	Total Weight in kg	682

Box Type	Amount Boxes	Weight in kg
SmartShelf	3	347
1/2 Palette w/o Box	2	336

Profit

Shelf Type	Amount Shelves
DS 1/2 Palette	2
Tablar DS 1.07-1 100	3

Rack Type	Amount Racks
SB Rack 40cm	2

BOSSARD

图 14-7　SmartBin 系统提供的数据分析报告界面

通过软件 FT6 可以查看订单状态，订单查询界面如图 14-8 所示。

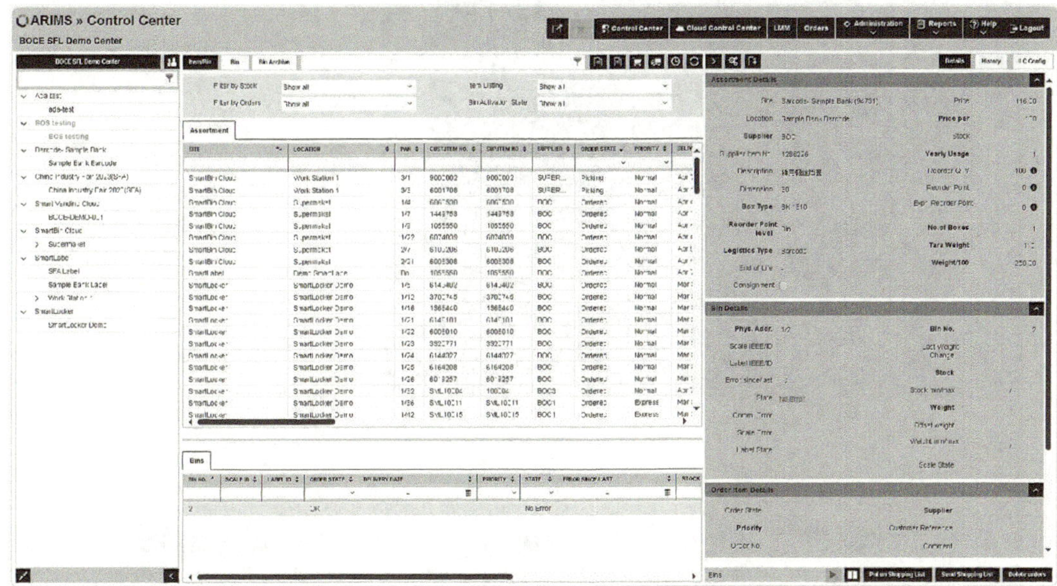

图 14-8　订单查询界面

采用 SmartBin 系统能够改变原来的采购流程，流程对比如图 14-9 所示。

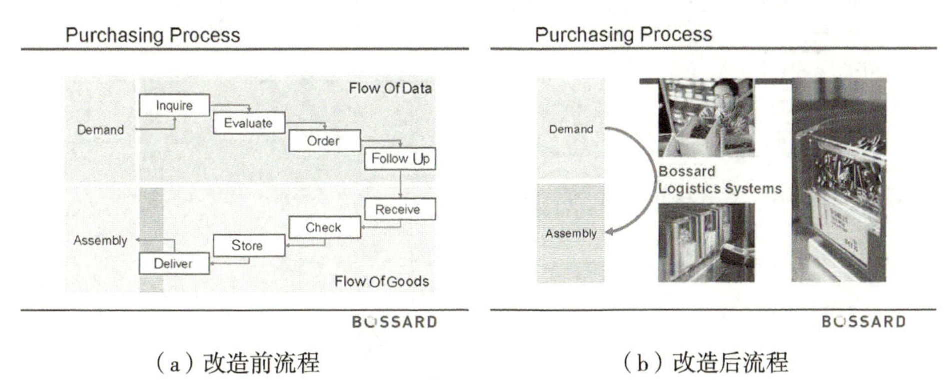

（a）改造前流程　　（b）改造后流程

图 14-9　流程对比

企业通过引入 SmartBin 系统可以提供良好的可视化管理，可视化监控界面如图 14-10 所示。

SmartBin 系统可以完成实时的库存控制，库存控制界面如图 14-11 所示。

物料盒库存数据显示界面如图 14-12 所示。

每隔 15s，相关数据会自动更新。如果存在物料存取作业，在存取完成后的下一个更新周期（15s 后）就可以看到更新后的数据。

使用 SmartBin 系统可以辅助企业完成 5S［5S 是整理（Seiri）、整顿（Seiton）、清扫（Seiso）、清洁（Seiketsu）和素养（Shitsuke）五个词的缩写］改进。使用 SmartBin 系统前后的现场对比如图 14-13 所示。

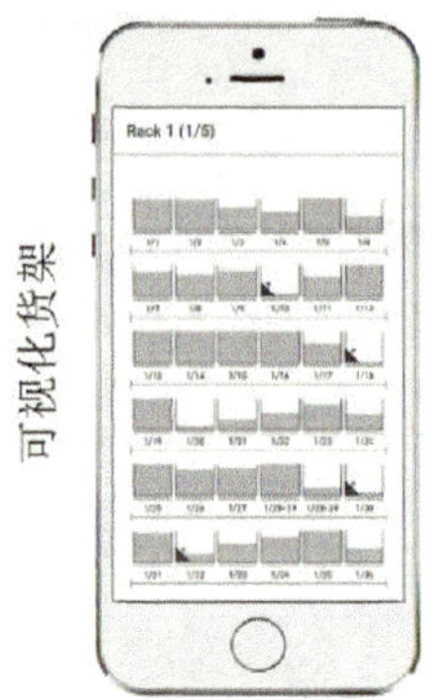

图 14-10　可视化监控界面

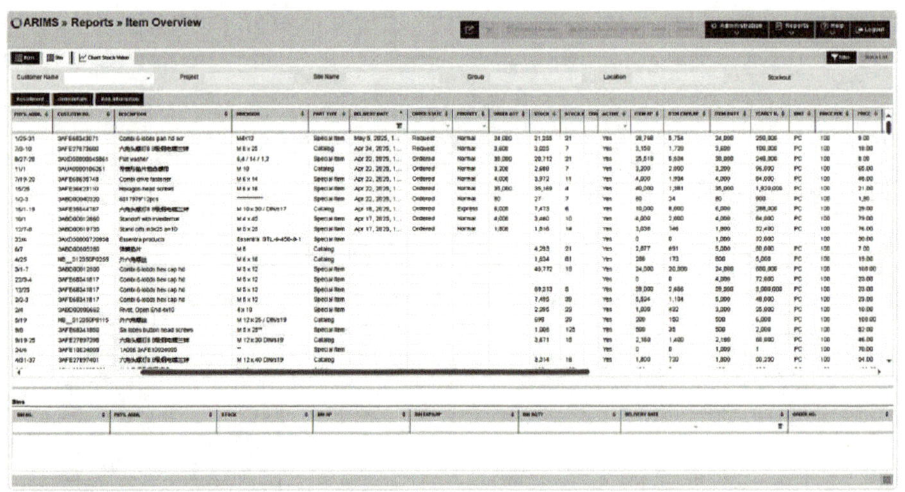

图 14-11　库存控制界面

三、VMI 管理

通过引入 SmartBin 系统，能够实现 VMI 模式，提高管理效率。

（一）VMI 模式概述

VMI（Vendor Managed Inventory，供应商管理库存）是一种以用户和供应商双方都获得最低成本为目的，在一个共同的协议下由供应商管理库存，并不断监督协议执行情况和修正协议内容，使库存管理得到持续改进的合作性策略。这种库存管理策略打破了传统的“各自为政”的库存管理模式，体现了供应链的集成化管理思想，适应了市场变化的要求，是一种新的、有代表性的库存管理思想。目前 VMI 在分销链中的作用十分重要，因此被越来越多的人重视。

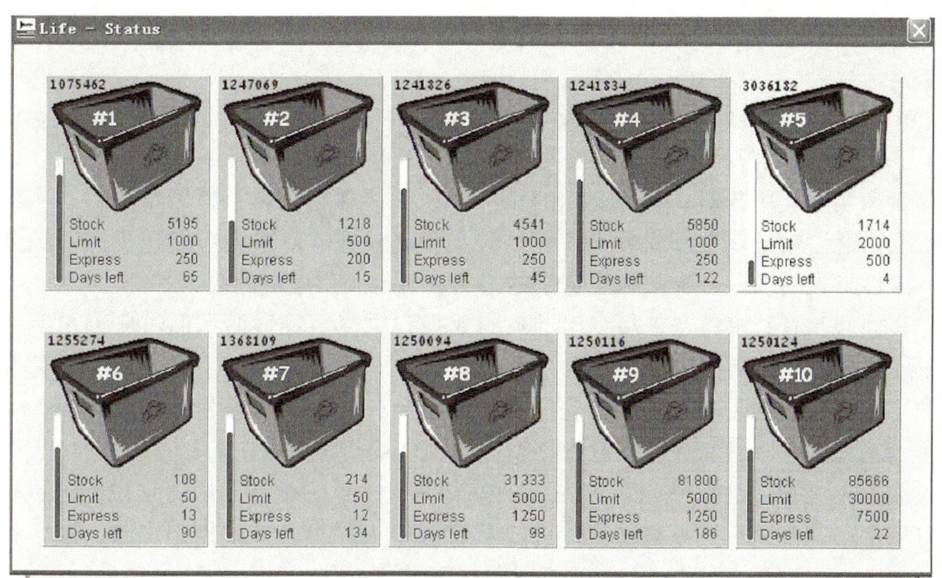

图 14-12　物料盒库存数据显示界面

（a）使用前现场

（b）使用后现场

图 14-13　使用 SmartBin 系统前后的现场对比

对于按照 VMI 模式管理的库存，因为有最低与最高库存点，按时交货可通过相对库存水平衡量。例如，库存为零，风险很高；库存低于最低点，风险相当高；库存高于最高点，断货风险很小但过期库存风险升高。这样，综合上述各种情况可以衡量供应商的交货表现。根据未来物料需求和供应商的供货计划，还可以预测库存点在未来的走势。

VMI 模式是在 QR（Quick Response，快速响应）和 ECR（Efficient Customer Response，有效客户响应）基础上发展而来的，其核心思想是供应商通过共享用户企业的当前库存和实际耗用数据，按照实际的消耗模型、消耗趋势和补货策略进行有实际根据的补货。由此，交易双方都变革了传统的独立预测模式，尽最大可能减少由于独立预测的不确定性导致的商流、物流和信息流的浪费，降低了供应链的总成本。

VMI 模式具有很多特点，最突出的特点是信息共享。零售商帮助供应商更有效地做出计划，供应商从零售商处获得销售点数据并使用该数据协调其生产、库存活动及与零售商的实际销售活动。同时供应商完全管理和拥有库存，直到零售商将其售出为止，但是零售商对库存有看管义务，并对库存物品的损伤或损坏负责。

实施 VMI 模式有很多优点。首先，供应商拥有库存，对于零售商来说，可以省去多余的订货部门，使人工任务自动化，可以从过程中去除不必要的控制步骤，使库存成本更低，服务水平更高。其次，供应商拥有库存，供应商会对库存考虑更多，并尽可能进行更为有效的管理，通过协调对多个零售商的生产与配送，进一步降低总成本。

供应商能按照销售时点的数据，对需求做出预测，能更准确地确定订货批量，减少预测的不确定性，从而减少安全库存量，使存储与供货成本更小，同时，供应商能更快响应用户需求，提高服务水平，进而降低用户的库存水平。

（二）实施 VMI 模式应关注的影响要素

企业实施 VMI 模式应关注信任、技术、存货所有权等要素。

1. 信任要素

零售商要信任供应商，不要干预供应商对发货的监控；供应商也要多做工作，使零售商相信他们不仅能管好自己的库存，还能管好零售商的库存。只有相互信任，通过交流和合作才能解决存在的问题。

2. 技术要素

只有采用必要的信息技术，才能保证数据传递的及时性和准确性，并且库存与产品的控制和计划系统都应是在线的、准确的。

3. 存货所有权要素

零售商收到货物时，所有权也同时转移，变为寄售关系，供应商拥有库存直到货物被售出。同时，由于供应商管理责任增大，成本增加，双方要对条款进行洽谈，从而使零售商与供应商共享系统整体库存成本下降。

【实验报告】

智慧存储盒应用实验

一、实验目的

1. 了解 SmartBin 系统的基本工作原理和使用方法。
2. 掌握 VMI 模式实施的基本条件。
3. 熟悉典型的物联网应用场景。

二、实验环境和设施设备要求

1. 设置 1 处 Smartbin 系统作业空间，要求具备 1 套 SmartBin 系统，其存储货位不少于 20 个。

2. 要求至少配置 10 种紧固件货物，坚固件货物信息可以参照表 14-1。

表 14-1　紧固件货物信息

序号	名称	型号	数量（个）
1	螺母	M8-1. 25	20
2	螺母	M10-1. 5	80
3	螺母	M14-2	100
4	螺母	M16-2	200
5	螺母	M24-3	40
6	螺栓	M8×40	60
7	螺栓	M10×40	90
8	螺栓	M12×50	75
9	螺栓	M12×60	95
10	螺栓	M20×100	100

3. 配置颗粒状模拟货物 1 种。
4. 计时器 1 个；天平 1 个。
5. 实验前对相关采购成本进行实际调研和评估。

三、实验步骤

1. 实际操作 Smartbin 系统，掌握该系统的使用方法。
2. 使用不同种类的货物，测试 SmartBin 系统的适应性。
3. 添加其他类型的干扰物（如颗粒状货物等），对 SmartBin 系统的使用效果进行评价。

4. 进行拣选作业测试，记录拣选效率，拣选作业信息如表 14-2 所示。

表 14-2　　拣选作业信息

序号	名称	型号	数量（个）
1	螺母	M8-1.25	10
2	螺母	M10-1.5	30
3	螺母	M14-2	50
4	螺母	M16-2	100
5	螺母	M24-3	20

四、实验报告题目

1. 结合实际应用，说明 SmartBin 系统适合的货物特点。

2. 结合实际应用，说明杂质等干扰物对 SmartBin 系统作业效果的影响。

3. 结合实验实际操作和调研情况，分析采用 SmartBin 系统对采购成本的影响。

4. 结合实验实际操作，说明颗粒状物料是否适合 SmartBin 系统。

5. 结合实验实际操作，说明传感器精度对 SmartBin 系统性能的影响。

6. 结合实验实际操作，说明 SmartBin 系统中物料盒存放位置的选取原则。

7. 结合实验实际操作，总结说明可以采取哪些技术手段实现 VMI 模式。

8. 结合实验实际操作，总结评价 SmartBin 系统采用的拣选技术的效率。

9. 结合实验实际操作，总结说明 SmartBin 系统物料盒上配置的电子显示屏还可以显示哪一类信息。

【案例分析】

H 公司应用案例分析

H 公司是一家荣登《财富》全球 500 强榜单的高科技企业，其高科技解决方案涵盖航空、楼宇、工业控制技术、特性材料，以及物联网等领域，一直致力于将物理世界和数字世界深度融合，利用先进的云计算、数据分析和工业物联网技术解决棘手的经济和社会问题。

随着业务范围的不断扩大，H公司天津工厂的产品种类越来越多，相对应的物料种类也在不断增加，库存和管理费用也是水涨船高。其之前的物料管理方式烦琐且重复性高，低价值、多品种、高频率使用的紧固件类零部件更是难以管理。

柏中集团的SmartBin系统备受H公司的关注和认可，从2017年开始，H公司天津工厂在柏中集团的帮助下陆续升级了原有的管理模式，把更灵活、更可靠的SmartBin系统用作物料超市监控物料库存的工具，一旦物料低于预设的补货点，系统自动触发订单。

SmartBin系统为H公司带来的改变很多，实现了紧固件物料管理信息流完全自动化，物流效率提升70%以上。同时简化了供货流程，SmartBin系统改变了整个供应链的信息流，由传统的车间—仓库—计划/采购—供应商模式，改变为车间—供应商模式，提升了信息流的效率，降低了各环节的操作成本。

SmartBin系统具备更智能的数据监控功能，该系统的ARIMS平台提供各种详尽的数据、报告。H公司在不需要直接管理物料的情况下，依然可以随时获得所有物料的库存、订单状态，并可根据ARIMS平台提供的各种数据、报告进行分析。SmartBin系统自动触发补货需求，柏中集团收到补货订单后整合安排发货和交付，甚至将物料配送到生产线的使用点，打通“最后一公里”。

不仅如此，柏中集团的SCS（供应商整合方案）不仅可以管理柏中集团的物料，还可以管理第三方供应商的物料。自动触发补货订单并发送给对应的供应商，标准化的物料管理方式能够优化整个供应链。

问题：

（1）结合实验操作及案例资料，说明哪一类企业适合选用柏中集团的SmartBin系统。

（2）结合实验操作及案例资料，说明未来SmartBin系统还可以集成哪些功能以提高服务能力。

实验十五　可穿戴技术应用实验

【实验准备知识】

可穿戴技术是物流工程科技领域的应用热点，依托种类多样的可穿戴设备，物流运作可以有更多的实现手段，实现人机之间的深度协同。

一、可穿戴设备的分类

根据国家标准《可穿戴产品分类与标识》（GB/T 37035—2018），可穿戴产品（Wearable Product）是指整合在随身佩戴物品或植入表皮/体内，可以舒适地穿戴或佩戴的智能电子设备。通常具有多种感知、监测活动状态或生理指标及提高工作效率等功能。可穿戴产品也称穿戴产品或智能可穿戴产品。通常具有微处理器，由于在通信和数据处理能力方面受电池容量限制，可能需要附属设施，如网络、远程服务等支撑以提供完整的服务。可穿戴设备不仅是一种硬件设备，还能通过软件支持及数据交互、云端交互实现强大的功能，可穿戴设备将会对生活、感知带来较大的转变。

1. 依据与人体接触程度分类

依据与人体接触程度分类，可穿戴设备可以分为近身型产品、贴身型产品和体内型产品。

（1）近身型产品。靠近生物身体的产品，器件可不直接与生物接触，如不需要直接接触皮肤的手表。

（2）贴身型产品。紧贴生物身体上的产品，器件的部分外表面必须直接与生物接触。

（3）体内型产品。需要植入生物体内使用的产品。

2. 依据穿戴位置分类

目前的可穿戴设备可以在人体的头部、颈部、躯干、臂部、手部、腰部、腿部、足部等位置使用，例如，头部穿戴设备包括头盔、眼镜、头饰、耳环等。头部可穿戴设备——眼镜如图 15-1 所示。

图 15-1　头部可穿戴设备——眼镜

3. 依据应用领域分类

依据应用领域分类，目前的可穿戴设备可以分为健身健康类、保健和医疗类、金融支付类、信息娱乐和生活类、时尚装饰类、安全监管和救护类、工业生产类和教育教学类。

二、可穿戴设备的特点

1. 使用方便

可穿戴设备的重要特征是重量轻、可携带性好，使用者可在行走或其他移动方式下使用。

2. 人机协同效率高

可穿戴设备操作可以与人体的某些动作进行协同，能够较为快速地完成操作任务，因此具有较高的人机协同效率。

3. 集成扩展性强

可穿戴设备作为终端，能够与智能手机等设备整合，形成一体化的操作系统，并依据功能需要拓展其使用领域。

三、典型可穿戴设备

（一）可穿戴手表

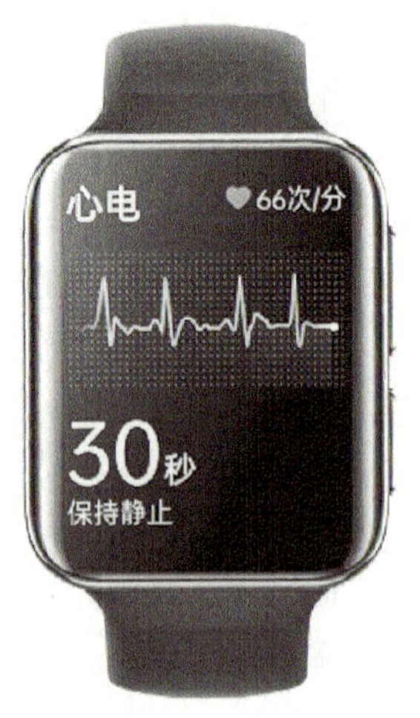

图 15-2　可穿戴手表

可穿戴手表，如图 15-2 所示，是可以内置智能操作系统、通过连接网络实现多种功能的手表产品。可穿戴手表一般能同步手机中的数据信息等资料，完成身体健康监测等功能。可穿戴手表通过配置不同的功能组件，可以测量心率、血氧等身体指标，也可以通过蓝牙、WiFi 连接外部网络，实现不同的功能组合，例如可用于物流作业人员在工作过程中的身体状态监测，满足物流作业强度测试等要求。

（二）可穿戴眼镜

可穿戴眼镜一般具有独立的操作系统，通过语音或动作操控完成添加日程、地图导航、拍摄照片和视频、展开视频通话等功能，并可以通过移动通信网络实现无线网络接入。可穿戴眼镜具有使用简便、体积较小等特点，是一种应用较为广泛的智能科技产品。

可穿戴眼镜一般配置显示模块、语音模块等组件，利用眼镜内置的麦克风和扬声器可以清晰对话，导航时地图信息可以实时呈现眼前，使用时安全又方便；利用眼镜前方配置的摄像装置，可以实现快速拍图翻译功能，使用拍照功能时拍照指示灯会在摄像装置工作时亮起，提醒周围人员保护隐私；通过镜框上设置的触控板可以感知人的动作命令，完成各类预定操作。

（三）动力外骨骼系统

动力外骨骼系统，如图 15-3 所示，是一种独特的机械系统，通过将强化的机械臂、机械腿、机械关节在人体外和人体进行连接，大大增强人体负重、行动的力量和持久力。动力外骨骼系统通过传感器收集使用者的活动信息，并传递给信息处理器进行处理，然后启动相应的机械部件输出能量。动力外骨骼系统是融合机电工程、生物力学、传感分析、新型材料、自动化控制、微能源系统等多个领域的高技术产物。物流作业中，工作人员可以根据需要，选择需要强化的运动部位，借助动力外骨骼系统提升作业能力，例如，外卖员通过穿戴动力外骨骼系统，可以提升搬运能力，满足大件货物的末端配送要求，降低作业强度。

图 15-3 动力外骨骼系统

【实验报告】

可穿戴技术应用实验

一、实验目的

1. 了解可穿戴技术的基本特点。
2. 熟悉典型可穿戴设备的功能和应用。
3. 掌握可穿戴技术在物流领域的应用方案设计方法。

二、实验环境和设施设备要求

1. 设置1处可以完成人工拣选、搬运作业的设施空间，包括2排、6列、3层的货物拣选区域。

2. 不同种类的货物若干，要求每个货位都有不同种类的货物，单个区域的货位不能存储同一种类的货物。

3. 配置可穿戴头盔、眼镜、手环各1个，手持式拣选终端1个。

4. 计时器1个。

5. 拣选任务单1套，该任务单中作业位置按照四位定码方式（也可以选择三位定码方式）确定仓储位置，四组数字分别代表货架区编号、排编号、列编号、层编号。可以选择如表15-1所示的拣选任务单。

表15-1 拣选任务单

订货方	宏大公司	需求时间	
货物名称	货物数量	作业位置	备注
A1	2	1-2-6-1	袋装
B1	5	1-1-3-1	—
C1	6	1-2-2-2	—
D1	4	1-1-2-3	—
E1	7	1-2-5-2	—
F1	5	1-1-4-3	—
G1	1	1-2-6-3	—
H1	3	1-1-5-3	—

针对可穿戴设备的特点，配置相应的拣选作业管理系统，可以满足上述拣选订单的作业要求。

6. 动力外骨骼系统1套。

三、实验步骤

1. 按照要求熟悉可穿戴头盔、眼镜、手环等可穿戴设备的使用方法。

2. 根据作业要求，按照表15-1所示内容，作业人员分别使用可穿戴头盔、眼镜，以及手持式拣选终端等作业工具，完成拣选任务，并记录拣选所需时间等关键作业数据。

3. 作业人员佩戴智能手环对表15-1作业条件下的运动量数据进行测量分析，并记录作业人员的心跳等身体数据变化情况。

4. 作业人员佩戴智能手环和穿戴动力外骨骼系统，完成表15-2所示的出库作业单，而后休息5min恢复正常后重复完成表15-2所示的出库作业单，对比心跳等反应作业强度的人体特征参数。

表15-2 出库作业单

订货方	宏大公司	需求时间	
货物名称	货物数量	作业位置	备注
A1	2	1-2-6-1	袋装
B1	5	1-1-3-1	—
C1	6	1-2-2-2	—

四、实验报告题目

1. 结合实验实际操作情况，以拣选作业环节为例，总结说明可穿戴设备可以带来的作业方式的改变。

2. 结合实验实际操作情况，以装卸搬运作业环节为例，总结说明可穿戴设备可以带来的作业方式的改变。

3. 结合实验实际操作情况，总结说明通过作业人员佩戴智能手环，对比其主要记录数据，分析采用该数据进行作业强度评价的可行性。

4. 结合实验实际操作情况，总结说明使用可穿戴设备进行路径导航应以哪种形式提示路径信息。

5. 结合实验实际操作情况，总结说明在物流中心作业时使用可穿戴设备可以接收和反馈的作业信息。

6. 结合实验操作和实际调研情况，总结说明引入可穿戴设备能够为快递人员的物流作业效率提升提供哪些帮助，在选型时关注哪些重点性能参数。

7. 结合实验操作和实际调研情况，总结说明装卸搬运作业有哪些人体部位劳累程度较高，同时分析使用动力外骨骼系统对缓解这些部位劳累状况的具体作用方式。

8. 结合实验操作和调查资料，总结说明假设可穿戴手环内置蓝牙信号发射模块，分析将其用于物流操作室内定位的可行性。

9. 结合实验操作和调查资料，总结说明利用可穿戴设备［如VR（虚拟现实）设备］可对作业人员进行哪些操作环节的技能培训。

10. 结合实验操作和调查资料，总结说明利用可穿戴设备辅助进行配送中心内部规划设计，可以带来配送中心哪些功能的改变。

11. 结合实验操作和调查资料，总结说明可穿戴设备在物流领域的适用性。

12. 结合实验操作和调查资料，总结说明可穿戴设备在物流领域的集成应用应重点考虑哪些影响因素。

13. 结合实验操作和调查资料，总结说明可穿戴设备在物流领域的发展趋势。

【案例分析】

用 AR（增强现实）设备提高分拣效率，DHL 部署第二代谷歌眼镜

经过数年的试点和分阶段部署，物流行业的巨头——DHL 正计划加大对增强现实可穿戴设备的投资。DHL 旗下 DHL Supply Chain（DHL 供应链）宣布，他们将成为首批部署第二代谷歌眼镜的客户之一。DHL Supply Chain 同时鼓励其他事业群积极采用增强现实技术。

为提高分拣效率，DHL Supply Chain 将为仓库员工提供数百台新版 AR 智能眼镜。基于 AR 的视觉技术可允许员工专注于分拣过程，直接通过视场中的数字指引定位和分类货物，从而减少搜寻时间和对扫描设备的需要。

通过 AR 智能眼镜实现的免手操作体验受到了 DHL 仓库员工的青睐，因为他们可以更快速地定位和分类产品。自 2015 年开始实施智能眼镜试点和第一阶段的部署以来，仓库工作效率提高了 15%。

新版谷歌眼镜增加了对象识别功能，这将进一步提升免手操作体验。DHL Supply Chain 首席运营官兼首席信息官表示，借助相应的软件，AR 智能眼镜不仅能够读取条码、定位产品，还能显示相应的储物箱，未来的 AR 智能眼镜将能识别更复杂的对象。公司预计这可以进一步提高生产力，并为员工和客户带来增益。AR 可穿戴设备只是公司全面数字化战略的一部分，该战略还包括机器人、无人机和自动驾驶汽车的使用。值得一提的是，DHL 同时在利用 AR 智能眼镜培训员工。

问题：

（1）结合实验操作及案例资料，总结说明采用可穿戴设备给企业带来的优势。

（2）结合实验操作及案例资料，总结说明在拣选作业中，可穿戴设备可以与什么类型的设备集成使用。

实验十六　穿梭车应用实验

【实验准备知识】

近年来，自动化物流系统在烟草、机电、医药、食品等领域的应用日益广泛，物流装备的应用趋于多元化，其技术性能和水平不断提高。在自动化物流系统中，货物输送主要采用链式输送机、辊子输送机、带式输送机等通用设备，这些设备一般固定在地面上。将上述设备与行走设备相配合，可沿固定路径移动。从物流作业的应用场景特征来看，沿固定轨道行走的输送设备一般称为穿梭车（RGV），无轨的称为自动导引车（AGV），在空中输送的称为悬挂小车（EMS）。穿梭车具有动态移载的特点，能使货物在不同工位之间的传送及输送线布局更加集约、简捷，从而提高货物的输送效率。因此，穿梭车在自动化物流系统中的应用也越来越普遍。

一、穿梭车的分类和技术参数

1. 穿梭车的分类

以轨道形式为标准，穿梭车可分为往复式直行穿梭车、环型穿梭车和四向穿梭车。往复式直行穿梭车在直线型轨道运行，环型穿梭车在闭合的环型轨道运行，而四向穿梭车则可在交叉轨道上运行。轨道布局越复杂，穿梭需要车具备的通行能力就越高，较高的通行能力可以提升整体系统的搬运能力。

2. 穿梭车的技术参数

穿梭车的主要技术参数包括车载输送机输送速度，以及穿梭车走行速度、定位精度、额定载重量和车辆自重等，环型穿梭车还要考虑其最小转弯半径。

以某公司的四向穿梭车产品为例，其直行速度可以达到240m/min，穿梭车走行速度的定位精度为±2mm，最大载重量为50kg。

二、典型穿梭车

1. 往复式直行穿梭车

往复式直行穿梭车也称为直线穿梭车，是一种用于自动化物流系统的智能型轨道导引搬运设备。在电控系统控制下，通过编码器、激光测距等认址方式精确定位，在接收货物后进行往复穿梭运输，主要应用于自动化物流系统中单元货物高速、高效的平面自动输送，具有高度的自动化和灵活性。往复式直行穿梭车如图16-1所示。

（1）往复式直行穿梭车的结构组成。

往复式直行穿梭车主要由车体系统、输送装置、认址装置、导轨系统、电气装置等组成。车体系统主要由车架体、行走驱动装置等组成，车架体是承载其他部件的主体，行走驱动装置主要由传动轴、驱动轮及电机等组成。输送装置用于货物输送，安装于车体上，框架采用金属结构。根据货物的形式，可选择辊子输送、链式输送、带式输送等

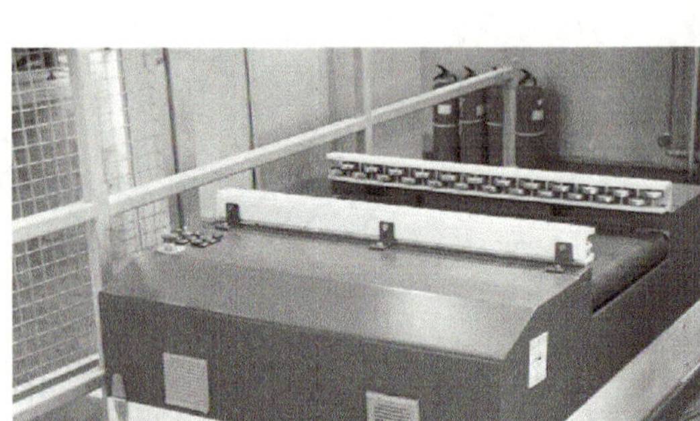

图 16-1　往复式直行穿梭车

形式，同时可根据总体流程需要设计成双输送装置，以适应双工位输送的需求，提高总体输送能力。认址装置是穿梭车出入库站台的定位信号装置。认址装置有同步带式认址、摩擦轮式编码认址、激光认址、条码认址等多种方式，可根据不同的电控模式进行选择。认址装置的精确性和可靠性直接影响穿梭车的定位精度及运行的平稳性，因此要根据设备的运行能力要求及投资成本选择不同的认址方式。导轨系统由导轨部分和停止器组成，是承载穿梭车的基础，并负责行走导向。导轨部分配有停止器，包括缓冲器和支架等，安装在轨道两端，防止穿梭车在意外情况下冲出轨道。轨道类型根据设备的运行能力要求及投资成本进行选择。电气装置一般由 PLC（可编程逻辑控制器）、变频驱动器、光电开关、编码器、条码识别器等组成。

（2）往复式直行穿梭车的应用特点。

针对往复式直行穿梭车为主的物流系统，进行总体方案设计时，要从整个系统的能力指标、功能要求、总体布局出发。在选型时，首先要提供系统要求处理的流量、路线布局图，经能力仿真和计算后，才能确定采用的模式。比如，根据能力不同，在相同的速度、控制模式下可选单工位往复式直行穿梭车、双工位往复式直行穿梭车、一轨双车双工位往复式穿梭车。此外，货物大小、形状也比较重要，这决定了货物移载、输送的形式。

2. 单轨环型穿梭车

单轨环型穿梭车是为适应现代化物流系统的快速发展而开发的智能型单轨道导引搬运设备。在电控系统控制下，通过编码器或条码认址精确定位于工位，接收货物后进行环形单向运输。

单轨环型穿梭车主要由机械部分和电气部分组成，机械部分由穿梭车、行走装置、输送装置、单轨轨道系统和维修车等组成，电气部分由单机控制系统、轨道电源供给系统和计算机调度管理系统组成。单轨环型穿梭车如图 16-2 所示。

行走装置用于实现穿梭车在单轨上直行或转弯走行，由前驱动部件（含行走轮和电机）、后驱动部件（含行走轮和电机）、2 个万向轮、2 组限位导向轮等组成，前后驱动部件与输送装置之间用可旋转的连接件连接，在转弯时保证车体可靠、平稳、连续。输送装置有链式输送、辊子输送等形式。单轨轨道系统分为直行段和转弯段，可以在上面安装定位装置和供电装置。

图 16-2 单轨环型穿梭车

三、穿梭车集成应用模式

穿梭车可以与货架、升降机等设备进行集成配置，构成组合式物流系统。穿梭车也可以通过改变自身的移载方式，形成不同形式的功能组合。

1. 穿梭车、叉车、驶入式货架集成应用模式

穿梭车、叉车、驶入式货架集成应用模式下将传统货架加上高精度导轨，满足穿梭车运行需要，导轨同时承担货物输送和货物存储功能，从而极大提高仓储空间利用率。在穿梭车将货物运达货架两端的工位时，叉车负责将货物叉取搬运至指定位置。如果需要利用穿梭车完成其他存储巷道的搬运作业，也需要由叉车将穿梭车搬运至预定位置。穿梭车、叉车、驶入式货架集成应用模式使用的穿梭车示意如图 16-3 所示。

图 16-3 穿梭车、叉车、驶入式货架集成应用模式使用的穿梭车示意

该模式可实现先进先出、先进后出等多种作业方式。由于使用了驶入式货架，原则上一个存储巷道只能放置一种货物（或一种 SKU），特殊应用（两端存取，先进后出）时一个存储巷道可放置两种货物，所以，这种模式比较适合单品种数量较大的商品。穿梭车、叉车、驶入式货架集成应用模式的具体布局可参考图 16-4。

该模式下可以根据需要配置穿梭车、叉车的数量，并对运行调度进行优化，使其也满足高速使用的要求。

2. 穿梭车、垂直升降机集成应用模式

穿梭车、垂直升降机集成应用模式主要采用往复式直行穿梭车与垂直升降机集

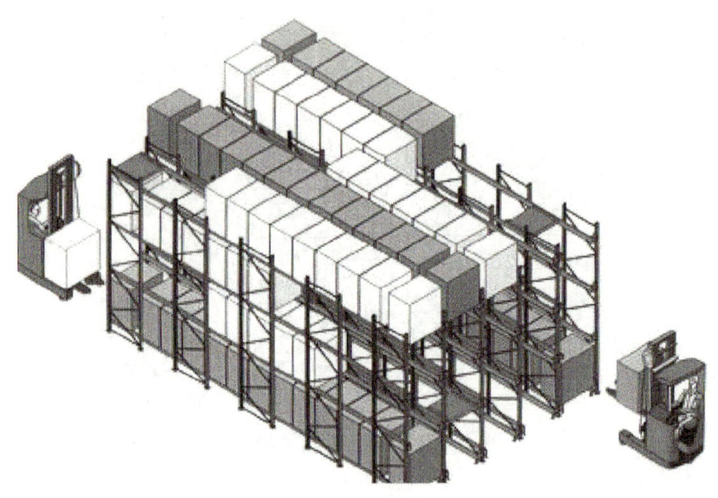

图 16-4　穿梭车、叉车、驶入式货架集成应用模式的具体布局

成，在两组层式货架之间的巷道搭建运行导轨，供往复式直行穿梭车使用。往复式直行穿梭车上安装有箱式货物存取设备，沿导轨送达巷道两侧的指定工位，并由垂直升降机完成单元货物的垂直搬运工作。穿梭车、垂直升降机集成应用设备如图 16-5 所示。

图 16-5　穿梭车、垂直升降机集成应用设备

该模式下，巷道内每层货架都要配置一台往复式直行穿梭车，负责完成本层货物的存取作业；同时在两组货架间设置一台垂直升降机，与每层的往复式直行穿梭车配合使用。

3. 子母式穿梭车、驶入式货架集成应用模式

子母式穿梭车，如图 16-6 所示，是一种穿梭车组合运行模式，由一台额定载荷和外形尺寸较大的穿梭车（称为穿梭母车）搭载另一台尺寸较小的往复式直行穿梭车（称为穿梭子车）在轨道上运行，到达驶入式货架预订的存储巷道后释放搭载的穿梭子车，由其完成货物存取作业，并再次搭载穿梭母车送至指定作业位置。

子母式穿梭车、驶入式货架集成应用模式中，穿梭母车与穿梭子车之间可以协同运行，合理配置比例关系，保证货物存取作业高效运行，从而大大加快作业速度。同时可以合理地布局穿梭母车的轨道，合理地覆盖工作范围。

图 16-6　子母式穿梭车

4. 智能四向穿梭车、拣选工作站集成应用模式

智能四向穿梭车、拣选工作站集成应用模式由密集存储货架、四向穿梭车、高速提升机、拣选工作站、相关输送系统及信息系统构成，可实现拆零业务的快速“货到人”拣选，广泛应用于医药、图书、电商等诸多行业。该模式准确高效，四向穿梭车可实现水平面内四个方向的快速运行，高速提升机可实现货物在垂直方向的快速搬运，拣选工作站可以根据需要配置多种拣选技术，包括电子标签、光电感应系统、机械手系统等，以提升拣选的准确性及效率。该模式可以柔性配置，根据需要快速扩充，适应企业快速变化的需求。同时可以通过专属软件提高效率，特别是定制化系统功能，包括动态路向优化功能、支持多种拣选策略等。某公司设计的智能四向穿梭车、拣选工作站集成应用模式如图 16-7 所示。

图 16-7　某公司设计的智能四向穿梭车、拣选工作站集成应用模式

5. 穿梭车、堆垛机集成应用模式

穿梭车、堆垛机集成应用模式下，可以在堆垛机的运行轨道两端设置直线型和环

型运行轨道，并布置适当数量的穿梭车。在堆垛机完成货物存取操作后，由穿梭车负责送达指定工位，形成全自动运行的自动化立体仓库系统。通过合理布局穿梭车运行轨道，可以满足多个工位与存储货架之间的货物交互需要。穿梭车、堆垛机集成应用模式如图 16-8 所示。

图 16-8　穿梭车、堆垛机集成应用模式

【实验报告】

穿梭车应用实验

一、实验目的

1. 了解穿梭车的功能、结构及应用。
2. 掌握不同种类穿梭车的调度原则。
3. 熟悉不同种类穿梭车与其他物流设备的集成配置原则。

二、实验环境和设施设备要求

1. 设置1处往复式直行穿梭车作业设施空间，2台往复式直行穿梭车，2排3层存储货架，1台垂直升降机，1台带式输送机，1台辊子输送机。

2. 周转料箱10个，要求长、宽、高尺寸分别为600mm、400mm和300mm；其内部装有模拟货物10种以上。

3. 穿梭车作业单据1套。本实验穿梭车作业单据主要包括出库作业单和入库作业单两类。货位编号采取“排、列、层”三段式编码方式，例如，货位编号1-1-1代表第一排货架的第一列、第一层位置。本次实验的存储货物作业信息如表16-1所示。

表16-1 存储货物作业信息

货物名称	初始位置	目标位置
A品牌货物	1-1-1	出库工位
B品牌货物	入库工位	2-1-2
C品牌货物	1-3-2	出库工位
D品牌货物	2-2-3	出库工位
E品牌货物	入库工位	2-2-2
F品牌货物	入库工位	1-3-2
G品牌货物	入库工位	3-1-3

4. 5m长卷尺1把，秒表1个，称重器1个。

三、实验步骤

1. 通过观察往复式直线穿梭车实际运行情况，了解穿梭车的基本功能、结构，并测量其运行速度等主要性能参数。

2. 通过观察垂直升降机实际运行情况，了解垂直升降机的基本功能、结构，并测量其运行速度等主要性能参数。

3. 分别调节往复式直行穿梭车、垂直升降机的运行参数，对比分析不同运行参数条件下运行效率的变化情况。

4. 设定不同的调度指令，优化表 16-1 所示的作业顺序，分析优化的实际效果。

5. 通过更换带式输送机、辊子输送机等传输设备与不同种类穿梭车的配合，总结不同种类穿梭车与其他物流设备的集成配置原则。

四、实验报告题目

1. 结合实际操作情况，列举往复式直行穿梭车的主要性能评价参数及数值。

2. 结合实际操作情况，列举垂直升降机的主要性能评价参数及数值。

3. 结合实际操作情况，总结说明与穿梭车配合使用的物流设备应满足哪些基本条件。

4. 结合实际操作情况，总结说明穿梭车运行中可能出现的安全隐患，并说明预防的措施。

5. 结合实际操作情况，总结说明为提高环型穿梭车的运行效率可采用的优化调度策略。

6. 结合实际操作情况，总结说明穿梭车可以采用的货物移载方式及适用性。

7. 结合实际操作情况，总结说明穿梭车、叉车、驶入式货架集成应用模式下设备运行参数选择应考虑的主要因素及运行效率的评价方法。

8. 结合实际操作情况，总结说明穿梭车、垂直升降机集成应用模式下设备运行参数选择应考虑的主要因素及运行效率的评价方法。

9. 结合实际操作情况，总结说明子母式穿梭车、驶入式货架集成应用模式下设备运行参数选择应考虑的主要因素及运行效率评价的方法。

10. 结合实际操作情况，总结说明智能四向穿梭车、拣选工作站集成应用模式下设备运行参数选择应考虑的主要因素及运行效率的评价方法。

11. 结合实际操作情况，总结说明穿梭车、堆垛机集成应用模式下设备运行参数选择应考虑的主要因素及运行效率的评价方法。

12. 结合实际操作情况，总结说明直线型轨道和环型轨道布局条件下，穿梭车数量配置应考虑的主要因素和优化调度方法。

【案例分析】

基于四向穿梭车快速存取技术的“货到人”拣选系统

北京伍强智能科技有限公司（以下简称北京伍强）研发的基于四向穿梭车快速存取技术的“货到人”拣选系统如图16-9所示。该系统主要由密集存储货架、四向穿梭车、高速提升机、智能拣选工作站、输送系统及信息系统等构成。

北京伍强研发的四向穿梭车是一款空间利用率高、配置灵活的智能搬运设备，不仅可以提高物流效率，而且大幅度节省人力。四向穿梭车目前在多个行业具有广阔的应用前景，尤其适用于存储量大、SKU多的仓储中心。该穿梭车运行平稳加速快，停准精度高；充电时间短，运行、待机时间长，行驶速度可达4.0m/s，额定载荷为50kg；采用直行/横行伺服电机驱动；采用特殊的货叉结构，伸缩叉速度快，运行稳定；具备定位自检功能、低电量报警及自动充电功能；可以实现设备状态实时监控、故障信息实时反馈、故障报警、故障自诊断、设备异常断电保护等功能，该穿梭车目前应用日益广泛。

以山西万美医药科技有限公司（以下简称山西万美）现代医药物流中心为例，该中心位于太原市小店区，占地面积约18000m^2，划分为4个库区，主要用于存储药品和医

图 16-9　基于四向穿梭车快速存取技术的“货到人”拣选系统

疗器械。规划支持药品年流通规模价值不低于 80 亿元；同时可以满足对外提供专业的药品、医疗器械、冷链制品等各类医药三方物流服务。

山西万美现代医药物流中心物流设备集成项目一期主要包含四向穿梭车“货到人”系统、箱输送及分拣系统，以及仓库控制系统管理软件。该项目一期配置了 25 台北京伍强自主研发的红蟹四向穿梭车、7 套高速提升机、2 套智能拣选工作站，从而实现了药品折零业务的快速拣选，大幅提高了作业效率和准确率。

该项目一期具备较强的柔性化特征，预留了冗余性，远期可扩展为 40～50 台穿梭车，实现每天 2～3 万件货物的分拣效率。该项目另外一大亮点是红蟹四向穿梭车首次被成功应用到冷库作业环境中，红蟹四向穿梭车及附属设备在低温环境中的运行稳定性得到了充分验证。红蟹四向穿梭车的成功上线，可有效减少人员在低温环境中的作业时间，提高了作业效率，减弱了劳动强度。

该项目的投入使用，不仅提高了物流中心的智能化水平，还提高了订单的快速响应水平，提高了客户服务水平，同时也为企业未来几年的快速发展提供了有力的战略支撑。山西万美在一期投入使用后，订单快速增长，三方代储代运业务也发展迅速，并且引入了国大药房和老百姓大药房这样的优质客户，取得了良好的经济效益和社会效益。针对日益增长的订单处理和三方存储需求，山西万美决定对一期项目进行拓展，进一步有效提升物流中心的仓储自动化、信息化和智能化水平。

问题：

（1）请结合实验操作情况和调研资料，分析基于四向穿梭车快速存取技术的“货到人”拣选系统的竞争优势。

（2）请结合实验操作情况和调研资料，分析穿梭车未来的主要发展趋势。

实验十七　快递作业模拟实验

【实验准备知识】

一、快递作业

根据国家标准《快递服务 第1部分：基本术语》（GB/T 27917.1—2023）规定，快递服务是按照约定的时限、方式快速完成的寄递活动。快递服务主体是在中华人民共和国境内依法登记的提供快递服务的企业及其分支机构，以及快递末端网点。快件是快递服务主体依法递送的信件、包裹、印刷品等。

（一）快递服务分类

快递服务按寄递区域划分，可划分为国内快递和国际快递。

1. 国内快递

国内快递是指从收寄到投递的全过程均发生在中华人民共和国的快递服务。国内快递业务按寄达范围，可划分为同城快递、省内异地快递、省际快递等。同城快递是指从收寄到投递的全过程均发生在中华人民共和国境内同一地市级以上城市的快递服务。省内异地快递是指寄件地和收件地分别在中华人民共和国境内同一省、自治区中不同城市（地区、自治州、盟）的快递服务。省际快递是指寄件地和收件地分别在中华人民共和国境内不同省、自治区、直辖市的快递服务。

2. 国际快递

国际快递是指寄件地和收件地分别在中华人民共和国境内和其他国家或地区的快递业务，以及其他国家或地区间互寄但通过中华人民共和国境内经转的快递服务。

（二）快递增值服务

快递的增值服务包括代收货款、签单返还等。代收货款是指快递服务主体接受委托，在投递快件时，向收件人收取货款的服务。签单返还是指快递服务主体在投递快件后，将收件人签收或盖章后的回单返回寄件人的服务。

（三）快递服务环节

1. 收寄

（1）下单：用户选择快递服务，包括快递服务主体、服务时限、投递方式，预约快递服务的过程。

（2）实名收寄：快递服务主体在收寄快件时，对用户身份进行查验，并登记身份信息的过程。

（3）验视：快递服务主体在收寄时查验用户交寄的快件是否符合禁寄、限寄规定，以及用户在快递电子运单上所填报的内容是否与其交寄的实物相符的过程。

（4）封装：根据内件性质、寄递要求等，使用适当包装材料对快件进行包装的过程。

2. 内部处理

（1）快件编号：用于识别快件的唯一代码，由一组阿拉伯数字和英文字母组成，印制在快递运单上，以便在各个环节识别和追踪快件。

（2）分拣：将快件按寄达地址等信息进行归类归集的过程。

（3）封发：按发运路线将快件进行封装并交付运输的过程。

（四）快递服务质量

1. 服务时限

（1）快递服务时限：快递服务主体从收寄快件到首次投递的时间间隔。

（2）投诉处理时限：快递服务主体自受理用户投诉之时起，到完成用户投诉处理的时间间隔。

（3）索赔处理时限：快递服务主体自受理用户索赔之时起，到完成索赔处理的时间间隔。

2. 服务评价

（1）时限准时率：在一段时期内，快递服务主体准时投递快件的件数与收寄快件总件数的比率。

（2）快件丢失率：在一段时期内，快递服务主体丢失件的件数与收寄快件总件数的比率。

（3）快件损毁率：在一段时期内，快递服务主体损毁件的件数与收寄快件总件数的比率。

（4）用户投诉率：在一段时期内，快递服务主体受理用户投诉的快件件数与收寄快件总件数的比率。

（五）快递安全事宜

快递服务主体应设立安全部门或配备安全管理人员，制定安全管理制度和应急预案，落实相关责任。快递服务主体应采取有力措施，确保快件安全，具体包括建立并严格执行快件收寄验视制度，遵守《中华人民共和国邮政法》和《禁止寄递物品管理规定》，确保收寄快件的安全；在收寄和投递环节，应确保快件不裸露在外；在分拣、封发、运输、报关等处理过程中，应制定完备的监控制度，配备必要的监控设备；不准许无关人员接触快件；不准许从业人员私拆、隐匿、毁弃、窃取快件，确保快件的处理安全；在分拣、封发、运输、报关等处理过程中，如果发现问题快件，应及时做好记录并妥善处理；如果需要对快件开包，应由指定人员在有关人员或设备的监控下进行，并做好记录；因停业、转产、破产等原因停止快递经营活动的，应及时妥善处理所收寄的快件，确保快件安全；除依法配合司法机关需要外，快递服务组织不应泄露和挪用寄件人、收件人和快件的其他相关信息，确保快件信息安全。

快递服务主体应制订突发事件应急方案。发生重大事件造成重大服务阻断时，快递服务主体应按照有关规定及时报告相关部门；启动应急方案，采取必要的应急措施，确保人员和快件安全；以适当的方式告知用户。在事件处理过程中，应对所有相关的资料进行记录和保存，相关资料的书面记录应至少保存一年。

二、智能快件箱

智能快件箱是一种应用信息技术控制与管理，它通过密码验证、电子验证和其他身份识别方式进行操作，供快递服务主体收寄、投递和用户交寄、提取快件的智能收投服务终端。格口是智能快件箱存放快件的最小单元，格口箱是由一列或多列格口组成的一组箱体，智能快件箱可包含多组格口箱。智能快件箱通常装有控制柜，并配置显示屏、条码扫描器、键盘等人机交互模块及控制系统。

由于智能快件箱的应用越来越普遍，相关政策也支持将智能快件箱纳入公共服务设施相关规划和便民服务、民生工程等项目，鼓励在住宅小区、高等院校、商业中心、交通枢纽等区域布局智能快件箱。根据智能快件箱设置规范，小区的智能快件箱适合设置在中心位置，办公楼宇的智能快件箱适合设置在大厅门庭区域或其通道上，院校的智能快件箱适合设置在人员集中区域或院校快递服务区内，室外公共场所的智能快件箱适合设置在人员流动频繁且易投取的区域。智能快件箱的设置区域前应有不少于1m的投取空间，且应置于24h监控范围内。

三、无人配送车

无人配送车，如图17-1所示，是一种可以实现全自动化配送的智能物流装备，该类设备基于移动平台技术、全球定位系统、智能感知技术、智能语音技术、网络通信技术、智能优化算法等支撑，具备感知、定位、移动、交互能力，能够根据用户需求，收取、投递物品，完成配送活动。目前无人配送车的重点服务领域是快递服务，一般都具有L4级别自动驾驶属性，具备自动巡航、自动避障、高清地图采集、APP预约及选择配送时间、到达后电话或短信通知用户取件、与大型物流平台信息对接等功能。

图17-1 无人配送车

（一）无人配送车的性能参数

无人配送车的主要性能参数包括自动驾驶等级、额定载重量、续航能力等。

1. 自动驾驶等级

自动驾驶等级根据不同程度，从零到完全自动化，共分为六个等级。分别是 L0 级别、L1 级别、L2 级别、L3 级别、L4 级别、L5 级别。

L0 级别：完全由驾驶员进行操作驾驶，包括转向、制动等都由驾驶员自行判断，汽车只负责命令的执行。

L1 级别：能够辅助驾驶员完成某些驾驶任务，例如，许多车型装配的自适应巡航控制（ACC）功能，雷达实时控制车距和车辆加减速，在国内的很多车型上都有应用。

L2 级别：可自动完成某些驾驶任务，并经过处理分析，自动调整车辆状态，如车道保持功能，驾驶员须观察周围情况提供车辆安全操作。

L3 级别：该级别通过更有逻辑性的行车系统控制车辆，驾驶员不需要手脚待命，车辆能够在特定环境下独立完成操作驾驶，但驾驶员无法休息，在人工智能不能准确判断时，仍需要人工操作。

L4 级别：车辆自动做出自主决策，驾驶者无须任何操作，一般须依靠可实时更新的道路信息数据，实现自动取还车、自动编队巡航、自动避障等功能。

L5 级别：与 L4 级别最大的区别是完全不需要驾驶员配合任何操作，实现全天候、全地域自动驾驶，并能应对气候及地理位置的变化，驾驶员可将注意力放在休息或其他工作上。

2. 额定载重量

额定载重量是车辆在保证安全行驶的条件下允许的最大载重量，受驱动系统能力、整车结构及使用条件等方面的限制，目前无人配送车额定载重量已经超过 500kg。

3. 续航能力

续航能力是指电动车在充满电的条件下，在设定环境中可以运行的里程数，但在实际使用过程中，还受到车辆负载、环境温度及路面情况等多种因素的影响。目前在电池技术不断提升的条件下，无人配送车的续航能力持续提升。

此外，无人配送车的载货空间、最高运行时速等参数也是重要的性能参数。

（二）无人配送车的运行管理

无人配送车属于自动驾驶产业发展过程中出现的新产品，其正常使用需要考虑道路的通行权。目前政策先行示范区或者试验区都在进一步制定或者完善无人配送车产品应用标准和管理办法，研究适用于无人配送车上路行驶的通行规则和交通管理模式，给予相应管理权限，建立无人配送车运行安全监管体系，解决无人配送车运行的相关问题。

目前相关区域开始布局高级别自动驾驶示范区，该类型示范区的建设目标是支持 L4 级别以上高级别自动驾驶车辆的规模化运行。

在建设内容上，高级别自动驾驶示范区将部署高可靠、低延时的通信网络设施，可持续发展的感知基础设施，符合国家政策的高精度地图与定位基础设施，以及和底层技术联通的交通基础设施，建设边缘云、区域云与中心云等逻辑统一、物理分散的三级架构云控基础平台。同时结合基础设施部署情况，以车端真实需求为核心，以商业模式探索为驱动，实现L4级别自动驾驶出租车、智能网联公交车、自主代客泊车等高级别应用场景。

四、物流用无人机

无人驾驶飞机简称无人机，是利用无线电遥控设备和自备的程序控制装置操纵的不载人飞机。无人机性能参数主要包括续航时间、起飞重量、最大起飞海拔高度、抗风等级、避障能力等。无人机物流企业可以根据用户的需求合理地选择各种性能的无人机完成相应的作业，形成“干线大型无人运输机+支线大型无人机+末端小型无人机”的运营模式。例如，为了解决偏远地区的配送问题，提高配送效率，同时减少人力成本，可以使用无人机进行快递配送，但要注意恶劣天气等不利因素的影响。物流用无人机如图17-2所示。

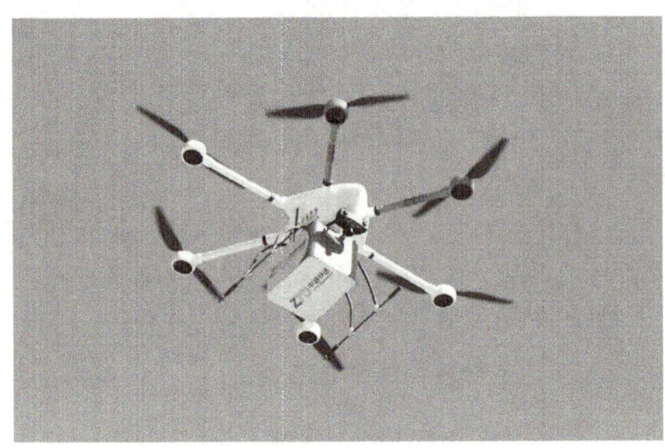

图17-2　物流用无人机

物流用无人机也可以和无人配送车等设备组合使用，满足不同条件的用户需求，实现各种运输设备之间的优势互补、协同作业，物流用无人机与无人配送车配合作业如图17-3所示。

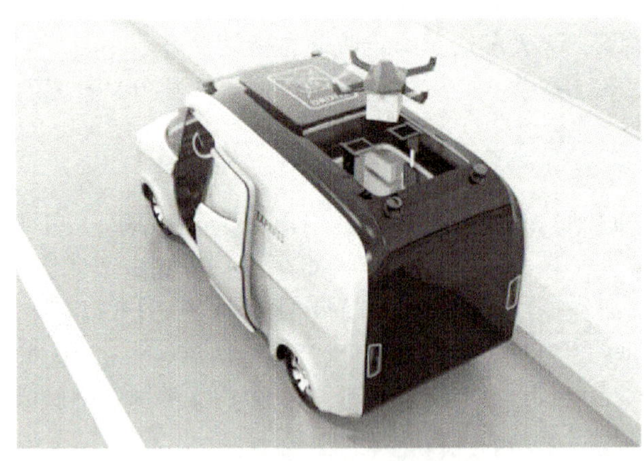

图17-3　物流用无人机与无人配送车配合作业

民用无人机活动及其空中交通管理应当遵守相关法律法规，其中包括《中华人民共和国民用航空法》《中华人民共和国飞行基本规则》《通用航空飞行管制条例》等。组织实施民用无人机活动的单位和个人应当按照《通用航空飞行管制条例》等规定申请划设和使用空域，接受飞行活动管理和空中交通服务，保证飞行安全。

目前，无人机运营可能存在的风险主要包括因为强风等恶劣天气而导致的坠机，因为操作不慎而坠机，因为控制软件不良而坠机，因为无人机电量耗尽而坠机，因为无人机之间发生碰撞、无人机飞行高度超出了管制空域、无人机失联、动力系统损坏而坠机等，应该结合实际应用条件对可能出现的危险情况进行分析，并做好各类防护措施。

五、3D 打印技术

3D 打印技术属于快速成型技术，是一种以数字模型文件为基础，运用粉末状金属或塑料等材料，通过逐层打印的方式构造物体的技术。

3D 打印技术通常是采用数字技术材料打印机实现的，常在模具制造、工业设计等领域被用于制造模型，后逐渐用于一些产品的直接制造，已经有使用这种技术打印而成的零部件。该技术在珠宝、鞋类、建筑、汽车、航空航天、医疗产业、教育、地理信息系统等领域有应用。3D 打印机如图 17-4 所示。

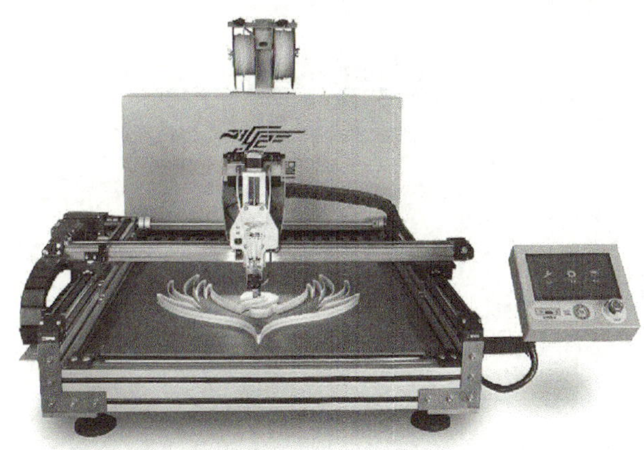

图 17-4　3D 打印机

【实验报告】

快递作业模拟实验

一、实验目的

1. 了解快递基本作业流程。
2. 熟悉快递作业包装的基本要求。
3. 掌握智能快件箱、无人配送车、物流用无人机等应用要求。
4. 了解应用3D打印技术的影响。

二、实验环境和设施设备要求

1. 设置1处快递作业设施空间，可以满足瓦楞纸箱、周转料箱的包装作业要求，并具备快递信息处理能力。

2. 周转料箱5个，要求长、宽、高尺寸分别为600mm、400mm和300mm；瓦楞纸箱5类，每类5个，瓦楞纸箱尺寸要求如表17-1所示。

表17-1　瓦楞纸箱尺寸要求　单位：mm

规格编号	长	宽	高
1	600	400	300
2	400	200	300
3	400	200	200
4	300	200	200
5	300	200	100

3. 条码打印机1台，要求可打印二维条码；激光式条码识读设备1套，CCD式条码识读设备1套。

4. 智能快件箱1组，要求具备10个以上存储单元。

5. 无人配送车1辆，要求具备上位运行调度系统，具备室内和室外导航技术。实验过程中设置3个运行站点。

6. 物流用无人机1台，要求具备瓦楞纸箱装卡功能。

7. 3D打印机1套，配置10个以上的数字模型可供选择打印。

8. 模拟货物10种以上。

9. 计时器1个。

实验前以学校为主要背景，进行相关的需求分析，完成快递外形、质量及数量等方面的特征分析。同时调研分析购物网站对快递服务质量的评价情况。

三、实验步骤

1. 通过实际分析快递物品的基本属性，确定其基本包装形式。

2. 结合自身收发快递情况，设计快递运单并打印测试。

3. 根据快递实际作业要求，模拟完成快递作业信息采集。

4. 统计分析校园内（或学校周边社区）智能快件箱配送效率及服务水平等情况。

5. 在教师指导下，实际操作无人配送车，测试其使用性能，并建立设备运行参数表。

6. 在教师指导下，实际操作物流用无人机，测试其使用性能，并建立设备运行参数表。

7. 调研100条以上的电子商务快递服务质量评价信息，整理用户反馈问题的实际情况并分析原因。

8. 按照实验指导教师的统一安排熟悉3D打印机的操作，并计量生产时间。结合调研数据分析3D打印机能够制造的产品种类。

四、实验报告题目

1. 总结说明物流物品的重量、尺寸等特征对快递包装、配送等作业的影响。

2. 说明快递应注意的危险物品种类及其危害。

3. 总结快递单据的功能需求，提出快递单据的设定原则及应具备的基本内容。

4. 根据实验操作和调研基本情况，总结快递过程中可能存在的破坏情况及其产生原因，提出界定责任的相关条款。

5. 根据实验操作和调研基本情况，总结快递服务提供商面向用户的可视化服务系统应具备的功能。

6. 根据实验操作和调研基本情况，查询相关法律规定，总结与快递相关的规定，以及相关的免责条款。

7. 根据实验操作和调研的基本情况，总结分析快递终端采集信息所要求的基本功能，并提出优化的建议。

8. 根据实验操作和调研的基本情况，总结分析智能快件箱选型时须考虑哪些影响因素，并给出适合本校使用的智能快件箱选型方案。

9. 根据实验操作和调研的基本情况，总结分析无人配送车选型时须考虑哪些影响因素，并给出适合本校使用的无人配送车选型方案，以及应采取的安全防护措施。

10. 根据实验操作和调研的基本情况，总结分析物流用无人机选型时须考虑哪些影响因素，以及应采取的安全防护措施。

11. 根据实验操作和调研的基本情况，请分析不同的人群对快递可接收时间的态度及对快递作业的影响。

12. 根据实验操作和调研的基本情况，如果考虑采用纸箱回收重复利用的方式提高其利用率，则应适合在哪些领域开展使用。

13. 根据实验操作和调研的基本情况，如果考虑采用塑料制周转料箱作为电子商务企业的快递包装形式，则需要考虑哪些影响因素。

14. 结合实验分析 3D 打印机的主要性能参数，并总结说明家庭制造未来对快递服务的需求。

15. 根据实验操作和调研的基本情况，总结说明末端快递效率提升的主要影响因素及改进方式。

【案例分析】

物流用无人机典型应用案例

1. 美团无人机配送

2023年2月23日，深圳开始试行无人机送外卖。当天，美团无人机团队宣布其城市低空物流解决方案已通过中国民航局审定，并获得了该部门颁发的《特定类无人机试运行批准函》和《通用航空企业经营许可证》（以下简称批准函和许可证）。深圳首张人口密集区无人机配送试运行许可获批，意味着美团无人机具备了成为一家城市级货运航空公司的资质能力，初步开启商业化运营等工作。

该团队申请审定的运行场景，主要是在城市人口密集区120m以下的空域中，用无人机以超视距运行（即无人机在工作人员视野外运行）的方式完成物流配送工作。此外，美团无人机已获批允许进行通用航空货运等经营活动，标志着其拥有了商业化落地所需的国内合规许可。

据美团无人机运营负责人介绍，相关审定工作自2021年年初开始，其间团队初步完成了飞行器、自动化机场及智能调度系统的研发工作，其中90%以上部件为纯自研，并由此合力打造出一个全场景、全天候的城市低空物流网络。而美团无人机团队也在监管下完成近12万单的无人机配送任务。

中国民航局民用无人驾驶航空器管理领导小组办公室相关负责人员也表示，美团是在城市人口密集区以超视距运行方式进行物流配送的。由于场景的较高风险和复杂性，他们对美团的技术、运营能力的安全性和可靠性要求也相对较高，这也让他们对整个审查过程更加审慎。在运行审定和管理过程中，美团的经验也为物流行业完善技术管理政策标准提供了有效的实践支撑。

数据显示，截至2022年年底，美团无人机于深圳的试运行航线在5个商圈落地，航线覆盖 18 个社区和写字楼，可为近 2 万户居民服务，配送商品种类超过 2 万种，涵盖餐饮、美妆、快消、电子产品等多种类型。

值得一提的是，在完成两项审定的同时，美团城市低空物流解决方案中的“塔台”——美团无人机深圳空中运行管理中心也首次对外亮相。该中心通过自研运行系统连接着远程机组、飞行器、机场及空中交通规划控制模块等单元，借助先进的人工智能技术，可自主调度半径 600km 内的无人机。

“空中运行管理中心内现场工作人员主要负责确保系统和无人机运行正常，以及处理突发事件等工作。通过无人机多‘跑路’，大家可以坐在空调屋里就能完成千里之外的配送工作。”相关负责人说。

在审定期间，美团无人机团队也在通过空中运行管理中心尝试以超视距运行的方式完成订单配送任务。正是配送方式的改变，使其运营和配送效率出现显著提升。截至 2023 年 2 月，无人机的平均订单配送时长约为 12min，相较传统模式近 30min 的平均配送时间，效率大幅提升，为用户累计节省了近 3 万小时的等待时间。美团无人机配送场景如图 17-5 所示。

图 17-5　美团无人机配送场景

2. 顺丰无人机配送

2023 年 2 月 14 日情人节期间，顺丰同城启动无人机配送服务，通过多元配送方式满足节日期间配送需求。顺丰同城数据显示，2023 年情人节鲜花配送量同比增长超 150%。

顺丰同城指出，无人机急送作为顺丰同城在智慧配送网络布局上的重要一步，其在特殊路况或面对特殊场景时价值尤为突出。例如，重大节日遭遇订单高峰或路网拥堵时，跨区远距离配送往往难以保障时效，尤其是生鲜类物品在时效上不能满足客户需求，此时无人机急送的作用非常关键。

据顺丰同城负责人介绍，在大力发展无人机配送的同时，顺丰同城也在持续强化自身的差异化网络能力和交付能力。未来，公司将持续提升在即配行业的服务品质。

顺丰同城无人机配送流程主要如下。

（1）快递员将快件放置在无人机的机舱中，然后将无人机放在起飞位置上。

（2）快递员用顺丰配备的“巴枪”扫描无人机上的二维码，确认快递信息。

（3）无人机校对无误后自动起飞，与此同时，无人机调度中心通知接收点的快递员做好无人机降落的准备工作。

（4）无人机在接收点降落后，快递员将快件从机舱内取出，用“巴枪”扫描，确认快件到达。

（5）无人机完成一次物流配送后，将自动返航。

问题：

（1）结合案例和实验操作情况，总结分析未来快递配送的主要发展趋势。

（2）结合案例和实验操作情况，总结分析利用物流无人机进行快递操作应考虑哪些影响因素。

实验十八 鲜活农产品物流实验

【实验准备知识】

一、农产品物流

传统农产品物流只涉及流通领域的销售物流，现代农产品物流意义广泛，既包括产前的供应物流、产中的生产物流，又包括产后的销售物流及废弃物回收物流等，是物流、商流、信息流及资金流的统一体，其通过有效克服流通中的时间和空间阻碍，提供高质高效的运输服务，创造更大的农产品价值。结合现代物流理论和农业经济理论，可以认为农产品物流是指为了满足用户需求，通过创造农产品的时间价值、空间价值和潜在属性价值，实现从产前到产后的一系列供应链环节的物资实体流动和相关信息、资金流转。具体而言，包括农产品生产、收购、运输、储存、装卸、搬运、包装、配送、流通加工、信息处理等一系列环节，是与农产品相关的若干领域经济活动系统的、集成的、一体化的现代概念。

鲜活农产品一般是指与居民生活息息相关的新鲜蔬菜、水果、水产品、禽畜及其肉类产品，以及新鲜的蛋奶等。由于产品本身的特殊性，鲜活农产品流通过程中需要以预冷、包装、追溯等环节作为支撑，提高农产品的质量，满足服务要求。

二、预冷技术

预冷与冷却的概念不同。所谓“预冷”是指食品从初始温度（30℃左右）迅速降至所需要的终点温度（0~15℃）的过程，它常作为快速冻结前的快速冷却工序；而冷却则是将食品温度降至高于冻结温度的过程。水果、蔬菜采收后由于受环境温度的影响，一般表面温度比较高，加之其较强的呼吸作用，在成分不断发生变化的同时，释放的热量也不断地增大，温度会持续升高，而较高的温度又促使其呼吸加快，连续释放热量，水分大量蒸发，自身的营养和水分持续消耗，迅速萎蔫，鲜度降低，使货架期大大缩短。为了延长水果、蔬菜的货架期，减少其干耗和流通中的各种损耗，使消费者获得高鲜度又洁净的水果蔬菜，则必须在工厂进行一系列采收后的加工处理，如挑选、去蒂根、去皮叶、清洗、预冷、滤水、包装等，其中预冷工艺尤为重要。常见的预冷方法有真空预冷、水预冷等。

（一）真空预冷

依据水随压力降低其沸点也降低的物理性质，将预冷食品置于真空槽中抽真空，当压力达到一定数值时，食品表面的水分开始蒸发，带走自身及环境热量，从而达到冷却降温效果。真空预冷机如图 18-1 所示。

图 18-1　真空预冷机

真空预冷方法的优点很多，具体包括以下内容。

（1）冷却速度快：20~30min 即可达到所需的温度。

（2）冷却均匀：产品表面自由水汽化带走自身热量达到冷却目的，实现从内到外均匀降温。

（3）干净卫生：真空环境下，可杀菌或抑制细菌繁殖，防止交叉污染。

（4）薄层干燥效应：有修复保鲜物表皮损伤或抑制损伤范围扩大等独特功效。

（5）不受包装限制：只要包装有气孔，即可均匀冷却物品。

（6）保鲜度高：可保持食物原有色、香、味，延长货架期。

（7）自动化程度高：可通过压力传感器控制制冷系统和真空系统的压力，方便调节真空预冷机的真空度，并且可远程操控，便于监控设备运行和快速解决设备故障。

（8）节能高效：根据不同冷却物的特性，设定真空度，有效节约能源。

（二）水预冷

水预冷是利用冷水（接近 0℃）作为制冷介质，用冷水冲、冷水淋或将产品浸在冷水中，使其快速降低温度的一种预冷方式。樱桃冷水预冷机如图 18-2 所示。

水预冷的特点和要求如下。

（1）降温速度快：水的热传导率是空气的 20 多倍，因此，水预冷较空气预冷冷却速度快、效率高。预冷水温在不使产品受害的前提下要尽量低，一般在 1℃左右。预冷时间在十几分钟到几十分钟。可在 20~45min 将 25~30℃的菜温降至 4℃左右。

（2）成本低廉：水预冷设备简单，适用面广，预冷设备采购费和维持费较低。

（3）防止萎蔫：水预冷将蔬菜用水打湿，可避免蔬菜萎蔫，但易导致蔬菜腐烂，因此，叶菜不宜采用水预冷。

（4）需经常消毒：为节省能源和水源，水预冷机中的水一般是循环使用的，这样会导致循环水中腐败微生物的积累，使产品受到污染。应在冷却水中加入次氯酸盐等化学药剂，减少病原微生物的交叉感染。另外，水预冷机也要经常清洗消毒。

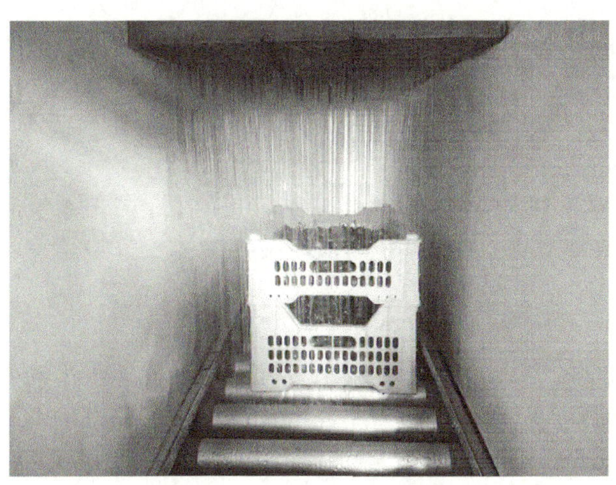

图 18-2 樱桃冷水预冷机

同时水预冷机一般需要有配套的贮藏库，如水预冷以后的蔬菜需要有配套的贮藏库存放。同时水预冷机占地面积较大，需要配置较大的作业空间。

三、北斗卫星导航系统

全球导航卫星系统（Global Navigation Satellite System，GNSS），又称全球卫星导航系统，是能在地球表面或近地空间的任何地点为用户提供全天候的三维坐标、速度及时间信息的空基无线电导航定位系统，其包括一个或多个卫星星座及其支持特定工作所需的增强系统。全球卫星导航系统国际委员会公布的全球四大卫星导航系统供应商，包括中国的北斗卫星导航系统（BDS）、美国的全球定位系统（GPS）、俄罗斯的格洛纳斯卫星导航系统（GLONASS）和欧盟的伽利略卫星导航系统（GALILEO）。其中北斗卫星导航系统（以下简称北斗系统）是中国着眼于国家安全和经济社会发展需要，自主建设运行的全球卫星导航系统，是为全球用户提供全天候、全天时、高精度的定位、导航和授时服务的国家重要时空基础设施。北斗系统提供服务以来，已在交通运输、农林渔业、水文监测、气象测报、通信授时、电力调度、救灾减灾、公共安全等领域得到广泛应用，服务国家重要基础设施，产生了显著的经济效益和社会效益。基于北斗系统的导航服务已被电子商务、移动智能终端制造、位置服务等厂商采用，广泛进入中国大众消费、共享经济和民生领域，应用的新模式、新业态、新经济不断涌现，深刻改变着人们的生产生活方式。

北斗系统特点较为突出。一是北斗系统空间段采用三种轨道卫星组成的混合星座，与其他卫星导航系统相比高轨卫星更多，抗遮挡能力强，增强了低纬度地区的服务连续性。二是北斗系统提供多个频点的导航信号，能够通过多频信号组合使用等方式提高服务精度。三是北斗系统创新融合了导航与通信能力，具备定位导航授时、星基增强、地基增强、精密单点定位、短报文通信和国际搜救等多种服务能力。

（一）北斗系统基本组成

北斗系统由空间段、地面段和用户段三部分组成。

（1）空间段。北斗系统空间段由若干地球静止轨道卫星、地球同步轨道卫星和中圆地球轨道卫星等组成。

（2）地面段。北斗系统地面段包括主控站、时间同步/上行注入站和监测站等若干地面站，以及星间链路运行管理设施。

（3）用户段。北斗系统用户段包括北斗兼容其他卫星导航系统的芯片、模块、天线等基础产品，以及终端产品、应用系统与应用服务等。

（二）北斗系统基础产品

北斗卫星导航芯片、模块、天线、板卡等基础产品，是北斗系统应用的基础。通过卫星导航专项的集智攻关，我国实现了卫星导航基础产品的自主可控，形成了完整的产业链，逐步应用到国民经济和社会发展的各个领域。伴随着互联网、大数据、云计算、物联网等技术的发展，北斗系统基础产品的嵌入式、融合性应用逐步加强，产生了显著的融合效益。

（三）北斗系统典型应用

北斗系统是助力实现交通运输信息化和现代化的重要手段，对建立畅通、高效、安全、绿色的现代交通运输体系具有十分重要的意义。交通运输领域的主要应用包括陆地应用，如车辆自主导航、车辆跟踪监控、车辆智能信息系统、车联网应用、铁路运营监控等；航海应用，如远洋运输、内河航运、船舶停泊与入坞等；航空应用，如航路导航、机场场面监控、精密进近等。随着交通行业的发展，高精度应用需求加速释放。利用北斗系统，还可以完善农产品物流配送体系，尤其是生鲜农产品，实时感知农产品状态，推广系统的应用，实时采集、传输、报告物流过程中的温度、湿度、震动、烟雾、开关厢门时间和次数等信息，满足客户对农产品品质和物流追溯的需求，并同步完成物流公司备份，提高物流公司运营效率。

四、鲜活农产品的质量评价

鲜活农产品的质量保证是其流通过程中需要重点关注的，应在满足用户要求的条件下，使用适合的技术、方法进行物流运作，提升质量保障能力。在流通过程中一般可以根据不同种类的特点提出不同类型的评价标准，其中蔬果质量检测标准主要是综合考察新鲜度、色泽等指标。

（一）水果质量检测标准

水果质量检测标准如表18-1所示。

表18-1 水果质量检测标准

指标内容	评价内容
新鲜度	无空壳、皱皮、干涩现象
色泽	鲜艳，光亮，无变色

续 表

指标内容	评价内容
硬度	饱满，充实，软硬适中
机械伤	相同新鲜条件下无外力造成的伤害，如挤伤、压伤、碰伤、切口、裂伤等
病虫害	表面、中间无虫卵遗留，无虫眼
形状	曲线协调，外形优美，无不良图案及异状
成熟度	适中，无过熟、未熟现象
污染	无污染，无残留农药

针对不同类型的水果也可以考虑增加一些特色指标，例如，瓜果类水果主要是考虑外表光亮无斑点，有新鲜连接的秧，形状正常，无软塌处；柑橘类水果要求不空壳，水分充足，外表完美；浆果类水果要求无腐烂、变色、外形不完整、不成熟现象；梨果类水果要求色泽鲜艳，大小适中，无硬节，有果把等。

（二）蔬菜质量检测标准

蔬菜质量检测标准如表 18-2 所示。

表 18-2 蔬菜质量检测标准

指标内容	评价内容
新鲜度	无皱皮、干涩现象
水量	充足，无过分萎蔫
色泽	有光泽，鲜艳
硬度	叶菜挺立，瓜菜饱满、结实、无空心，根菜略硬
机械伤	相同新鲜条件下无外力造成的伤害，如挤伤、压伤、碰伤、切口、裂伤等
病虫害	无虫嗑、残虫卵
形状	枝叶丰满，大小适中，曲线协调
成熟度	适中，无过熟、腐烂现象
污染	无残留农药，无运输造成的污染

针对不同类型的蔬菜也可以考虑增加一些特色指标，例如，叶菜类蔬菜要求挺实，气味正，颜色好，无过多黄叶、腐烂叶与多泥根，水分充足，无萎蔫、不成熟现象；瓜菜类蔬菜要求成熟，新鲜，外皮无斑点，有新鲜绿秧，无软化、变质现象；根菜类蔬菜要求挺实，无软化、腐烂、带泥过多现象，色泽正常，形状正常，无生芽现象等。

【实验报告】

鲜活农产品物流实验

一、实验目的

1. 了解鲜活农产品物流系统的基本构成。
2. 熟悉蔬菜流通过程中的典型物流作业流程和方法。
3. 熟悉典型农产品流通过程中的可追溯系统的基本构成。
4. 了解鲜活农产品在物流运作过程中的质量影响。

二、实验环境和设施设备要求

1. 设置1处农产品物流运作设施空间，布置常温运作区和冷链运作区。

2. 常温运作区内包括：塑料托盘2个，要求长、宽尺寸符合国家标准，分别为1200mm和1000mm；周转料箱10个，要求长、宽、高尺寸分别为600mm、400mm和300mm；条码打印机1台，要求可打印二维条码；激光式条码识读设备1套。

3. 冷链运作区设置鲜活农产品模拟冷库设施系统1套，要求内部可以安装冷库监控系统，并进行实际货物的冷却操作；干冰、水冰1kg以上，并配备夹取器具；真空预冷机1台；风幕柜1组，具备3层以上的存储空间；冷藏车模型1个，内部可以放置模拟货物；塑料保温箱5个，可以利用冰盒进行制冷，要求具备箱内温度检测和显示、RFID识别等功能；为配合冰盒使用，要求配备制冷用冰箱1台；泡沫保温箱5个，生物冰袋20个；带有保温层的珍珠棉包装材料若干。

4. 颜色检测仪器1套。

5. 北斗系统1套，包括定位用芯片10个。

6. 测试用计时器1个；移动式温度测量器1个，测量范围为-20~50℃，可以满足非接触式测量要求。

7. 叶菜1种，数量若干；根茎菜1种，数量若干；草莓、苹果、蓝莓，数量若干。

三、实验步骤

1. 将常温蔬菜进行真空预冷处理，利用移动式温度测量器记录蔬菜预冷效果，并分析预冷机的性能。

2. 在常温条件下，对叶菜质量进行评价，重点包括蔬菜的颜色测试、表面状态，并记录实验数据；在常温条件下间隔1天，重复测试内容，并记录实验观察结果，重复实验3天。

3. 在冷链条件下，对叶菜质量进行评价，重点包括蔬菜的颜色测试、表面状态，并记录实验数据；在冷链条件下间隔1天，重复测试内容，并记录实验观察结果，重复实验3天。

4. 利用条码技术，结合使用托盘、周转箱等对叶菜、根茎菜和苹果进行标识方案设计，通过读取设备进行信息读取，结合农产品流通实际情况，说明各个流通环节和物流运作主体所关注的信息。

5. 在室外环境，利用北斗系统对车辆的实际运行数据进行记录，并对定位效果进行评价。

6. 根据草莓、苹果在电子商务条件下流通与运输的要求，按照快递形式设计包装。

7. 进行农产品装卸、搬运作业，其中包括20cm左右跌落测试，分别观察农产品在无包装、有包装、周转箱内、托盘上四种情况下的破损情况。

8. 选择某一鲜活农产品销售平台，统计分析消费者对流通质量和物流运作的关注点。同时实验前需前往学校附近的农贸市场、超市等场所进行实际调研，了解实验相关涉及内容。

四、实验报告题目

1. 结合实验操作情况，总结说明真空预冷机的基本性能参数。

____

____

____

____

2. 结合实验操作和调研情况，总结说明采用冷链技术后鲜活农产品流通质量的改变主要体现在哪些方面。

____

____

____

____

3. 结合实验操作和调研情况，分析鲜活农产品哪些物理属性或者化学属性影响其自动标识方案的设计，并说明各种标识方案的优点和缺点。

____

____

____

____

4. 结合实验操作和调研情况，如果对新鲜蔬菜进行可视化追溯，则应考虑哪些因素，以批发市场的苹果流通为例，说明拟采用的技术方案。

____

____

____

____

5. 结合实验操作和调研情况，说明猪肉从养殖场到超市全过程追溯方案的设计需要考虑的主要因素。

6. 结合实验操作和调研情况，说明采取周转箱、托盘等集装化器具为农产品物流带来的优势及影响。

7. 结合实验操作和调研情况，总结说明车辆运输过程中应提取哪些运行数据，并说明数据的具体应用。

8. 结合实验操作和调研情况，分析草莓、苹果、蓝莓通过电子商务平台销售的盒式包装设计应考虑哪些因素，并考虑应设定哪些基本功能。

9. 结合实验操作和调研情况，总结说明农产品供应链可视化的具体内涵，并说明其对物流运作的具体功能要求。

10. 结合实验操作和调研情况，总结说明农产品流通过程中的物流成本构成。

11. 结合实验操作和调研情况，总结说明农产品物流中哪些操作会影响农产品的质量，有何种策略可以减少其影响。

12. 根据收集整理的数据，总结说明网络购物环境下，重视农产品物流消费者需求的主要因素。

13. 结合实验操作和调研情况，总结说明农产品批发市场流通模式和通过产地采用电子商务模式进行客户销售，对农产品物流技术应用的主要异同。

14. 结合实验操作和调研情况，为提高鲜活农产品的流通质量，应在物流运作环节的哪些关键点进行控制。

【案例分析】

日本全农果菜中心的高效农产品物流

全农果菜中心是日本全国农业合作联合会的园艺直销业务于2004年独立法人化后设立的专业公司，主要从事日本国产农产品的产地直销贸易，主要为生活协同合作社会员和超市配送农产品。其所服务的生活协同合作社会员来自由神奈川县、静冈县、山梨县及长野县所属范围内的8个生活协同合作社组成的“UCO-OP事业联合公司”。

全农果菜中心提供的服务项目主要为“上门CO-OP”业务，即送货上门的农产品配送服务。其中，“水灵灵送货”服务（通过缩短物流时间保证消费者对农产品“鲜度”的高要求）已成为“上门CO-OP”的重要服务项目。

伴随着日本社会中双职工家庭的增加和少子老龄化趋势，以及近年来消费者对食品安全的要求越来越严格，“上门CO-OP”业务量逐年攀升，并且显现出越来越快的发展趋势。

“UCO-OP事业联合公司”开展农产品配送大约始于2001年，最初，在业务高峰期处理的货物数量只有2500万件，但随着消费者需求的提升，到2007年，高峰期货物处理量提高到2001年的1.6倍，达到了4000万件。货物处理量的激增，使原来承担物流配送任务的町田物流中心（位于东京）的操作空间达到了极限，尤其是入库和加工的区域。同时，由于当时采用的是人工拣货系统，补货需要人工完成。因此，町田物流中心不得不配备更多的操作员工，并且需要设法增加足够的补货工作空间。但即使解决了上述问题，物流中心还面临着更多的新问题，比如不能准确地把握补货时间等。

现实情况是，货量增加带来的诸多问题已经累积到相当程度，仅依靠升级原物流中心已经无法解决，全农果菜中心不得不考虑建立一个全新的、拥有先进技术的、可满足未来发展需求的新物流中心。2009年2月，由日本大福公司规划并集成的全农果菜中心的新物流中心——爱川物流中心正式投入运行。据大福公司的技术人员介绍，该中心每天能够处理订单数高达7万个。

新物流中心占地面积为10844m^2，建筑面积为7970m^2，工作区面积增加到旧物流中心的1.5倍，分为两层。在管理上，为保证产品的高质量和新鲜度与以后发展需要，新物流中心彻底实现了温度的管理，确保了足够的工作空间，完善了收货体制，并设计了将来物流量增加的应对措施；在物流设备方面，配备了最新技术的预先拣选和带自动补货功能的“数字拣选系统”，大大提升了处理能力，节约了人力，并加强了商品追踪的功能。

爱川物流中心的运营管理方式从一个侧面映射出日本农产品物流的突出特点。

（1）农产品标准化程度高。在日本市场流通的农产品，几乎都是经过加工后符合一定标准的农产品。在爱川物流中心，产品在从产地送达前，已经根据产品品质进行了初步的分拣和包装，产品入库后，还要按一定的标准进行严格筛选和分级。蔬菜、水果大多是以一定的数量作为计量单位，比如梨、苹果等多以个为计量单位。等级外的产品不能进入下一步物流环节，直接退货。

（2）鲜度管理严格。为了保障农产品的新鲜度，爱川物流中心实行全程冷链。该中心的工作区分为两层。一层包括入货区、出货区、带泥土的蔬菜加工区，周转冷藏箱存放区，以及包装箱处理室；二层为拣选区、不带泥土的蔬菜加工区和备货区等。中心内，除了入库区和带泥土蔬菜加工区温度控制在20℃至22℃，其他工作区温度都控制在15℃至17℃之间。

（3）产品损耗率低。生鲜农产品在物流过程中的损耗往往不可避免，但损耗率直接与成本挂钩，因此，损耗率直接体现出物流运作水平。据介绍，爱川物流中心的损耗率平均在5%左右。夏季因为天气炎热，货物易腐易坏，损耗比较大，但仍可以控制在10%~15%；在冬季，农产品的损耗则很小。相比我国生鲜农产品在物流过程中的损耗率动辄20%~30%，甚至更高，两者之间的差距是显而易见的。

（4）产品追溯功能全面。先进的信息中心配合高度自动化的物流设备，不仅大大提高了爱川物流中心的效率，还实现了农产品的主动追溯。据介绍，物流中心由于实现了全程信息化管理和自动化操作，在进行配送时，哪些货物在何时送到何地都可以通过条码随时被企业掌控，因此不会等到出现问题时再被动地追溯产品。

爱川物流中心每周运转5天，从周日到下周四，切整、分级拣选，以及小规格单元化包装等加工作业从早9点到晚6点，向“UCO-OP”的30多处前端配送网点的出货是从晚6点到第二天早上5点。下面以爱川物流中心为例，说明日本农产品物流中心的典型流程。

物流中心运转的第一步是收货入库。为了保证公司的主打服务项目——“水灵灵送货”，收货时间通常都在上午7点到9点，以方便隔天出货。当然，也有少部分货物在下午或深夜送到。

货物的来源主要有两类，一类是直接来自全农，占到一半左右，另一类来自其他零散的供应商。货物主要是蔬果，从采摘到货物送达所需的时间，根据产地远近和处理情况有长有短，但基本上在3天左右。其中，蔬果在产地要进行预冷保鲜，这个过程需要半天到一天的时间。总的来说，只要有条件，货物都会尽量做到当天采摘当天入库。

货物入库前要进行检查，检查的项目主要是商品名、商品种类、重量、新鲜度等是否合格。入库检查主要是对产品质量和数量的例行检查，其他特别检查如农药残留，要送到专门的检测场所去进行。

大部分货物入库后，直接送到二层或者在物流中心一层清理完泥土后送到二层，然后进行分级再包装。

员工首先对货物进行分级拣选，对货物品质进行再次确认，将卖相或者品质有欠缺的货物挑选出来，比如表面有污点的水果、带黄叶的蔬菜等。有明显品质问题的货物会退货给供应商，问题不严重的与卖相不好的货物将折价处理到水果店或其他地方销售，只留下品质完全合格并且卖相良好的货物配送给客户。

分级拣选后，货物要根据客户的需求重新进行不同的小规格单元包装，比如一袋一颗生菜。在此环节，物流中心充分发扬并贯彻了低碳环保理念，找到了很多包装的小窍门。比如两个一袋包装的丰水梨，其中只有一个梨包着泡沫保护网，既能保护货物，又减少了泡沫网的用量。

分级拣选区旁边的区域是加工区，被塑料层从上至下封闭起来。员工在里面对货物进行简单加工，如萝卜切片等。塑料层的作用在于防止粉尘进入从而污染货物。

包装完的货物成筐送到备货区，并生成条码，条码中包含品名、产地、数量等货物信息。在物流中心接受订单后，会再打印出货物去向信息的条码。

紧临备货区的是补货拣选区，这是整个物流中心技术最先进的区域。

在补货拣选区，当信息中心收到订单并定时分类汇总后，发送指令到补货拣选区，员工收到指令后，把对应数量和品种的货物放到传送带上。传送带上设有自动识别装置，通过扫描条码确认补货品种、数量是否正确，正确时，指示灯为绿灯，货物可以通过，否则亮红灯，货物停止，并发出报警。货物进入补货拣选区后，由堆垛机作业，运送货物到达信息中心分配的拣选货架上的指定位置。一般情况下，一种货物占据一个位置，但也可能有量大的货物同时占据两个到三个位置。

在发送补货指令时，信息中心为每张订单分配了不同的周转箱，并且为每个周转箱打印并粘贴条码，条码中包含客户情况、货物品种和数量等去向信息。周转箱分为两种，一种是稍大规格的白色箱，用于固定的、量大的客户，另一种是稍小规格的粉色箱，用于量小或不固定的客户。在进入拣选区前，周转箱里事先已铺上了干净的塑料薄膜以便盛放货物。

货物到达拣选货架后，由员工负责配货。一名员工负责 20 个货位，一次为 6 个周转箱进行拣选。当这 6 个周转箱的订单中有此员工负责货位上的货物时，周转箱送转到这名员工的区域后自动停下等待拣选，员工根据面前的作业屏指示的品种和数量，依次拣出货物放到对应的周转箱里，比如第一箱需要一根胡萝卜，第二箱需要两颗生菜，完成一次拣选后按下对应的任务完成按钮。6 个周转箱全部拣选完成后，周转箱自动流转到下一个需要拣选货物的员工所在的位置。

为了充分利用等待周转箱的时间，在每个员工工位里，周转箱上方有对应的 6 个临时预放台，在周转箱还没到之前，员工得到指令，先拣出货物放到预放台里，等周转箱到达就可以直接将货物放入周转箱。

拣选完毕后，员工将周转箱进行封闭，有的需要添加干冰盒进行低温保鲜。干冰盒为容量 800g 的规格，可保持 24h 有效。另外，周转箱和干冰盒都是需要回收的容器。

出货区目前有 5 条流水线，并且还预留了一条流水线的位置。周转箱通过输送线从二层送到一层出货区，由码垛机器人自动码放在托盘上，员工根据输送线末端的电子屏指令，将托盘货物装入指定车辆。配送车辆再将货物分拨配送到 37 个前端的小型配送网点。

据介绍，在日本，农产品物流中心数量很多，但大多数仍以人工搬运为主，达到爱川物流中心这样的自动化程度的物流中心屈指可数。在爱川物流中心的物流系统中，全农果菜中心首次采用了带临时预放台且具有节拍输送功能的多订货式组合数字拣选系统和自动补货系统。多订货式组合数字拣选系统以 6 个周转箱为一个区间单位进行运送，在运送的间歇将待拣货物放入冷藏箱材质的临时预放台，因此临时预放台上总能保有等待拣选的 6 批订货。凭借临时预放台，物流中心每天最多可处理 25 万次的拣选作业。如此操作保证了更加准确的配货，并大幅度地减少作业的等待时间。

在自动补货系统中，物流中心共有两个补货通道，每个通道配置了两台堆垛机，达到了 500 箱/小时的处理能力。由于采用了高速堆垛机与重力式货架，配以信息中心高速计算后发出的自动补货指令，实现了快速的订单处理，并使补货作业变得简单，且保证了“零差错”。

在分拣出货系统里，由于采用了滑块式分拣系统（JSUS）和码垛机器人等高度自动化设备，使流水线需要的员工人数减少了约20%，大大缩减了人力成本。

问题：

（1）请结合案例，分析全农果菜中心制订物流方案过程中考虑的主要因素。

（2）请结合实验和案例，分析说明案例中可以借鉴的相关业务经验。

实验十九　物流作业标准工时管理实验

【实验准备知识】

标准工时是在标准工作环境下，进行一道作业工序所需的人工时间（包括相应的准备工时），而不是完整的工作流程时间总和。标准工时的设定非常重要，是进行物流作业质量评价的重要依据。通过良好的标准工时管理，可以完善企业的绩效管理体系，促进企业改进工艺，改善管理模式，并强化对人员作业质量的管理。

一、典型的标准工时确定方法

（一）秒表测量法

秒表测量法是使用秒表进行直接测量的方法，通常选择一般熟练员工在正常环境下作业，进行时间测量；秒表测量也有多种方法，可以选择多次测量，也可以选择连续测量。

（二）既定时间标准设定法

既定时间标准设定（Predetermined Time Standards，PTS）法将构成工作单元的动作分解成若干个基本动作，对这些基本动作进行详细观测，然后做成基本动作的标准时间表。当要确定实际工作时间时，只要把工作任务分解成这些基本动作，从基本动作的标准时间表上查出各基本动作的标准时间，将其加总就可以得到工作的正常时间，然后再加上宽放时间，就可以得到标准工作时间。该方法的优点是可以用来为新设生产线的新工作设定工作标准，而且用这种方法设定的时间标准的一致性很高。这种方法的主要局限性是必须分解成基本动作，其设定的标准数据不能完全反映某些具有特殊情况的企业的实际状况。

（三）模特法

模特法是将人体的各种动作分解为21种基本的动作，动作分为上肢动作、下肢动作及其他动作等，其中上肢动作包括手指动作、手腕动作、小臂动作和大臂动作。制定标准工时的时候，将员工作业的动作分解成模特法中对应的动作，并根据对应动作相对应的时间制定标准工时，可以根据熟练度等不同条件而加以调整。

（四）简明工作因素法

简明工作因素法（Brief Work Factor，BWF）是将各种动作分解成基本动素，基本单位为BU，每个BU的时间为0.06s，每个动素为5个BU，通过将员工动作分解为BWF中的基本动素，以制定标准工时。

除了上述几种方法，还有预定动作时间标准法、工作因素法等其他的标准工时制定方法。上述这些方法大多是理论层面的，实际上制定标准工时的方法可以灵活运用，比如有新机种需要制定标准工时的条件下，可以参考以往的相似机种制定标准工时。

二、标准工时管理

通过确定标准工时，可以进行作业方法的比较选择、物流中心布局规划设计、作业计划制定、作业人员数量设定、不同作业线任务优化、人员绩效考核奖励等方面的管理职能，进而为实现精益管理、改善作业方法、改进工具设备、培训作业人员等提供借鉴。

（一）测定条件

为了使标准工时达到客观标准的要求，应该确定该项作业在正常工作状态下，也就是要求在正常的工作方法、条件下，任何正常的人，以正常速度能完成某项作业的时间。测定条件主要包括以下内容。

1. 正常的作业环境

要求测定的作业环境比较适合工作。比如最适合人体作业的环境温度是20℃，湿度适宜，不潮湿黏腻，没有烦人的噪声与刺眼的灯光，而且以站立或其他不会太疲累的姿势作业。如果超过这种舒适条件范围，就必须加入宽放时间。

2. 确定而合理的最佳工作方法

要求采用合理的工作方法和器具，比如拣选作业中，依据作业标准必须使用适当的设备辅助，读取信息应该使用必要的信息设备辅助，而不是单纯靠人工读取。同时应该设定合理的设备参数，如操作台的高度。如果不依据这些标准，标准工时自然会有很大差别。

3. 适任合格的作业员

首先，被测定的作业员必须有可适任的身体素质；其次，这项工作必须由受过基础训练的人做测定的对象，因为没受过基础训练的人，不具备熟练度，边想边做的速度通常不能达到合理的水平。如果已受过基础训练，但工作进行时受到不当的影响，就需要动用评比等方式去调整。

4. 正常的速度

凡是正常人都会有正常的速度，彼此间的差异不可以太大。运动员的运动体能超乎正常人，但是我们不可能聘请运动健将到工厂内劳动，当然也不会请武功高强的“大侠”到工厂内客串作业员。在某些工程领域的定义中，在平坦路上成年男子正常的行走速度是每0.35min走完30m，对于明显超出或低于这种标准的，就要剔除，或以评比修正的手段来解决。

（二）数据处理方法

在同一操作的时间测试过程中，应该考虑数据的合理性，例如，需要摒弃多个异常值，以免影响整体数据的可靠度；也可以采用统计学通用的方式处理数据，例如，结合情况设定合理的置信区间，判断数据的合理性。同时也需要考虑到在实际作业时非常容易产生一些突然或异常的状态，或者是一些常理上可以谅解的事，致使作业中断，因此一般来说无法严格遵守原定的正常工时，不得不附加一些工时，附加的工时就是宽放（Allowance）。宽放可以区分成以下形态。

1. 生理宽放

生理宽放又称为私事宽放，是指由于作业员生理上的需求，常理上绝对可以谅解的作业中断。例如，每隔 2h 上一次厕所，或者大约每 1h 停下来喝一口水等。

2. 疲劳宽放

疲劳宽放指人体经过作业劳动，难免会产生疲劳，因此需要中断一些时间来恢复，以免过累而影响工作质量及效率。疲劳又可分为肉体疲劳与精神疲劳两种，肉体疲劳是指由于作业强度或作业姿势等问题造成的疲劳，精神疲劳是指由于作业精细或危险度，必须集中注意力或眼力所造成的疲劳。

3. 管理宽放

管理宽放是指作业员在作业中，由于行政管理上的原因，主动或被动中断正常作业，而进行一些无关作业单元的其他工作。例如，填写生产工时报表、停机接受品管人员的询问或协助检验，也有可能是现场车间主管举行小组讨论会议等。

标准工时与宽放率的关系式如下所示。

$$\text{标准工时}=\text{正常工时}\times（1+\text{宽放率}）$$

$$\text{宽放率}=（\text{标准工时}-\text{实测工时}）/\text{实测工时}\times100\%=\text{管理宽放率}+\text{生理宽放率}+\text{疲劳宽放率}$$

宽放率主要是如下几个方面的总和。

（1）生理宽放率一般取 2%～5%。

（2）疲劳宽放率一般取 5%～20%。

（3）管理宽放率一般取 3%～10%。

4. 特殊宽放

此外还需要考虑特殊宽放。标准工时的局限性在于，几乎没有任何两个人、两台设备和工作环境是相同的，因此标准工时只是一个参考值，对反复从事相同工作的流程性企业或岗位来说有意义，对以项目为主导的企业和单位有时不适用。

三、物流领域标准工时优化方式

物流领域标准工时管理的目标是提升作业效率，提高物流作业质量，降低物流作业成本等。标准工时管理需要以取得价值为导向，例如，增加具有增值服务的操作类作业，减少不必要的搬运和检验作业，对作业过程的停滞和不合理的库存增加应尽力避免。

物流操作属于典型的多目标优化，具体如下：一是工作力求省力，降低作业过程中的能量损耗；二是力争减少人员数量，实现省人化管理目标；三是省时化，提高作业效率；四是减少准备阶段所用的工作时间，尽量简化操作，减少非增值时间；五是提高作业质量，减少错误操作。

以搬运作业为例，需要合理地设定搬运距离、搬运方法，减少重复搬运，提升货物的活性系数（该系数是指从物的静止状态转变为搬运运动状态的难易程度）。如果很容易转变为下一步的搬运运动状态而不需过多搬运前的准备工作，则活性就高；反之活性低。例如，零散放在地面上活性指数是 0；放入箱内指数是 1；装码到托盘上指数是 2；装载到台车上指数是 3；码放到传送带上指数是 4。为了减少搬运作业标准工时，应考虑提高其活性系数，实现集装化。在实际作业中可以利用搬运作业特征分析表，如表 19-1 所示，分析作业特征，提高作业效率。

表 19-1 搬运作业特征分析表

序号	货物名称	始发点	目标点	搬运量	距离	时间	重量	容器	搬运方式

在实际作业过程中，也可以优化货物的摆放方式和位置，例如，结合实际作业现场要求，根据人机工程原理，尝试将搬运对象进行弧形排列，减少搬运距离等。

对于操作工序较多的物流操作，为了实现系统的整体平衡可以使用山积图等方法进行多工序的优化分析。山积图是指在企业中，对工位进行顺序排列，再用柱状图描绘出每个工位的工作时间（包括生产时间和辅助时间），从而对工序中的瓶颈工位进行分析和研究，制定措施，达到提高生产效率的预期目标。山积图示例如图 19-1 所示。

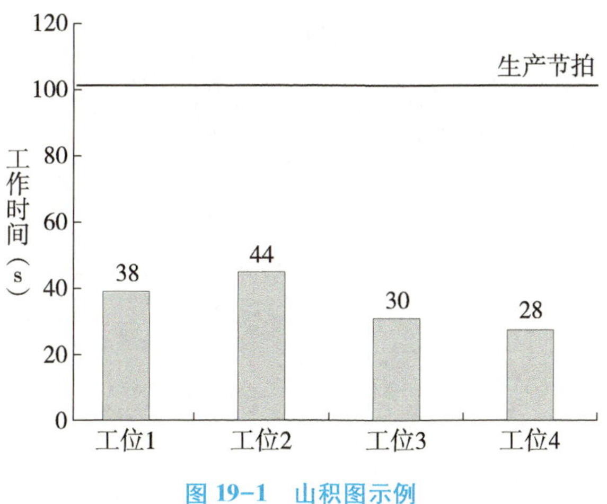

图 19-1 山积图示例

根据山积图的分析结果，可以调整工序的执行顺序和工位布局关系，从而使物流生产工艺的节拍保持基本一致，提升系统的整体执行效率。

【实验报告】

物流作业标准工时管理实验

一、实验目的

1. 理解标准工时的概念。
2. 掌握标准工时的基本设定方法。
3. 熟悉物流领域利用标准工时进行优化管理的方法。

二、实验环境和设施设备要求

1. 设置1处拣选作业设施空间，包括电子标签拣选系统1套，2排、6列、3层的货物拣选区域，不同种类的货物若干，要求每个货位都具有不同种类的货物，单个区域的货位不存储同一种类的货物。拣选任务单1组，任务单样式中的作业位置按照四位定码方式确定仓储位置，四组数字分别代表货架区编号、排编号、列编号、层编号。可以选择如表19-2所示的拣选任务单。

表19-2 拣选任务单

订货方	宏大公司	需求时间	
货物名称	货物数量	作业位置	备注
A1	2	1-2-6-1	袋装
B1	5	1-1-3-1	—
C1	6	1-2-2-2	—
D1	4	1-1-2-3	—
E1	7	1-2-5-2	—
F1	5	1-1-4-3	—
G1	1	1-2-6-3	—
H1	3	1-1-5-3	—

2. 设置1处手动液压叉车操作作业设施空间，通过手动液压叉车进行托盘搬运操作，对典型物流作业环节进行标准工时的设定，手动液压叉车2辆，托盘2个（长、宽尺寸符合国家标准，分别为1200mm和1000mm）。

3. 计时装置1套。

三、实验步骤

1. 选取5名男同学和5名女同学进行手动液压叉车的起升操作，共进行3轮，要求记录全部作业时间，手动液压叉车起升操作工时统计可参考表19-3。

表 19-3　　手动液压叉车起升操作工时统计

序号	性别	第 1 轮用时（s）	第 2 轮用时（s）	第 3 轮用时（s）
1				
2				
3				
4				
5				
6				
7				
8				
9				
10				

2. 更换手动液压叉车，重新进行步骤 1 要求实验的内容，要求记录作业时间。

3. 选取 2 名学生进行 20 次托盘起升操作，要求记录作业时间，托盘起升操作工时统计可参考表 19-4。

表 19-4　　托盘起升操作工时统计

序号	同学甲用时（s）	同学乙用时（s）
1		
2		
3		
4		
5		
6		
7		
8		
9		
10		
11		
12		
13		
14		
15		
16		

续 表

序号	同学甲用时（s）	同学乙用时（s）
17		
18		
19		
20		

4. 选取2名男同学和2名女同学，利用手动液压叉车搬运一个托盘行进20m，运达指定地点，实验操作要求重复两次，要求记录作业时间，手动液压叉车搬运操作工时统计可参考表19-5。

表19-5　　手动液压叉车搬运操作工时统计

序号	操作人员	第1轮用时（s）	第2轮用时（s）
1	男同学甲		
2	男同学乙		
3	女同学甲		
4	女同学乙		

5. 选取2名男同学和2名女同学按照表19-2进行电子标签拣选操作，进行3次重复作业，电子标签拣选操作工时统计可参考表19-6。

表19-6　　电子标签拣选操作工时统计

序号	操作人员	第1轮用时（s）	第2轮用时（s）	第3轮用时（s）
1	男同学甲			
2	男同学乙			
3	女同学甲			
4	女同学乙			

四、实验报告题目

1. 结合实验实际操作情况，对比分析手动液压叉车起升操作的前两轮数据，说明是否存在差异并分析原因。

____

____

____

____

2. 结合实验实际操作情况，对比分析手动液压叉车起升操作的第2轮和第3轮数据，说明是否存在差异并分析原因。

3. 结合实验实际操作情况，对比分析更换手动液压叉车作业设备前后的数据，说明是否存在差异并分析原因。

4. 结合实验实际操作情况，分析手动液压叉车搬运操作过程中的数据变化，并分析对制定标准工时的参考意义。

5. 结合实验实际操作情况，确定手动液压叉车起升操作的标准工时，并说明制定依据。

6. 结合实验实际操作情况，确定手动液压叉车搬运操作的标准工时，并说明制定依据。

7. 结合实验实际操作情况，总结说明采用不同作业设备对设定标准工时的影响。

8. 结合实验实际操作情况，总结说明拣选作业中完成单个货物拣选所需的标准工时。

9. 结合实验实际操作情况，说明确定物流操作标准工时测定条件应考虑的主要影响因素。

10. 结合实验实际操作情况，说明如果采用简明工作因素法，物流操作可以确定的基本动素。

11. 结合实验实际操作情况，利用山积图分析工时管理对系统优化的影响关系，以及可采取的措施。

【案例分析】

广汽丰田的标准化作业

广汽丰田的标准作业，是以人的作业动作为中心进行工作，按照没有浪费的顺序进行高效生产的作业方法。标准作业是管理的根本，是按照物品的制造方法，将现行作业方法的每一个操作程序和每一个动作进行分解，以安全、质量、环境保护、效益为目标，对作业过程进行持续改善，对作业流程、作业方法、作业条件等加以规定并贯彻执行，逐步达到安全、准确、高效、省力的作业效果。

为确保标准作业，广汽丰田对每个工序都制定了“标准作业要领书（或称标准作业指导书）”，以下简称“作业要领书”。“作业要领书”明确了作业顺序、作业重点和标准时间等，除了明确每个作业步骤，还注明了安全要点（包括作业存在的安全风险、职业病风险，防护用品的佩戴，防护设施的使用，作业姿势的明确等）等内容。

员工上岗前必须接受严格的标准作业训练，达到独立上岗水平才能上线进行作业。员工原则上不进行“标准作业”以外的作业，非标准作业需经班组长进行风险评价后由班组长进行作业，然后要将作业内容写入“作业要领书”并教会其他员工。

广汽丰田不仅在产品生产过程有“作业要领书”，辅助类作业、异常处理包括相关方施工都有“作业要领书”。遵守标准作业才能发现安全、质量、环境保护等方面有缺陷的地方，发现浪费、不合理、不均匀（衡），才能实施改善。没有标准的地方就没有改善。根据“作业要领书”开展标准作业是保持和提高企业管理水平的有效手段，更是安全作业的有力保障。

为了自上而下落实公司和各级管理部门的主体责任，必须确保彻底遵守标准作业，公司投产以来持续推进“作业观察”活动，推进职场安全活动的定常化。通过此项活动达到如下目的。

(1) 以“作业要领书”为基础进行现场观察，确认员工是否严格按照“作业要领书”进行作业，对未按规定作业的行为进行纠正。

(2) 现场把握“作业要领书”与作业者的实际操作情况，对“作业要领书”中存在的缺陷提出改善意见。

(3) 通过各级管理者对活动的参与，增强管理者对不同岗位作业状况的了解，并提高其指导能力，另外通过各级管理者现地现物了解情况，能促使问题点更快地得到解决，监督安全事项的彻底落实。

(4) 通过作业者与管理者就作业状况的及时沟通，把握作业者作业的困难点，听取作业者的心声。管理者对作业者的安全行为进行点评，让作业者感受到管理者和公司对作业者安全状况、工作环境、工作状态的关心，提高作业者的归属感、成长感和成就感。

(5) 不同专业领域的人员从不同角度进行观察，能更好地发掘由于“当局者迷”等造成的、日常容易被忽视的问题。

通过完善体制机制确保的“作业观察”活动的有效开展，切实落实了公司和各级管理部门的主体责任，各车间的标准作业得到彻底执行和持续改善，有效预防了事故的发生。

同时，随着活动的深入开展，安全管理水平和安全意识的提升，部分非标准作业、非常规作业、相关方作业都实现了标准化。

标准作业本身是一个繁杂、长期的工作，需要投入大量的人力、物力，不可能“一蹴而就”，否则不会取得真正的效果，甚至走到形式主义上去。员工依照“作业要领书”的规定进行标准作业，有效地预防人的不安全行为，大大减少违章作业带来的事故。

实施“作业观察”，特别是中高层管理者现地现物开展“作业观察”，确保员工彻底遵守标准作业，打造了确保安全、质量、环境保护的职场，“标准作业为荣，违背标准作业为耻”“标准化+持续改善”的价值观构成了企业文化的基本元素。

问题：

（1）结合实验操作及案例资料，总结说明在实际操作过程中标准工时确定的重要作用。

（2）结合实验操作及案例资料，并开展企业实际操作调研，说明物流操作确定标准工时需要考虑的影响因素。

实验二十　仓储作业实验

【实验准备知识】

一、仓储作业流程

仓储作业的主要流程包括入库作业、在库管理、出库作业三个环节。

（一）入库作业

入库作业是指仓储部门按照存货方的要求合理组织人力、物力等物流作业资源，按照入库作业程序，认真履行入库作业各环节的职责，及时完成入库任务的工作过程。入库作业是仓储作业的重要组成部分，是仓储作业空间与外界的重要接口，其作业水平受到多个影响因素制约。影响入库作业的因素主要包括：货品供应商及货物运输方式，商品种类、特性与数量，入库作业的组织管理情况等。

入库作业包括两个部分，第一部分是单证交接，第二部分是货物交接。单证交接主要是仓管人员把送货人员提交的各项单据进行确认核对，核对无误以后，才能进行入库作业，这是入库作业的前端，单据包括送货单、商品信息单等。货物交接主要是仓库的搬运人员把货物从运输的车辆上，搬运到仓库的暂存区域，等待入库作业人员的分类、上架。

（二）在库管理

在库管理主要是根据货物的要求进行库位管理、盘点管理等工作。

1. 库位管理

库位管理可用来规范货物的恰当储存方式，即在恰当的储存方式下进行最优的空间储位分配，以实现最佳的货位布局，使仓储作业管理成本最大化降低。良好的库位管理可以为仓库提高作业效率和降低成本，增加货品吞吐量，缓解劳动强度，减少工伤，还可以更好地利用空间和减少产品的破损。

库位管理的基本要求应该是：货位划分清晰、标识统一、标识卡填写规范。货位与标识规范，即便仓管人员从未见过某个货品，他只要了解存放该货品的货位，能够认清标识，就可以准确、快速地找到相应的货品。结合仓库管理信息系统，快速准确地定位和跟踪货品在仓库中的存储过程；只要实现了货位与标识规范化管理，并与仓库管理信息系统统一融合，产品的入库、配货、整理、盘点、追踪也将变得简单易行，再通过加强仓库现场管理、堆放的标准化管理，仓储管理中的物流与信息流的统一就不再困难。

（1）货品入库。

货品入库应首先明确存储货位，而后完成堆码作业，进而减少不必要的重复倒运。货物堆放好后必须要有明确的标识，以方便管理，满足账、卡、物一致。

（2）货品移库。

对仓库的货品进行移库整理，货品在仓库中有发生货位转移时，要求做到账、卡、物一致；通过仓库管理信息系统提供的货位库存查询、货位库存货品分析、货位盘点等工具，提高货物整理的准确性和高效性。

2. 盘点管理

盘点管理是指定期或临时对库存商品的实际数量进行清查、清点的一种作业。盘点方式通常有两种。其中一种是定期盘点，即在一定时间内，一般是每季度、每半年或年终财务结算前进行一次全面的盘点，由货主派人会同仓管人员、商品会计一起进行盘点对账。另一种是临时盘点，即当仓库发生货物损失事故/仓管人员更换/仓管人员与货主认为有必要盘点对账时，组织一次局部的或全面的盘点。

盘点结果的处理包括查明差异，分析原因；认真总结，加强管理；上报批准，调整差异。盘点完成时若发现所得数据与账簿不符，应追查账面差异的原因。导致账实不符的原因可能是货品在运输、保管、收发的过程中发生自然变化或损耗；由于计量、检验方面的问题造成的数量、质量上的差错；因为气候影响发生了腐蚀、硬化结块、变色、腐烂、生锈等，导致货品数量减少或无法使用；由于自然灾害造成的非常损失和非常事故发生造成损毁；在货物收发过程中由于手续不全或计算、登记过程中存在错误或漏记，或发生收发凭证遗失，造成账实不符；由于使用的度量衡器具有欠准确或使用方法错误造成数量差异。差异原因追查后，应针对主要原因进行适当的调整与处理，至于废品、不良品减价的部分则需与盘亏一并处理。

（三）出库作业

出库作业就是仓管人员按照用户需求所进行的出库准备、审核、备货、复核等工作的总称，是仓储作业活动的最终环节。

1. 出库准备

重点的出库准备工作包括选择好发货的货区、货位，安排好出库商品的堆放场地，安排好人力和机械设备，准备好包装材料等。

2. 审核

仓管人员要对以下内容进行审核。

（1）审核货主开出的提货单的合法性和真实性。

（2）核对出库凭证中商品的品名、型号、规格、单价和数量。

（3）核对出库凭证中收货单位、到站、开户银行和账号是否齐全、正确。

3. 备货

备货时应注意以下事项。

（1）要按出库凭证所列的项目和数量进行，不得随意变更。

（2）备货计量一般根据商品入库验收单上的数量，不用再重新过磅，对被拆散、零星商品的备货应重新过磅。

（3）备好的货物应放于相应的区域，等待出库。

（4）出库商品应附有质量说明书、装箱单等附件。

4. 复核

为避免出库商品出错，备货后应进行复核，复核的主要内容如下。

（1）商品名称、规格、型号、批次、数量、单价等项目是否同出库凭证所列的内容一致。

（2）机械设备的配件是否齐全，所附证件是否齐全。
（3）外观质量、包装是否完好。

二、物流成本统计

物流成本是指产品的空间移动或时间占有中所耗费的各种活劳动和物化劳动的货币表现。具体地说，它是产品在实物运动过程中，如包装、装卸搬运、运输、仓储、流通、加工等各个活动中所支出的人力、物力和财力的总和。

（一）物流成本的构成

（1）伴随着物资的物理性流通活动发生的费用，以及从事这些活动所必需的设备、人工费用。
（2）完成物流信息的传送和处理活动所发生的费用，以及从事这些活动所必需的设备、人工费用。
（3）对上述活动进行综合管理所发生的费用。

（二）物流成本的计算条件

在计算物流成本时，必须首先明确计算条件。如果无视计算条件，物流成本也就失去了存在的意义。物流成本的计算条件指物流范围、物流功能范围和成本计算科目范围。

1. 物流范围

顾名思义，物流范围指的是物流的起点和终点的长短。人们通常所讲的物流有：原材料物流，即原材料从供应商转移到工厂时的物流；工厂内物流，即原材料、半成品、成品在工厂的不同车间、不同地点的转移和存储；从工厂到仓库的物流；从仓库到客户的物流，这个范围相当广阔。所以，从哪里开始到哪里为止，作为物流成本的计算对象，会引起物流成本发生很大的变化。

2. 物流功能范围

物流功能范围是指在运输、仓储、配送、包装、装卸搬运、信息管理等众多的物流功能中，把哪种物流功能作为计算对象。可以想见，把所有的物流功能作为计算对象的成本与只把运输、仓储这两种功能作为计算对象，所得到的成本会相差很多。

3. 成本计算科目范围

成本计算科目范围指的是在会计科目中，把其中的哪些科目列入计算对象的问题。在科目中，有运费开支、保管开支等这类企业外部的开支，也有人工费、折旧费、修缮费、燃料费等企业内部的开支。这么多开支项目，把哪些列入成本计算对象中，对物流成本的大小影响颇大。

所以，这三方面的范围选择，决定着物流成本的大小。企业在制定计算条件时，绝不可盲目或大意，而应立足于本企业的实际情况，决定合理的物流成本计算范围。成本只有在相同的条件下进行比较时，才能得出正确的结果。因此，为了方便各个企业间的相互比较，在计算物流成本方面，应尽快统一行业标准。

【实验报告】

仓储作业实验

一、实验目的

1. 了解货物入库流程。
2. 掌握货物入库的操作步骤。
3. 了解在库管理中的库位管理和盘点管理流程。
4. 掌握移库作业和盘点作业的操作步骤。
5. 了解货物出库流程。
6. 掌握货物出库的操作步骤。

二、实验环境和设施设备要求

1. 设置1处仓储作业设施空间，包括存储货架系统1套，配置层式货架1组以上。

2. 瓦楞纸箱2种，数量分别为5个，其中一种纸箱的长、宽、高尺寸分别为600mm、400mm和300mm，另一种纸箱的长、宽、高尺寸分别为400mm、300mm和200mm；塑料周转箱5个，每个周转箱的长、宽、高尺寸分别为600mm、400mm和300mm（上述瓦楞纸箱、塑料周转箱及货物的尺寸可以根据具体实验选配的实验运行参数改变）。

3. 条码打印机1台，要求可打印二维条码。

4. 秒表1个。

5. 塑料托盘1个，要求长、宽尺寸符合国家标准，分别为1200mm和1000mm。

6. 手动液压叉车1辆。

7. 仓储管理系统1套，可以完成货物入库作业、存库管理、出库作业的流程操作。

8. 带有条码扫描及RFID识读功能的操作终端1部，并可与仓储管理系统联动。

9. 模拟作业主要客户信息如表20-1所示。

表20-1　模拟作业主要客户信息

客户名称	客户信息							
物优超市	公司性质	中外合资	行业	零售业	注册资金	100万元	经营范围	食品、果蔬
	信用额度	25万元	忠诚度	高	满意度	高	应收账款	14.8万元
	客户类型	普通型			客户级别		二级	
京客超市	公司性质	民营	行业	零售业	注册资金	60万元	经营范围	果蔬、食品
	信用额度	15万元	忠诚度	高	满意度	较高	应收账款	14.91万元
	客户类型	普通型			客户级别		二级	
红星超市	公司性质	民营	行业	零售业	注册资金	50万元	经营范围	食品、果蔬
	信用额度	10万元	忠诚度	高	满意度	高	应收账款	8.25万元
	客户类型	重点型			客户级别		一级	

续 表

客户名称	客户信息							
四季超市	公司性质	中外合资	行业	零售业	注册资金	100 万元	经营范围	果蔬、食品
	信用额度	32 万元	忠诚度	高	满意度	高	应收账款	22 万元
	客户类型	母公司			客户级别		二级	
首发超市	公司性质	中外合资	行业	零售业	注册资金	200 万元	经营范围	食品、果蔬
	信用额度	28 万元	忠诚度	一般	满意度	较高	应收账款	27.95 万元
	客户类型	普通型			客户级别		二级	

现有库存货物明细信息如表 20-2 所示，其中货物明细包含货物编号、品名、规格、单位、单价等货物信息。

表 20-2 现有库存货物明细信息

序号	货物编号	品名	规格	整箱规格（mm×mm×mm）	每托参考箱量	单位	箱内散件量	单价（元/箱）
1	0001	娃哈哈矿泉水	550mL	380×285×270	10 箱×3 层	箱	24 瓶	200
2	0002	康师傅苏打夹心饼干	180g	370×190×270	15 箱×3 层	箱	12 盒	400
3	0003	康佳水	2.4L	380×285×270	10 箱×3 层	箱	12 盒	180
4	0004	葵花阳光米	90g	370×190×270	15 箱×3 层	箱	20 袋	450
5	0005	达利园岩层矿物质水	370mL	380×285×270	10 箱×3 层	箱	40 袋	400
6	0006	娃哈哈饮用纯净水	600mL	370×190×270	15 箱×3 层	箱	24 瓶	180
7	0007	农夫山泉（小）	230mL	380×285×270	10 箱×3 层	箱	40 瓶	420

某公司 2023 年 2 月 18 日有一批货物需要入库，入库通知单如表 20-3 所示，入库通知单中包含货物编号、品名、入库数量、已有库存和货位号。

表 20-3 入库通知单

序号	货物编号	品名	入库数量（箱）	已有库存	货位号
1	0002	康师傅苏打夹心饼干	25	0	01010100
2	0001	娃哈哈矿泉水	20	0	01010103
3	0003	康佳水	25	2	01010102
4	0005	达利园岩层矿物质水	12	0	01010104
5	0007	农夫山泉（小）	18	2	01020101

续 表

序号	货物编号	品名	入库数量（箱）	已有库存	货位号
6	0006	娃哈哈饮用纯净水	20	0	01010106
7	0004	葵花阳光米	11	0	01010105

2023 年 3 月 1 日要对现有货位进行整理，调整商品所在货位，并进行库存盘点，核对货物信息。移库单如表 20-4 所示，移库单中包含货物编号、品名、移库数量、货物对应的原货位号和新货位号。

表 20-4 移库单

序号	货物编号	品名	移库数量（箱）	原货位号	新货位号
1	0002	康师傅苏打夹心饼干	25	01010100	02020101
2	0001	娃哈哈矿泉水	20	01010103	02020103
3	0003	康佳水	25	01010102	02020102
4	0005	达利园岩层矿物质水	12	01010104	02020104
5	0007	农夫山泉（小）	18	01010101	02020100
6	0006	娃哈哈饮用纯净水	20	01010106	02020106
7	0004	葵花阳光米	11	01010105	02020105

2023 年 3 月 11 日接到客户订单，有一批货物需要出库，根据业务需要分别发出了订单，出库订单 1 至出库订单 5 如表 20-5 至表 20-9 所示。

表 20-5 出库订单 1

客户：物优超市		送货日期：2023 年 5 月 11 日			
序号	商品名称	单位	单价（元）	订购数量（箱）	金额（元）
1	康师傅苏打夹心饼干	箱	400	10	4000
2	娃哈哈矿泉水	箱	200	8	1600
3	康佳水	箱	180	2	360
4	达利园岩层矿物质水	箱	400	6	2400
5	农夫山泉（小）	箱	420	7	2940
6	葵花阳光米	箱	450	4	1800
	合计	—	—	—	13100

表 20-6 出库订单 2

客户：京客超市		送货日期：2023 年 5 月 11 日			
序号	商品名称	单位	单价（元）	订购数量（箱）	金额（元）
1	康师傅苏打夹心饼干	箱	400	1	400

续 表

客户：京客超市		送货日期：2023 年 5 月 11 日			
序号	商品名称	单位	单价（元）	订购数量（箱）	金额（元）
2	娃哈哈矿泉水	箱	200	5	1000
3	康佳水	箱	180	10	1800
4	达利园岩层矿物质水	箱	400	5	2000
5	农夫山泉（小）	箱	420	2	840
6	娃哈哈饮用纯净水	箱	180	10	1800
7	葵花阳光米	箱	450	3	1350
	合计	—	—	—	9190

表 20-7　　出库订单 3

客户：红星超市		送货日期：2023 年 5 月 11 日			
序号	商品名称	单位	单价（元）	订购数量（箱）	金额（元）
1	康师傅苏打夹心饼干	箱	400	8	3200
2	娃哈哈矿泉水	箱	200	10	2000
3	康佳水	箱	180	10	1800
4	达利园岩层矿物质水	箱	400	5	2000
5	农夫山泉（小）	箱	420	2	840
6	娃哈哈饮用纯净水	箱	180	5	900
	合计	—	—	—	10740

表 20-8　　出库订单 4

客户：四季超市		送货日期：2023 年 5 月 11 日			
序号	商品名称	单位	单价（元）	订购数量（箱）	金额（元）
1	康师傅苏打夹心饼干	箱	400	3	1200
2	娃哈哈矿泉水	箱	200	1	200
3	康佳水	箱	180	5	900
4	达利园岩层矿物质水	箱	400	1	400
5	农夫山泉（小）	箱	420	6	2520
6	娃哈哈饮用纯净水	箱	180	4	720
7	葵花阳光米	箱	450	7	3150
	合计	—	—	—	9090

表 20-9　　出库订单 5

客户：首发超市		送货日期：2023 年 5 月 11 日			
序号	商品名称	单位	单价（元）	订购数量（箱）	金额（元）
1	康师傅苏打夹心饼干	箱	400	3	1200

续　表

客户：首发超市		送货日期：2023 年 5 月 11 日			
序号	商品名称	单位	单价（元）	订购数量（箱）	金额（元）
2	娃哈哈矿泉水	箱	200	2	400
3	康佳水	箱	180	10	1800
4	达利园岩层矿物质水	箱	400	5	2000
5	农夫山泉（小）	箱	420	8	3360
6	娃哈哈饮用纯净水	箱	180	15	2700
7	葵花阳光米	箱	450	8	3600
	合计	—	—	—	15060

可以根据上述内容给出的信息，完成入库作业、在库管理和出库作业的系统实践操作。实验前应完成对仓库物流设备、人工成本支出情况的调研，获得相关数据。

三、实验步骤

本实验制定操作的具体步骤可以通过配置的仓储管理系统完成，具体操作界面以实际使用的仓储管理系统决定，本书选择北京金文天地信息咨询有限公司（以下简称北京金文）提供的仓储管理系统作为参考。

1. 仓储管理系统入库作业操作。

根据实验给定的入库单完成入库作业。

（1）入库订单录入。

在入库作业前要创建订单，在【订单管理系统】→【订单管理】→【订单录入】界面中，可进行订单的新增、修改、查看、删除等操作。点击【新增】按钮后选择【入库订单】按钮，即可创建入库订单。订单录入如图 20-1 所示。

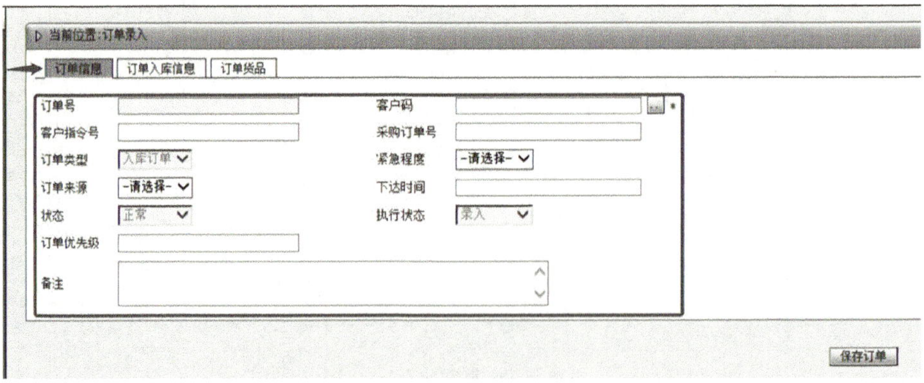

图 20-1　订单录入

【订单信息】填写完成后，选择第二项【订单入库信息】，选择库房、入库类型、入库方式、预计入库时间等。订单入库信息如图 20-2 所示。

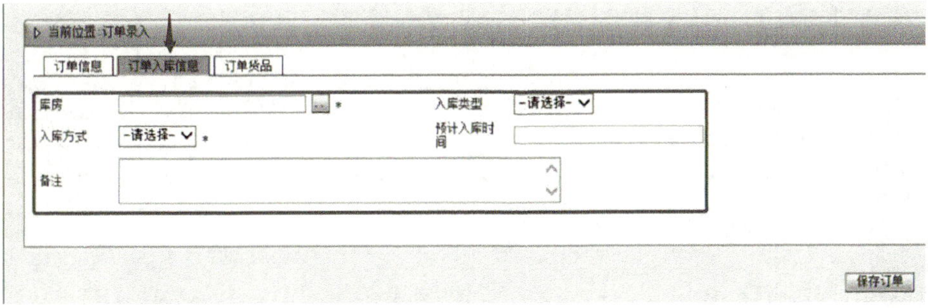

图 20-2 订单入库信息

【订单入库信息】填写完成后，选择第三项【订单货品】，点击【添加货品】，保存订单，如图 20-3 所示。

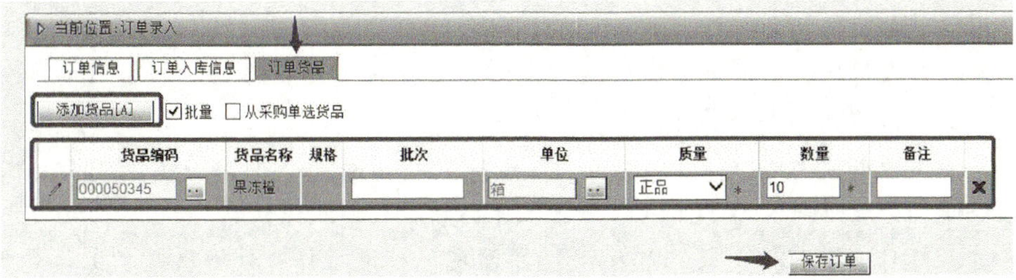

图 20-3 添加货品信息并保存订单

保存订单后，在【订单录入】界面中勾选已保存的入库订单，点击【订单信息】按钮，查看入库订单信息，点击【确认生成】按钮即确认生成作业计划，如图 20-4 所示。

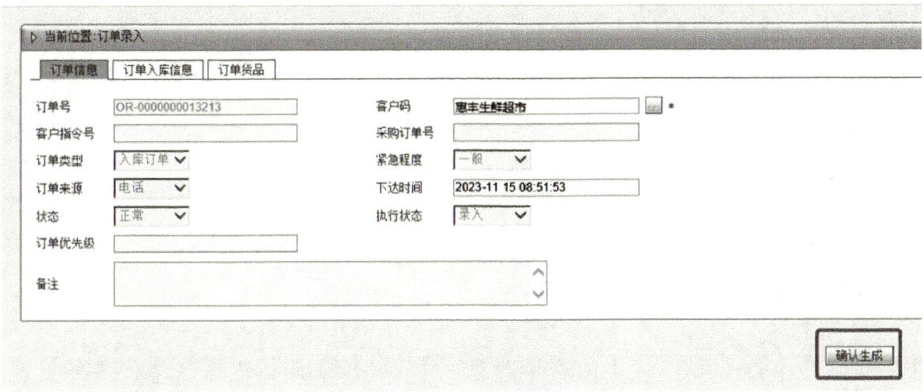

图 20-4 确认生成作业计划

(2) 入库调度。

创建完入库订单，需要对订单进行调度作业，切换到【仓储管理系统】，在【入库作业管理】→【入库预处理】界面中，可进行调度、调度完成、打印入库单等操作。勾选入库订单，点击【调度】按钮，进入【上架调度】界面，勾选待上架货品，选择储位信息，点击【上架】→【完成调度】，入库调度如图 20-5 所示。

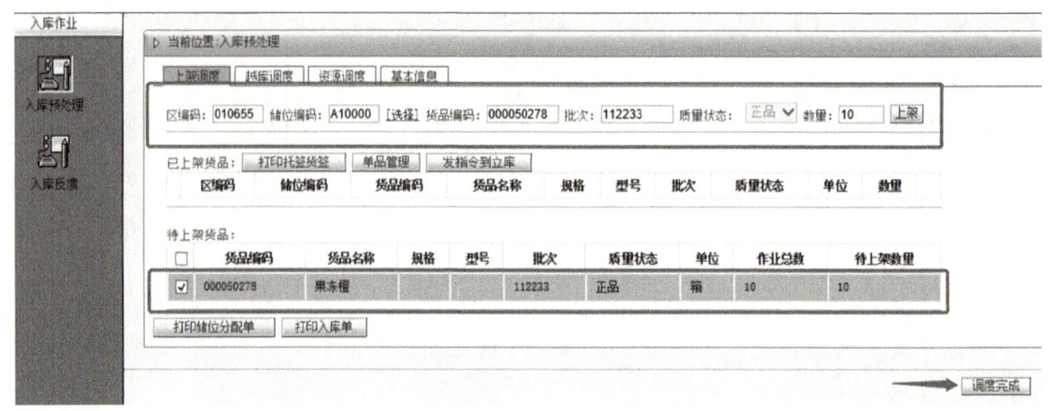

图 20-5 入库调度

如果作业人员依据纸质单据进行操作，需在【上架调度】界面，单击【打印储位分配单】按钮，以提供指令给作业人员。

（3）入库反馈。

根据储位分配单和入库单，完成货物入库，然后反馈入库信息。

在【入库作业管理】→【入库反馈】界面中，可进行作业计划反馈、上传数据、下载数据等操作。勾选入库反馈单，点击【理货反馈】，扫描货物条码，反馈完成，入库反馈如图 20-6 所示。

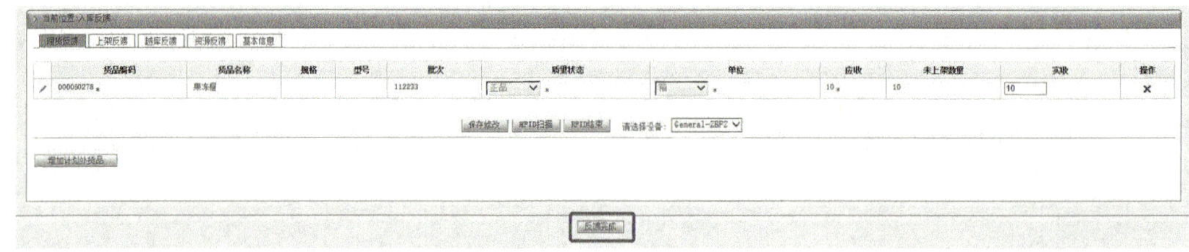

图 20-6 入库反馈

2. 仓储管理系统移库作业操作。

根据实验给定的移库单完成移库作业。

（1）移库单录入。

首先创建移库作业单，在【仓储管理系统】→【调拨管理】→【移库单】界面中，点击【新增】按钮，创建移库单。

在【移库单】录入界面，填写移库信息，点击【保存】按钮，完成移库单创建，如图 20-7 所示。

（2）移库单提交。

移库单创建完成后，在【调拨管理】→【移库单】→【移库单提交】界面中，勾选创建的移库作业单，点击【移库单提交】按钮。

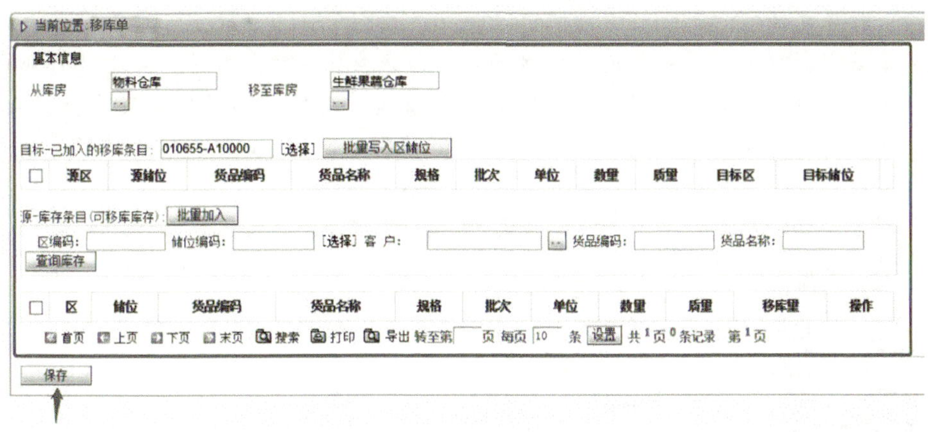

图 20-7 填写移库信息并保存

(3) 移库单调度。

在【调拨管理】→【移库预处理】界面中，勾选要调度的移库单，点击【调度】按钮，查看拣货情况、上架情况后，点击【调度完成】按钮，完成移库调度。移库预处理基本信息如图 20-8 所示。

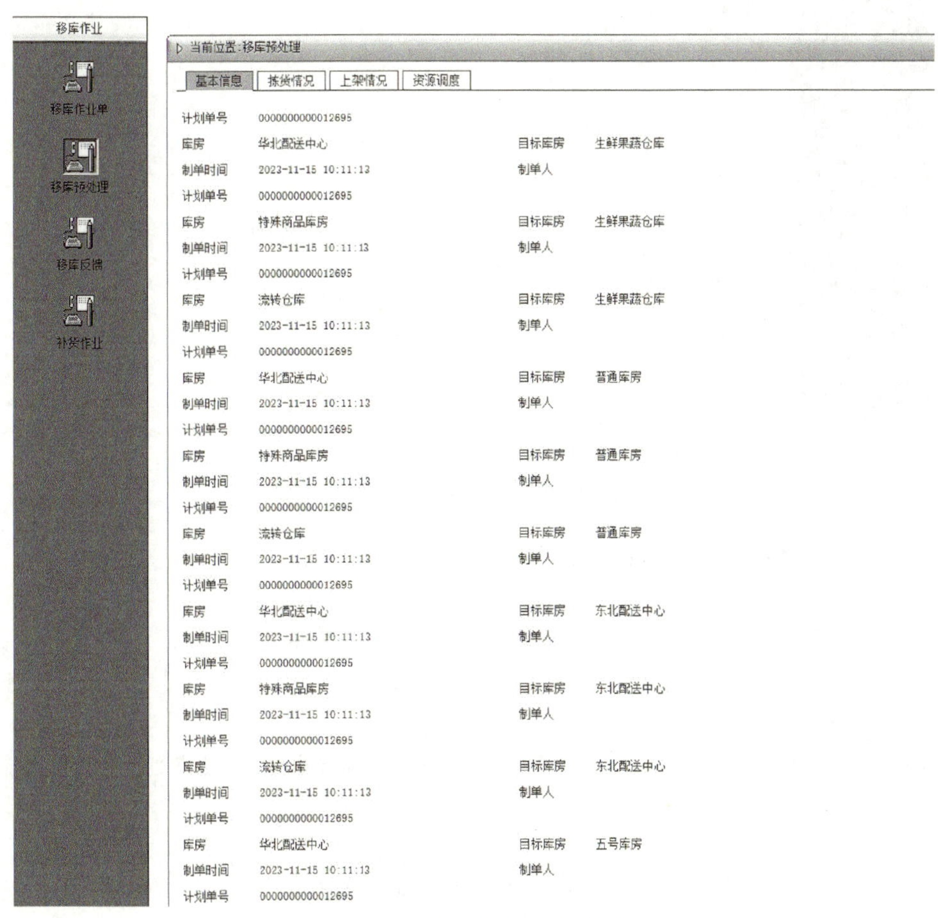

图 20-8 移库预处理基本信息

(4) 移库反馈。

在【调拨管理】→【移库反馈】界面中，勾选要反馈的移库单，点击【作业计划单反馈】按钮，同入库反馈一样，根据实际操作情况，反馈实际移库的数量和作业资源，点击【反馈完成】按钮，完成移库作业。移库反馈基本信息如图 20-9 所示。

移库作业
移库作业单
移库预处理
移库反馈
补货作业

当前位置:移库反馈

基本信息 | 拣货情况 | 上架情况 | 资源反馈

计划单号	0000000000012695		
库房	华北配送中心	目标库房	生鲜果蔬仓库
制单时间	2023-11-15 10:11:13	制单人	
计划单号	0000000000012695		
库房	特殊商品库房	目标库房	生鲜果蔬仓库
制单时间	2023-11-15 10:11:13	制单人	
计划单号	0000000000012695		
库房	流转仓库	目标库房	生鲜果蔬仓库
制单时间	2023-11-15 10:11:13	制单人	
计划单号	0000000000012695		
库房	华北配送中心	目标库房	普通库房
制单时间	2023-11-15 10:11:13	制单人	
计划单号	0000000000012695		
库房	特殊商品库房	目标库房	普通库房
制单时间	2023-11-15 10:11:13	制单人	
计划单号	0000000000012695		
库房	流转仓库	目标库房	普通库房
制单时间	2023-11-15 10:11:13	制单人	
计划单号	0000000000012695		
库房	华北配送中心	目标库房	东北配送中心
制单时间	2023-11-15 10:11:13	制单人	
计划单号	0000000000012695		
库房	特殊商品库房	目标库房	东北配送中心
制单时间	2023-11-15 10:11:13	制单人	
计划单号	0000000000012695		
库房	流转仓库	目标库房	东北配送中心
制单时间	2023-11-15 10:11:13	制单人	
计划单号	0000000000012695		
库房	华北配送中心	目标库房	五号库房
制单时间	2023-11-15 10:11:13	制单人	
计划单号	0000000000012695		

图 20-9　移库反馈基本信息

3. 仓储管理系统盘点作业操作。

(1) 盘点单录入。

在【盘点作业管理】→【盘点任务】界面中，点击【新增】按钮，创建盘点任务单，在任务单中填写盘点任务信息后，点击【提交】按钮，完成盘点任务创建，盘点任务创建如图 20-10 所示。

盘点任务创建完成后，在【盘点任务】界面中，勾选提交的盘点任务单，点击【提交处理】按钮提交盘点任务。

(2) 盘点作业反馈。

在【盘点作业管理】→【盘点作业】界面中，勾选盘点单，点击【反馈】按钮，将货物信息核对后，点击【反馈完成】按钮，完成盘点作业反馈，盘点作业反馈如图 20-11 所示。

▷ 当前位置:盘点任务

基本信息 | 盘点作业

任务码		库房	流转仓库 *
盘点类型	日盘 *	负责人	
制单人	ABC123	任务来源	手工
盘点状态	录入	生成时间	2023-11-15 10:29:11*
备注			

提交

图 20-10　盘点任务创建

▷ 当前位置:盘点作业

盘点作业单

库房：特殊商品库房

	区编码	区名称	储位编码	货品编码	货品名称	规格	型号	批次	单位	实际正品量	实际次品量	实际数量
✎	010115	托盘货架区	C20002	000050175	打印机			1				
✎	010115	托盘货架区	C20002	000050175	打印机			1				
✎	010115	托盘货架区	C20002	000050175	打印机			1				
✎	010123	托盘货架区	A10000	000050175	打印机							
✎	010123	托盘货架区	A10000	000050175	打印机							
✎	010123	托盘货架区	A10000	000050175	打印机							
✎	010123	托盘货架区	A10001	000050175	打印机							
✎	010123	托盘货架区	A10001	000050175	打印机							
✎	010123	托盘货架区	A10001	000050175	打印机							
✎	010123	托盘货架区	A10002	000050175	打印机			1				
✎	010123	托盘货架区	A10002	000050175	打印机			1				
✎	010123	托盘货架区	A10002	000050175	打印机			1				
✎	010123	托盘货架区	A10002	000050175	打印机							
✎	010123	托盘货架区	A10002	000050175	打印机							
✎	010123	托盘货架区	A10002	000050175	打印机							
✎	010125	电子拣选货架	A20002	000050175	打印机			1				
✎	010125	电子拣选货架	A20002	000050175	打印机			1				
✎	010125	电子拣选货架	A20002	000050175	打印机			1				
✎	010799	快仓区	040000	000050279	水晶蜜桃							
✎	010799	快仓区	040000	000050279	水晶蜜桃							
✎	010799	快仓区	040000	000050279	水晶蜜桃							
✎	010799	快仓区	040400	000050279	水晶蜜桃							
✎	010799	快仓区	040400	000050279	水晶蜜桃							
✎	010799	快仓区	040400	000050279	水晶蜜桃							

暂存　反馈完成

图 20-11　盘点作业反馈

4. 仓储管理系统出库作业操作。

根据给定的出库信息，创建出库单，完成出库作业。

（1）出库订单录入。

在【订单管理系统】→【订单管理】→【订单录入】界面中，点击【新增】按钮，点击【出库订单】按钮，创建出库订单，如图 20-12 所示。

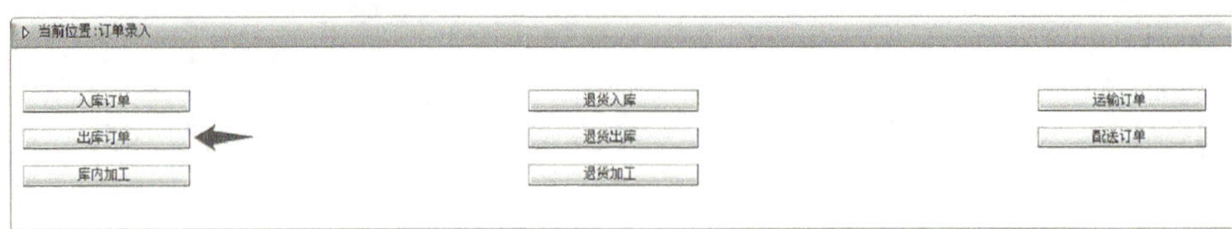

图 20-12　创建出库订单

在【订单录入】界面中填写订单信息，如图 20-13 所示。

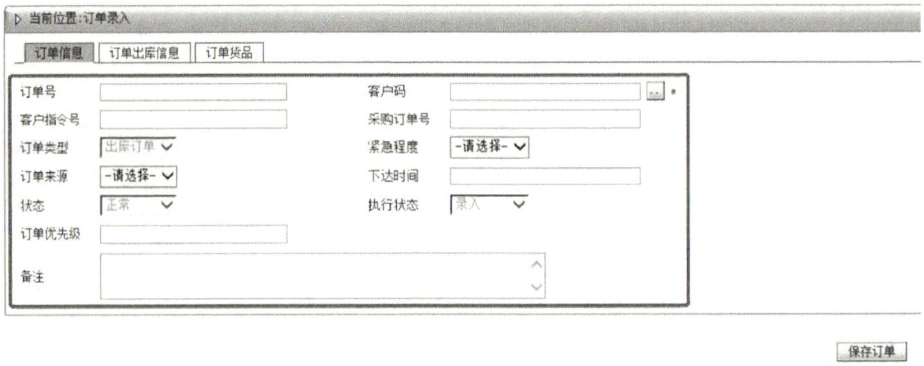

图 20-13　填写订单信息

填写完订单信息后，选择第二项【订单出库信息】，选择库房、出库类型、出库方式、预计出库时间等，填写订单出库信息如图 20-14 所示。

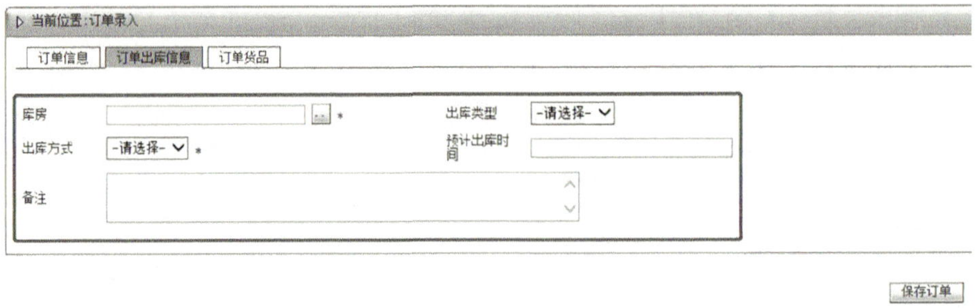

图 20-14　填写订单出库信息

在【订单出库信息】界面中，【出库方式】有三个选项：自提、仓运、仓配。其中仓运、仓配分别与北京金文的运输和配送系统结合，实现自动接单、配载、装运、跟踪等。填写完订单出库信息后，选择第三项【订单货品】，选择【添加货品】，然后保存订单，如图 20-15 所示。

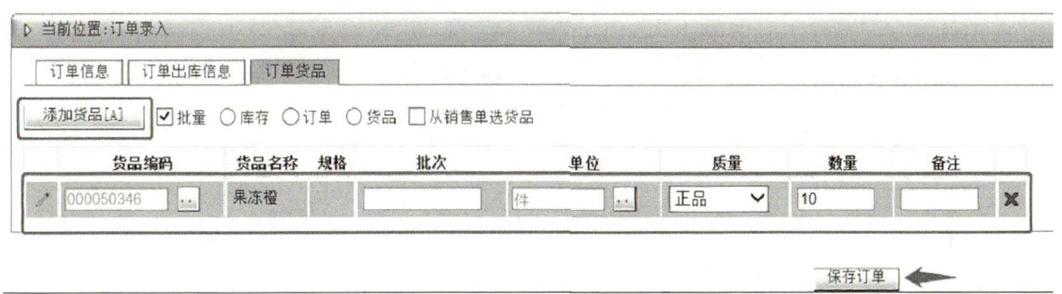

图 20-15　添加货品信息并保存订单

保存出库订单后，和入库作业一样，在【订单录入】界面中，勾选保存的出库订单，选择生成作业计划，查看出库订单信息，点击【确认生成】按钮，确认生成出库作业计划，如图 20-16 所示。

当前位置:订单录入

订单信息　订单出库信息　订单货品

订单号	OR-0000000013214	客户码	惠丰生鲜超市
客户指令号		采购订单号	
订单类型	出库订单	紧急程度	一般
订单来源	电话	下达时间	2023-11-15 09:19:28
状态	正常	执行状态	录入
订单优先级			
备注			

确认生成

图 20-16　确认生成出库作业计划

（2）出库调度。

切换到【仓储管理系统】，在【出库管理】→【出库预处理】界面中可进行调度、调度完成、打印出库单等操作。可勾选已生成的出库订单，点击【调度】按钮，在【拣货调度】界面勾选货品信息，选择库存，选择储位信息，点击【拣货】→【调度完成】，出库调度如图 20-17 所示。

（3）出库反馈。

在【出库作业】→【出库反馈】界面中，勾选调度完成的出库订单，点击【作业计划反馈】按钮，在出库反馈界面填写拣货反馈信息，点击【反馈完成】按钮，完成出库反馈作业，出库反馈如图 20-18 所示。

5. 在执行相同任务背景下，对比操作终端和纸质单据之间的作业效率之差。

6. 物流作业成本统计分析。按照仓储作业流程，主要包括入库、出库及盘点等作业，统计各阶段的作业成本，并分析作业成本的影响因素。

7. 在实际操作过程中，分析操作环境存在的安全隐患并评估其危害。

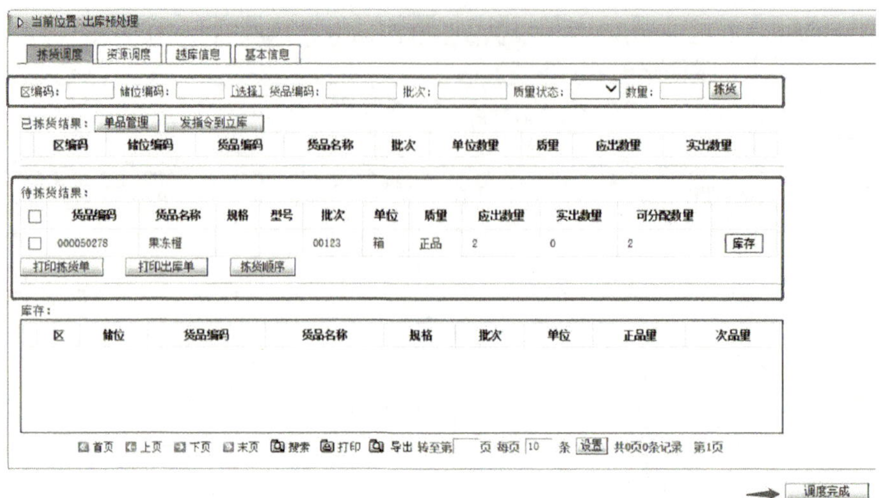

图 20-17　出库调度

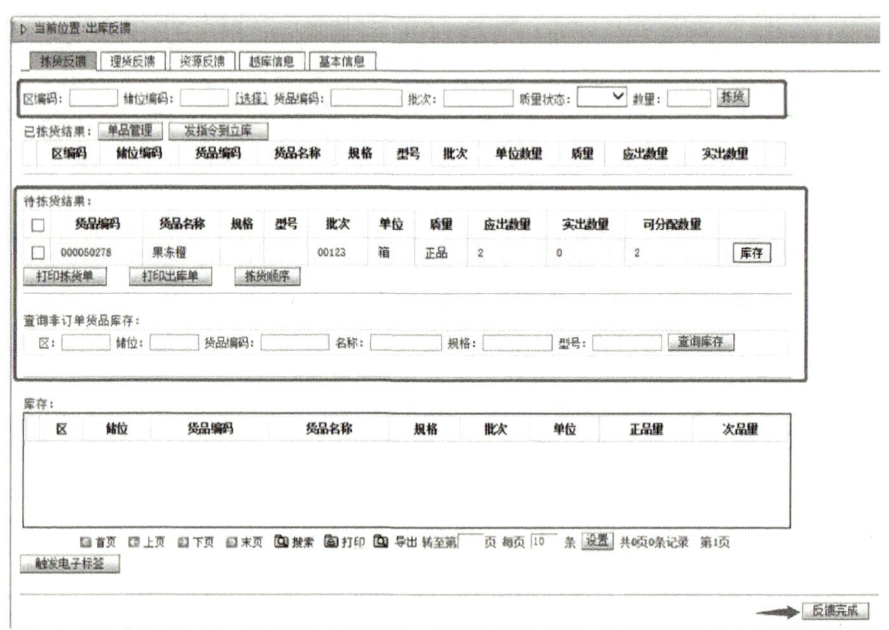

图 20-18　出库反馈

四、实验报告题目

1. 结合实验操作，总结说明影响仓库作业质量的主要因素，并建立作业指标评价体系。

2. 结合实验总结说明仓储作业订单批量的大小对作业效率的影响。

3. 以现有的入库作业任务为例，说明在人员、设备方面，制订作业执行计划应遵循的基本原则。

4. 如果建立作业进度看板，请根据实验操作过程中总结的仓储作业特征，提出看板应显示的主要内容。

5. 根据实验操作过程中总结的作业特点，分析仓储作业中有可能出现的安全隐患，并说明相应的仓库作业人员的安全管理工作责任。

6. 如果引入条码或者 RFID 手持终端实现无纸化作业，请根据实验操作过程中总结的作业需要，说明为提高作业质量，该终端所应具备的基本作业功能有哪些。

7. 根据实验操作过程中总结的仓储作业特征，分析在作业调度中应如何合理安排移库作业，提高仓库管理效率。

8. 以人工入库作业为例，分析人员、设备、场地等资源的占用和使用情况，计算相应的入库作业成本，并分析可以采取的自动化替代手段及其对作业成本的影响。

9. 结合操作实际，分析订单批量等重要特征参数对物流作业成本的影响。

10. 结合实验说明仓库作业成本的基本构成，分析成本控制的关键因素，并结合操作的实例分析降低作业成本的基本措施。

【案例分析】

物流环节最易降低成本的一环——仓储

仓储活动是推动生产发展、满足市场供应不可缺少的一个环节。仓储的成本是物流成本中较易控制和管理的，随着物流活动中技术水平的提高，仓储效率的提高，仓储成本也在发生变化。要清楚仓储在物流活动中的重要性、存在的问题、仓储成本控制的内容，才能采取相应对策，解决问题，降低成本，提高效率。

1. 物流仓储管理的重要性

（1）现代物流中不可缺少的重要环节。

关于仓储对于物流系统的重要意义可从供应链的角度来进一步认识。从供应链的角度来看，物流过程可看作由一系列的供给和需求组成的，当供给和需求节奏不一致，两个过程不能很好地衔接时，就会出现生产的产品不能即时消费或存在需求却没有产品满足的情况，此时就需要建立产品的储备，将不能即时消费的产品储存起来以满足后来的需求。供给和需求之间既存在实物的流动，也存在实物的静止，静止状态即将实物进行储存，实物处于静止是为了更好地衔接供给和需求这两个动态的过程。

(2) 保证货物进入下一个环节前的质量。

在仓储环节对产品质量进行检验能够有效防止伪劣产品流入市场，保护消费者权益，在一定程度上也保护了生产厂家的信誉。通过仓储保证产品质量主要在两个环节进行：一是在货物入库时进行质量检验，看货物是否符合仓储要求，严禁不合格产品混入仓库；二是在货物储存期间，尽量使其不发生物理及化学变化，尽量减少库存货物的损耗。

(3) 保证社会再生产过程顺利进行。

货物的仓储过程不仅是商品流通过程顺利进行的必要保证，还是社会在生产过程得以进行的保证。

(4) 加快商品流通，节约流通费用。

虽然货物在仓库中进行储存时，处于静止状态，会带来时间成本和财务成本的增加，但从整体而言，它不会使总时间和财务成本增加，相反它能够帮助企业加快流通，并且节约运营成本。

(5) 为货物进入市场做好准备。

仓储活动能够在货物进入市场前完成整理、包装、质检、分拣等程序，这样就可以缩短后续环节的工作时间，加快货物的流通速度。

2. 控制仓储成本的意义

仓储成本是指企业在储存物品过程中，在装卸搬运、存储保管、流通加工、收发物品等各项环节的作业成本和建造、购置仓库等设施所消耗的人力、物力、财力及风险成本的总和。仓储成本管理水平的高低，对整个物流成本管理具有重要的意义。其中主要表现在以下几个方面。

(1) 解决供求时间的差异。

有的商品是季节生产、常年消费；有的商品是常年生产、季节消费；也有的商品是季节生产、季节消费或常年生产、常年消费。无论何种情况，商品从生产过程进入消费过程，都存在一定的时间间隔。商品通过仓储过程，化解了供求之间的矛盾，在时间上也创造了新的效益。

(2) 实现商品由生产地到消费地的转移。

仓储活动可以解决生产与消费在空间、时间及品种、数量等方面存在的矛盾，发挥仓储连接生产与消费的纽带和桥梁作用；连接生产者与消费者之间在商品生产与消费地理上的分离；衔接商品生产与消费时间上的不一致；调节商品生产与消费方式上的差异；权衡运输负荷，降低运输成本。如成批生产、整箱运输，在仓储过程中进行拆分以便零售等。

3. 仓储管理存在的问题及成本控制的内容

(1) 在材料成本的管理方面。

物资在仓储过程中所消耗的衬垫与苫盖材料在仓储成本中占很大比重。降低仓储成本的最大潜力在于节约衬垫与苫盖材料，以及相关人工费用的支出，这就需要寻找既能节省部分成本费用的开支，又能保证物资管理质量的物资管理方法，开展技术革新和改造，充分挖掘设备的潜力。在仓储成本的管理上也要实行分口、分类管理，加强经济核算，促使仓储成本不断降低。

(2) 在库内装卸搬运成本的管理方面。

物资进出仓库主要依靠装卸搬运作业完成。装卸搬运设备的折旧费用在装卸搬运成本中占比较大。因此，仓储部门在选择适用的机械设备时，应优先考量经济性和实用性原则，避免脱离实际需求盲目追求高端设备，导致非必要折旧成本增加。

(3) 在仓储人工费用的管理方面。

仓储人工费用的支出主要有两个方面：一是仓储管理人员的工资、奖金、福利费、津贴等；二是仓储生产工人的工资、奖金、福利费、津贴等。仓储人工费用的管理，应着重于尽量减少非生产工人的工资支出，因为这部分成本费用支出与仓储作业量没有直接关系，应不断提高劳动生产率，不断降低仓储成本中活劳动的消耗成本。此外，选择合理的劳动组织形式、工资形式，对于降低人工费用也有重要影响。

4. 降低仓储成本的措施

降低仓储成本要在保证物流总成本最低和不降低企业的总体服务质量和目标水平的前提下进行，常见的措施如下。

(1) 用先进先出方式，减少仓储物资的保管风险。先进先出是仓储管理的准则之一，它能保证每个仓储物资的储存期不至于过长，减少仓储物资的保管风险。

(2) 提高储存密度和仓容利用率。其主要目的是减少仓储设施的投资，提高单位存储面积的利用率，以降低成本、减少土地占用。

(3) 采用有效的仓储定位系统，提高仓储作业效率。仓储定位的含义是仓储物资位置的确定。如果定位系统有效，能大大节约寻找、存放、取出仓储物资的时间，防止差错，方便清点。仓储定位系统可采取先进的计算机管理，也可采取一般人工管理。

(4) 采用有效的清点方式，降低仓储作业的难度。对仓储物资数量和质量的监测有利于掌握仓储的基本情况，也有利于科学控制库存。在实际操作中稍有差错，就会使账物不符，必须及时且准确地掌握实际储存情况，经常与账、卡核对，确保仓储物资完好无损，这是人工管理或计算机管理必不可少的工作。此外，经常监测也是检测仓储物资状况的重要工作。

(5) 加速周转，提高单位仓容产出。仓储现代化的重要课题是将静态仓储变为动态仓储，周转速度快会带来一系列的好处，主要包括资金设备运转快、资本效益高、货损货差小、仓库吞吐能力增加、成本下降等。具体做法如采用单元集装化仓储模式，建立快速分拣系统，有利于实现快进快出、大进大出。

(6) 采取多种经营，盘活资产。仓储设施和设备的投入，只有在充分利用的情况下才能获得收益，如果不能投入使用或只是低效率使用，只会增加成本。仓储企业应及时决策，采取出租、借用、出售等多种经营方式盘活这些资产，提高资产、设备的利用率。

(7) 加强劳动管理。工资是仓储成本的重要组成部分，对劳动进行有效管理，避免人浮于事、出工不出力或效率低下是成本管理的重要内容。

(8) 降低经营管理成本。经营管理成本是企业经营活动和管理活动的费用和成本支出，包括管理费、业务费、交易成本等。加强该类成本管理，减少不必要支出，也能降低成本。当经营管理成本的支出时常不能产生直接的收益和回报，又不能完全取消时加强管理是很有必要的。

问题：

（1）请结合实验实际操作和案例资料，分析仓储管理中先进的技术和设备应用的主要作用。

（2）请结合实验实际操作和案例资料，分析平衡仓储效率提升和成本控制需要考虑哪些主要影响因素。

参考文献

［1］曹其新，庄春刚．机器视觉与应用［M］．北京：机械工业出版社，2021.

［2］杜江，于春荣．互联网视角下的农产品物流园区规划［M］．北京：中国社会科学出版社，2022.

［3］金跃跃，刘昌祺，刘康．现代化智能物流装备与技术［M］．北京：化学工业出版社，2019.

［4］刘源，杨茉．现代物流技术与设备［M］．北京：中国财政经济出版社，2020.

［5］刘海平．物联网技术［M］．北京：人民邮电出版社，2021.

［6］李清．数字化物流平台案例与分析［M］．上海：复旦大学出版社，2023.

［7］李洋，刘广海．冷链物流技术与装备［M］．北京：中国财富出版社有限公司，2020.

［8］吕云翔，姚泽良，谢吉力，等．大数据可视化技术与应用［M］．北京：机械工业出版社，2022.

［9］徐力，钟惺．仓储物流专员实训教程［M］．成都：四川大学出版社，2022.

［10］徐旺．可穿戴设备：移动的智能化生活［M］．北京：清华大学出版社，2016.

［11］谢淑鑫．农产品冷链物流发展现状、存在问题及对策［J］．河南农业，2022（8）：59-60.

［12］谢金龙，邹志贤，韩姝娉．条码技术及应用［M］．3 版．北京：电子工业出版社，2022.

［13］薛威．智慧物流实训［M］．北京：高等教育出版社，2021.

［14］王成林．物流实验实训教程［M］．2 版．北京：中国财富出版社，2015.

［15］王成林．物流设备选型与集成［M］．北京：中国财富出版社，2013.

［16］魏国辰．物流机械设备运用与管理［M］．3 版．北京：中国财富出版社，2014.

［17］邬跃，李彦萍，梁晨，等．物流实验教程［M］．北京：高等教育出版社，2009.

［18］张振华．现代物流装备［M］．北京：机械工业出版社，2021.

［19］张仰森，黄改娟．智能化立体仓库软件系统开发［M］．北京：清华大学出版社，2021.

［20］朱雪斌，林裴文，王周林．物联网技术及应用［M］．北京：清华大学出版社，2022.

［21］朱芳阳，施梅超．港口物流实践教程［M］．镇江：江苏大学出版社，2019.

［22］支海宇．我国农产品物流发展现状及对策［J］．企业科技与发展，2020（11）：188-190.

“物流实验实训”教学大纲（参考版本）

课程性质	专业必修课	英文名称	Logistics Experimental Training
学分	2	学时	32
适用专业	物流工程、物流管理、采购管理、供应链管理等专业	开设学期	第 5 学期
先修课程	物流管理基础、现代物流装备、物流信息系统	建议后续课程	物流系统规划设计

一、课程简介

“物流实验实训”课程是物流管理与工程类专业的一门重要专业课。本课程以物流装备和技术应用为主要载体，聚焦存储、分拣、拣选、装卸、搬运等重要物流作业环节，以及农产品物流、电子商务物流等重点领域，注重培养学生的实操动手能力、专业理论知识实践应用能力和职能综合素养。实验实训内容主要包括三个部分：第一部分涉及物流设备和技术应用，重点包括叉车、自动化立体仓库、包装设备、单元化设备、自动导引车、自动分拣设备、自动拣选设备、物流机器人、无线射频设备、集装箱设备、冷链设备等；第二部分主要是农产品物流、快递物流等专业领域应用，侧重专业设备的具体应用；第三部分是标准工时和仓储运作，重点是工作流程的规范化管理。三个部分的实验实训内容可以基本满足物流领域的设备和技术应用需要。此外，针对物流领域发展现状及未来趋势，结合企业实践，广泛收集了企业的实际案例应用，便于学生了解装备和技术实际应用效果。同时设置相应的实验准备知识，便于学生掌握必要的理论知识。为了让学生获得更加直观的操作观感，还配置了专门的视频库。通过采用多种教学手段相融合的方式，学生可以更加深入地了解物流装备的专业知识，掌握其功能特点、工作原理、性能参数及选型集成方法等，使学生具备典型物流装备操作、管理和规划设计能力。该课程不仅可以为学生后续相关课程打下良好的理论基础，还为学生将来从事物流领域相关工作打下坚实的专业基础，让学生在掌握专业知识的同时树立正确的世界观、人生观、价值观，养成良好的职业道德。

二、课程目标

本课程作为重要专业实践类课程，是培养学生物流装备技术和系统设计等方面能力的重要组成部分。课程基于物流装备和技术应用、专业物流领域和关键业务流程，选取典型现代物流装备、技术作为重点教学内容，让学生针对装备的技术性能、选型集成、应用模式等进行系统学习，从而掌握物流装备和技术的实际运用、现场管理、选型集成、使用维护、规划设计等方面的综合应用知识，为后续进行综合型物流工程项目实施等提供良好的基础保障。课程注重对学生综合应用能力和创新实践能力的培养，以理论学习、实际操作、应用案例、方案设计四位一体地带动学生学习知识、发现问题、设计方案，通过理论与实践的有机结合，提高学生对物流装备和技术的综合分析和应用的实战能力。课程从专业角度出发，客观对比分析国内外物流装备应用现状，注重体现国内高水平应用成果案例，以激发学生的爱国热情，引导其树立建设物流强国的责任感。

三、教学安排及方式

实验序号	名称	讲授学时
实验一	叉车应用与管理实验	2
实验二	自动化立体仓库运作实验	2
实验三	包装设备应用实验	1
实验四	托盘应用实验	2
实验五	自动导引车应用实验	5
实验六	自动分拣设备应用实验	1
实验七	拣选系统应用实验	2
实验八	冷链物流实验	1
实验九	连续输送设备应用实验	1
实验十	机器人应用实验	1
实验十一	典型物流中心存储设备应用实验	2
实验十二	集装箱应用实验	1
实验十三	无线射频技术应用实验	1
实验十四	智慧存储盒应用实验	1
实验十五	可穿戴技术应用实验	1
实验十六	穿梭车应用实验	1
实验十七	快递作业模拟实验	2
实验十八	鲜活农产品物流实验	2
实验十九	物流作业标准工时管理实验	1
实验二十	仓储作业实验	2
合计		32

四、考核及成绩评定方式

考核方式有平时考核和期末考核两种形式。最终成绩由平时成绩和期末考试成绩组合而成，各部分所占比例如下。

平时成绩：30%。主要包含出勤、课堂作业、回答问题等。其中，出勤率占比10%，课堂作业、回答问题等占比20%。

期末考试成绩：70%。主要是根据要求，撰写实验报告，进行案例分析等。

二维码资源

实验	名称	二维码	实验	名称	二维码
实验一	叉车的例行检查		实验五	自动导引车仓储作业	
	叉车作业视频		实验六	滑块式分拣机作业视频	
	无人叉车作业		实验七	拣选作业介绍	
实验二	堆垛机出入库工作视频			人工拣选视频	
	堆垛机工作视频			快递流通加工系统	
	自动化立库入库流程		实验八	冷链货物装车的注意事项	
	自动化立库出库流程		实验九	连续输送设备自动化仓库内工作视频	
实验三	自动包装盒			连续式提升机工作视频	
实验四	机器人自动码垛视频		实验十	机器人码垛作业	
实验五	AGV 常见的应用场景		实验十一	配送中心作业视频	
	AGV 导航原理		实验十三	应用 RFID 系统的仓储管理	

续 表

实验	名称	二维码
实验十四	智慧存储盒应用	
实验十六	穿梭车货到人拣选应用视频	
实验十七	快递分拣	
实验十九	配送中心作业	
实验二十	库内布局	
	库内区域功能介绍	
	智慧仓储规划设计	